高职高专工作过程导向“新六位一体”创新型系列教材

导游词创作和讲解技巧

主　编　廖广莉
副主编　周小红　刘列夫　戴冬香　孟庆兴
参　编　胡建英　李华平　杜　卡　潘丽华

天津大学出版社
TIANJIN UNIVERSITY PRESS

图书在版编目(CIP)数据

导游词创作和讲解技巧 / 廖广莉主编. —天津：天津大学出版社, 2019.2（2020.8重印）

高职高专工作过程导向“新六位一体”创新型系列教材

ISBN 978-7-5618-6360-2

Ⅰ.①导… Ⅱ.①廖… Ⅲ.①导游－解说词－高等职业教育－教材 Ⅳ.①F590.633

中国版本图书馆CIP数据核字(2019)第028455号

出版发行 天津大学出版社
地　　址 天津市卫津路92号天津大学内(邮编:300072)
电　　话 发行部:022-27403647
网　　址 www.tjupress.com.cn
印　　刷 北京盛通印刷股份有限公司
经　　销 全国各地新华书店
开　　本 185mm×260mm
印　　张 15.25
字　　数 437千
版　　次 2020年8月第1版
印　　次 2020年8月第2次
定　　价 42.00元

前　言

旅游业被人们誉为朝阳产业。“朝阳”有两层含义：一是旅游业是第三产业的重要组成部分，是世界上发展最快的新兴产业之一；二是旅游业从业者大多为年轻人，尤其是导游员，他们的热情、激情为这一行业增添了活力。

国务院《关于加快发展旅游业的意见》提出“加强旅游从业人员素质建设”，指出“整合旅游教育资源，加强学科建设，优化专业设置，深化专业教学改革，大力发展旅游职业教育，提高旅游教育水平”和“提高导游人员专业素质和能力”。为此，各职业院校非常重视旅游服务与管理专业的人才培养，专门开设了导游及管理的相关课程。

导游员是旅游过程中的核心角色，其职业素养直接关系到旅游业的整体形象，导游服务贯穿于整个行程，讲解服务是体现导游员水平的一个重要方面，导游员的讲解好不好取决于其对导游词的创作、优化及驾驭能力。为提高导游人员的专业素质和能力，需要一本专门讲解导游词的教材。基于此，我们结合教学及带团实际编写了本教材。

本教材的主要特色表现在以下四个方面。

（1）整合性。导游从业人员能力培养包括两方面：一是导游词创作或优化能力，二是导游词讲解能力。这样培养既让导游从业人员创作导游词时兼顾是否便于讲解，同时也避免了训练讲解能力时强记他人创作的导游词而导致讲起来不顺口、不入耳。

（2）针对性。侧重培养导游从业人员的综合表达能力，使之将内化于心的内容通过外化于行的方式展现出来。

（3）层次性。采用模块化教学方式编写，按照旅行社应用文、全国导游服务技能大赛、导游资格考证、地方重点景点等不同层次要求分项目进行编写。同时，还按照循序渐进的方式采取理论教学、能力培养，情境模拟、创作（表达）技巧、技能训练、成果展示、课后延伸等方式安排内容，以达到最佳的训练效果。

（4）实践性。导游词创作和讲解技巧最终应用于实践，包括模拟实训、技能大赛实践、导游资格考证实践、地接带团实践等，经过实践检验后再进行优化，形成最适合游客团型、最适合景点、最适合导游个体的最终“导＋游”的效果。

本教材由廖广莉担任主编，负责拟定编写大纲、撰写部分项目和统稿。其中，模块一中项目二的内容由周小红编写；模块二中项目二的“传统工艺美术导游词创作”“表演艺术导游词创作”由刘列夫编写，“宗教文化导游词创作”由戴冬香编写，“饮食文化导游词创作”由孟庆兴编写；模块二中项目三的“导游词优化或改写”指导老师有廖广莉、胡建英、刘列夫、李华平、杜卡、戴冬香、周小红、潘丽华等。

由于编者水平有限，加之时间仓促，书中难免有不妥之处，恳请专家和读者批评指正。

编者

2018 年 10 月

目　　录

模块一　旅游应用文写作

模块学习目标

1. 知识目标:了解旅游应用文类别及写作技巧。

2. 能力目标:能写作旅游应用文。

3. 素质目标:领会旅游应用文常识并会写作,胜任旅行社相关工作。

模块学习内容

本模块要求学生了解旅游应用文类别、作用,掌握旅游应用文写作技巧,通过对旅游日常管理类、公务活动类、社交活动类、旅游产品营销类中典型文种进行写作训练,使学生具备写作相关旅游应用文的能力。

项目一　了解旅游应用文

学习目标

1. 知识目标：了解旅游应用文的概念、类别、作用等。
2. 能力目标：明晰旅游应用文的使用范围，厘清旅游应用文的结构框架。
3. 素质目标：具备写作能力，能胜任旅行社各类文书的写作工作。

学习重难点

1. 重点：能区分不同类别的旅游应用文，构建写作框架。
2. 难点：会运用相关技巧进行旅行社日常应用文写作。

情境设计

某高校旅游专业学生在本期开设的“旅游应用文写作”课程第一次课的基础上，将以班为单位开展一次“旅行社有哪些常用应用文”的主题调研，你作为调研小组的组长，需要安排这次活动调研，请撰写一份调研方案，里面需包含调研主题、调研对象、调研内容、调研步骤、调研活动时间安排以及调研人员分工等。

理论教学

一、旅游应用文界定

旅游应用文是专业文书的一个类别，是在旅游工作或旅游活动中应用得最多的实用文章。它既有一般应用文文体的基本性质，又有旅游行业、旅游工作和旅游活动的特性。旅游应用文是应用文文体在旅游行业的具体运用，即以应用文文体的形式、写作规律，表达旅游行业的具体内容，为旅游事业服务。

如果给旅游应用文下一个定义，可以这样概括：旅游应用文是旅游行业中通过书面语言，以一定的形式来开展传递信息、问询介绍、销售推广、宣传讲解、总结交流等有益于旅游业经营、旅游业发展的活动所采取的一种具有商业性质的实用文体。

二、旅游应用文类别及作用

根据目前旅游企业的实际运营情况，应用于旅游企业的应用文主要类别有：旅游日常管理类应用文，如计划、总结、制度等；旅游公务活动类应用文，如报告、请示、通知等；旅游社交活动类应用文，如欢迎词、欢送词、答谢词等；旅游营销类应用文，如旅游广告、旅游行程说明书、旅游策划案等。此外，还有旅游法律类应用文。

对于旅行社来说，旅游应用文具有以下作用。

（1）规范管理。旅游企业在销售旅游产品（服务）、商品或其他服务项目时，需要使用各类旅游应用文，而旅游企业在带领旅游者进行食、住、行、游、购、娱等活动时也需要使用相关应用文，旅游应用文的使用便于旅行社规范管理。

（2）信息交流。确切无误的信息是旅游业的命脉，旅游企业需要运用旅游应用文如旅游指南、答复问询等，将潜在的旅游者变为实际的旅游者。

（3）宣传招徕。宣传是旅游企业开展业务的主要手段之一，如旅游平面广告、视频广告、旅游画册、旅游产品发布等，这些旅游应用文都能起到宣传招徕的作用。

（4）明确责、权、利。旅游活动中各种类别的合同、协议和有法律效力的函电等旅游应用文，能帮助双方明确责任和权利，同时还是很好的凭证。

能力培养

一、明晰旅游应用文的使用范围

（1）应用于日常管理。一个旅游企业如旅行社要运营，必然要进行相应的管理。在日常管理中，需要用到计划、总结、管理制度等应用文。

（2）应用于公务活动。旅行社在经营过程中，需要协调好上下级、平行部门之间的关系，需要使用通知、公告、请示、函等应用文。

（3）应用于宣传策划。旅行社在运营过程中，需要使用旅游手册（画册）、旅游广告、旅游行程说明书、旅游策划案、旅游线路（含报价）等应用文。

（4）应用于社交活动。旅行社最直接的业务是带领游客开展食、住、行、游、购、娱等活动，这一过程中最主要的旅游应用文是欢迎词、欢送词、答谢词、导游词等，当然还有行程单、计划单之类的格式文书。

（5）应用于安全保障。旅行社在经营过程中，与游客、与其他旅游企业需要有格式文本的法律文书，如合同、协议等应用文。

以德州交通集团金桥旅行社旅游业务操作流程图及说明为例，可以明晰旅游应用文的主要使用范围。

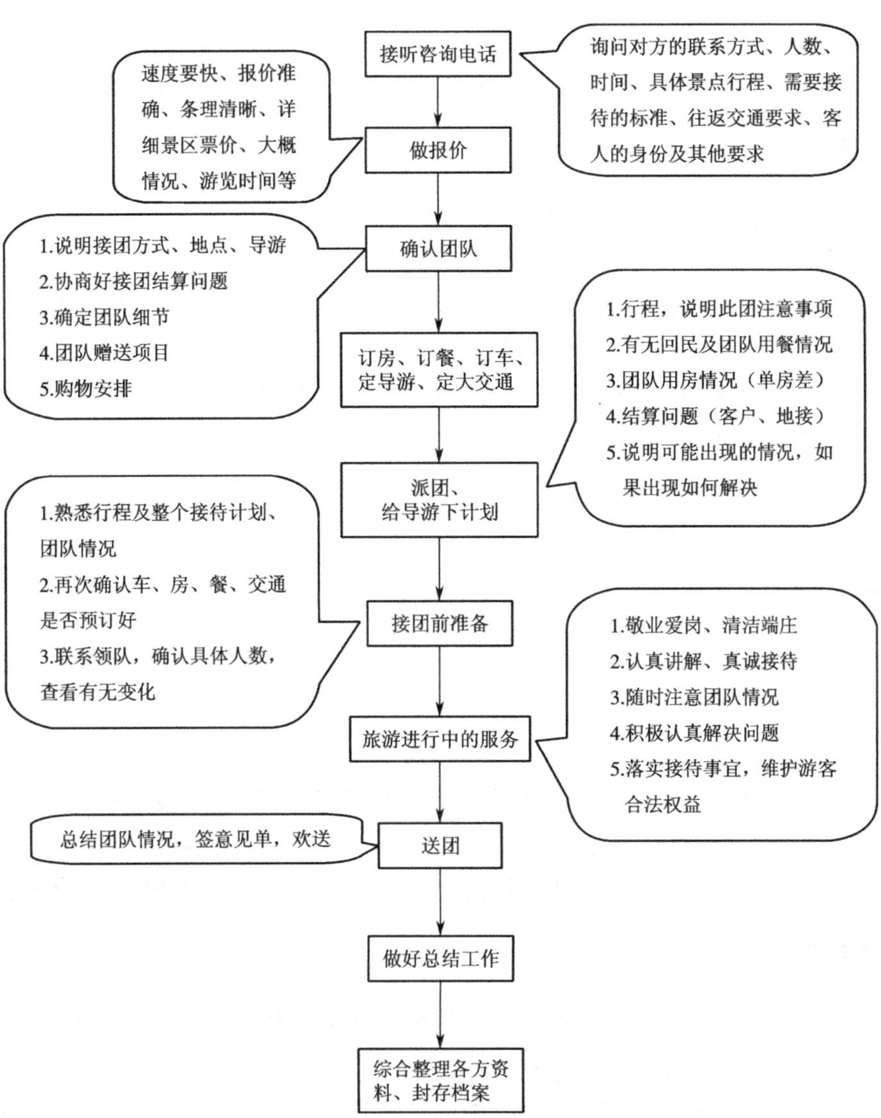

（资料来源：https://wenku.baidu.com/view/67834effba0d4a7302763a71.html）

二、旅游应用文写作准备

1. 材料准备

材料是文章的血肉，是主题形成的基础，是表现主旨的支柱。选用材料时要注意以下几个原则。

（1）真实性原则。旅游应用文写作使用的材料必须来源于生活，且是旅游行业中确实存在的事实。

（2）丰富性原则。所准备的材料数量要充足，而且必须能满足表现主题需要的要求。

（3）典型性原则。选择最能反映本质、最具时代特征、最有说服力和表现力的事实或观点用在旅游应用文之中。

（4）新颖性原则。尽量用别人没用过的材料或新近的材料、不常用的材料。使用新颖的材料能产生新的观点和看法，得出新的结论，从而推动工作向深度和广度发展。

2. 主题提炼

主题是文章的灵魂，决定文章的价值取向，同时也决定材料的取舍，支配文章的结构。提炼主题有如下要求。

（1）正确。文章表现的主题要符合事物的本质属性，要揭示事物的规律，表达健康的感情，促进工作的进行、事业的发展和美好情操的培养。

（2）鲜明。文章表现的主题要有明确的倾向性，要表明赞成什么、反对什么、爱什么、恨什么，不能含糊其词、模棱两可。

（3）深刻。主题不能停留在对事物表面现象的罗列和叙述，而应该揭示事物的某些本质或规律。

3. 构建框架

构建框架即组织文章的结构，有了框架，才便于表现主题，组织材料，吸引阅读者。旅游应用文框架主要包括层次、段落、过渡、照应、开头、结尾等要素。构建框架时有如下要求。

（1）结构服务主题。安排文章结构时，一定要让结构服务主题，根据主题调整结构。

（2）结构合乎逻辑。文章结构应首尾呼应、衔接紧密、层次清晰、段落分明。

（3）结构便于安排材料。安排文章结构时，可以对材料进行重新取舍和调配。

（4）考虑文体特点。不同的文体有其相对固定的文本格式，所以要针对文体安排结构。

4. 组织语言

语言是表达思想的工具，是写作的第一要素，是表达文体特点的必要条件。所以，应用文写作时要准备好书面写作语言，具体要求如下。

（1）准确。不可出现错别字、病句等"硬伤"，同时还要考虑用语准确，表达内容完整。

（2）简洁。应用文语言不同于文学创作，忌夸张、抒情，要求简明、扼要，平实准确表达中心内容。

（3）生动。语言富于变化，不可出现"词穷"现象，要用不同的词语合理、恰当地表达内容。

课后延伸

1. 了解应用文的概念、特征及要素。

2. 明晰旅游应用文的应用范围。

（参考网址：https://baike.baidu.com/item/%E5%BA%94%E7%94%A8%E6%96%87/4053193? fr=aladdin）

项目二　旅游应用文写作

学习目标

1. 知识目标：掌握旅游应用文写作技巧以及相关的语言表达特点。

2. 能力目标：会写作旅游日常管理类、旅游公务活动类、旅游社交活动类以及旅游产品营销类中具有代表性的应用文。

3. 素质目标：养成良好的旅游应用文撰写习惯。

学习重难点

1. 重点：能写作。

2. 难点：会写作。

情境设计

某国际旅行社设立了总经理室、外联部、计调部、导游员部门、财务部、办公室、接待部门等，并制订了各部门岗位职责，现运营到第3个年头，总经理给各部门分派了如下任务：办公室拟写年度工作计划、总结，并完善公司管理制度；外联部提出新旅游产品宣传、促销的策划案；计调部给出一条新旅游线路行程的说明书；导游员部撰写并模拟讲解接团时的欢迎词、欢送词及答谢词；接待部门提供时令性旅游线路并设计相关旅游广告。总经理要求各部门各司其职，及时并高质量地完成相关写作任务。

理论教学

一、旅游应用文写作技巧

旅游应用文和其他应用文一样，有通用的写作技巧，主要表现在以下几方面。

（1）平实。即准确、朴素，它只要求平直地叙述，恰当地议论，简洁地说明，准确通顺地把客观事实、作者的观点叙述清楚就行，既不能夸张渲染，也不需要过分抒情。

（2）得体。应用文语言是为特定的需要服务的，要受明确的写作目的、专门的读者对象、一定的使用场合等条件的制约，因此语言使用一定要得体。如解说词是供游客听的，读起来要上口，听起来要顺耳。解说词是对实物和画面进行解说，因此要用形象的文学语言描绘所解说的事物，感情要充沛，还可使用记叙、描写、说明、议论、抒情等综合表达方式。另外，要正确使用应用文的习惯语，切实弄清它们的含义和用法，如信函中的称谓、问候和致敬语等。

（3）精简。应用文的语言要做到言简意赅，尽量压缩文字，竭力将可有可无的字、词、句、段和空话、套话删去。

应用文写作具体的技巧因文而异，可按具体文种特点加以运用。

二、旅游应用文的写作格式

总的来说，旅游应用文和其他应用文一样，有大体的写作格式，主要包括标题、称呼语、正文、落款、日期等。但不同文种的应用文有不同的写作格式，旅游应用文也不例外。

以旅行社制度这一文种来看，其写作格式主要包括标题、正文、制发部门和日期，其中正文有多种写法，如引言、条文、结语式，通篇条文式，多层条文式，选择哪种，视具体情况而定。

能力培养

一、旅游公务活动类应用文写作（通知、函、报告、请示等）

1. 模拟情境

湖南省港中旅国际旅行社有限公司受省旅游局委托，将牵头组织召开今年旅游年会，你作为旅行社办公室文书人员，将负责此次会议的筹备，请你根据会议安排撰写此次会议的相关应用文。

2. 创作思路

1）通知的撰写思路

通知是使用频率最高、应用范围最广的公文。通知大体上可以分为指示性通知、批转印发类通知、知照性通知、会议通知、任免通知等五类。下面就以日常工作中经常用到的会议通知为例来介绍通知的撰写思路。

通知一般由标题、主送机关、正文、落款和日期等四个部分构成。

Ⅰ. 标题

通知的标题一般有两种写法：一是由发文机关、事由、文种组成，发文机关要使用全称或规范化简称，事由应是通知主要内容的准确、简要概括，例如《绍兴市旅游委员会关于召开全市旅游规划工作座谈会的通知》；二是省略发文机关，由事由、文种组成，例如《关于召开2018年“茶乡”旅游发展大会的通知》。

Ⅱ. 主送机关

主送机关在标题之下、正文之上顶格写起。单位向内部各机构发文，可根据本身的机构设置情况，用“各处室”“各院系”等统称。

Ⅲ. 正文

会议通知的正文，一般包括召开会议的机关、会议名称、会议起止时间、地点、会议内容和任务、参加会议人员的条件和人数、报到时间及地点、会议注意事项等内容。

Ⅳ. 落款和日期

在正文之后的右下方写明发文机关和成文时间，并加盖印章，如果是联合下发的通知，落款则主办机关在首，其他机关依次排列，并都要加盖印章。

2）函的撰写思路

函适用于不相隶属机关之间商洽工作、询问和答复问题、请求批准和答复审批事项。这说明，除有直属上下级之间隶属关系外的一切不相隶属机关之间商洽工作、询问和答复问题，甚至请求批准和答复审批事项，一律用函。“函作为主要文种之一，与其他主要文种同样具有由制发机关权限决定的法定效力”。

函一般由标题、主送机关、正文、落款和日期等四个部分构成。

Ⅰ. 标题

公函的标题一般有两种形式：一种是由发文机关名称、事由和文种构成，另一种是由事由和文种构成。

Ⅱ. 主送机关

主送机关即受文并办理来函事项的机关单位，一般文首顶格写明全称或者规范化简称，其后用冒号。

Ⅲ. 正文

正文一般由开头、主体、结尾、结语等部分组成。

（1）开头主要说明发函的缘由。一般要求概括交代发函的目的、根据、原因等内容，然后用“现将有关问题说明如下：”或“现将有关事项函复如下：”等过渡语转入下文。复函的缘由部分，一般首先引述来文的标题、发文字号，然后再交代根据，以说明发文的缘由。

（2）主体是函的核心内容部分，主要说明致函事项。函的事项部分内容单一，一函一事，行文要直陈其事。无论是商洽工作、询问和答复问题，还是向有关主管部门请求批准和答复审批事项等，都要用简洁得体的语言把需要告诉对方的问题、意见写清楚。如果属于复函，还要注意答复事项的针对性和明确性。

（3）结尾一般用礼貌性语言向对方提出希望。或请对方协助解决某一问题，或请对方及时复函，或请对方提出意见或请主管部门批准等。

（4）结语通常应根据函询、函告、函商或函复的事项，选择运用不同的结束语。如“特此函询（商）”“请即复函”“特此函告”“特此函复”等。有的函也可以不用结束语，如属便函，可以像普通信件一样，使用“此致”“敬礼”。

Ⅳ. 落款和日期

落款和日期一般包括署名和成文时间两项内容。署上机关单位名称，写明成文时间（年、月、日），并加盖公章。

3）报告的撰写思路

报告是下级机关向上级机关汇报工作、反映情况、提出意见或建议、答复上级机关询问时使用的公文，是一种上行文。根据适用范围，报告可以分为工作报告、情况报告、承转报告、答复报告和报送报告等。报告一般由标题、主送机关、正文等三个部分构成。

Ⅰ.标题

报告的标题通常有两种拟写方式：一是完全式标题，由发文机关、事由和文种三个要素构成，如《吉林省旅游局关于全省旅游工作情况的报告》；二是省略发文机关，由事由和文种两个要素构成，如《关于2018年度旅行社安全检查情况报告》。

Ⅱ.主送机关

在标题下，正文前顶格书写主送机关，报告的主送机关为直接上级机关。

Ⅲ.正文

报告的正文一般由报告缘由、报告事项、结束语、落款和日期四个部分构成。

（1）报告缘由是指以简要的语言交代发布报告的起因或说明报告的目的、主旨和意义，一般用“现将有关情况报告如下”承启下文。

（2）报告事项是指将工作的进展情况、采取的措施及取得的成效、存在的问题与不足、对今后工作的意见等内容分段加以描述。

工作报告一般以成绩、做法、经验、体会、打算、安排为行文思路；情况报告一般遵循情况、原因、教训、措施的思路行文；答复报告一般写答复的意见或处理的结果。

（3）结束语一般有两种：一是根据报告的事项或问题提出几点建议或意见，供领导参考；二是用专门的结束语结尾，如工作报告和情况报告常用“特此报告，请审阅”作为结束语，答复报告常用“专此报告”作为结束语，承转报告常用“以上报告如无不妥，请予批转执行”作为结束语。

（4）落款和日期写在正文的右下角，写法与一般公文相同。

4）请示的撰写思路

请示是下级机关向上级机关请求指示、批准事项的上行文。根据行文目的，请示可分为请求指示的请示、请求批准的请示、请求批转的请示、请求帮助的请示等。请示一般由标题、主送机关、正文、落款和日期四个部分构成。

Ⅰ.标题

请示的标题由发文机关、事由、文种三个要素组成。标题中的事由必须明确，不能省略，以提请上级机关的注意并及时处理，如《安徽省旅游局办公室关于成立安徽旅游节活动办公室的请示》。标题有时可省略发文机关，由事由和文种构成，如《关于成立中国旅游饭店协会的请示》。

Ⅱ.主送机关

请示的主送机关只能写一个，即发文机关的直接主管上级机关。

Ⅲ. 正文

请示的正文一般包括请示原因、请示事项和结尾三部分。

(1)请示原因应简要说明请示的背景和依据。既要简明,又要充分;既要讲明情况,又要说清道理,为请求提供充分的根据。

(2)请示事项是请求上级给予指示、批准、答复的具体事项。这一部分是请示正文的主要内容,无论详与略,都要清楚地说明问题,具体可行地提出意见,以便于领导迅速决策、批复。

(3)结尾常以请求语结束全篇,习惯用"妥否,请指示""当否,请批复""以上意见如无不妥,请批转有关单位执行"等作为结语,一般应当另起一行书写。

Ⅳ. 落款和日期

如果标题中已有发文机关名称,落款可省略,只在正文右下角标明成文时间即可。如果标题中没有发文机关名称,则应在正文右下角先落款再标明成文日期。

请示的主体部分除必须具备一般公文标题、主送机关、正文、落款和日期外,还应在附注处注明联系人的姓名和电话。这是仅对请示公文的特别要求,主要是便于上级机关在审批请示事项时向请示单位了解有关情况。

3. 创作训练

1)通知

以某旅行社名义写一则会议通知。

标　题

主送机关:

正文:

落款和日期

2)函

以某旅行社名义写一份函。

标　题

主送机关:

正文:

落款和日期

3)报告

以某旅行社名义写一份报告。

标　题

主送机关:

正文:

落款和日期

4)请示

以某旅行社名义写一份请示。

标　题

主送机关:

正文:

落款和日期

4. 创作成果展示

1)通知

重庆市旅游发展委员会办公室关于召开全市旅游工作会议的通知

渝旅办〔2018〕13号

各区县(自治县)旅游局(委)、两江新区市场监管局、万盛经开区旅发委、璧山区旅发中心、荣昌区旅游景区管理委员会：

为深入贯彻落实党的十九大精神，及时传达贯彻国务院旅游工作部际联席会议、全国旅游工作会议等系列会议精神以及《中共重庆市委重庆市人民政府关于加快全域旅游发展的意见》（渝委发〔2017〕42号）精神，全面总结2017年及过去5年全市旅游工作取得的成绩与经验，研究部署2018年全市旅游工作，进一步抢抓机遇，将市委、市政府决策部署转化为推动重庆旅游向优质旅游升级发展，加快国际知名旅游目的地建设，我委决定召开全市旅游工作会议。现将有关事项通知如下。

一、会议时间：2018年2月10日（星期六）上午9:30—10:30

二、会议地点：重庆悦来国际会议中心一楼相悦厅

三、参会人员（约120人）

1. 市旅发委领导班子成员。

2. 各区县（自治县）旅游局（委）、两江新区市场监管局、万盛经开区旅发委、璧山区旅发中心、荣昌区旅游景区管理委员会主要负责同志和分管旅游市场监管工作的负责同志。（各单位2人）

3. 市旅发委各处室（单位）负责人。

四、会议议程

1. 传达有关会议精神。

2. 市旅发委主要负责人做工作报告。

五、其他事项

1. 请各单位于2018年2月9日（星期五）12:00前将参会人员名单回执报送市旅发委办公室。联系人：郑××，联系电话：6323××××，1332022××××，传真：6323××××，邮箱：103×××@qq.com。

2. 远郊区县需住宿的参会人员请于2018年2月9日14:00—20:00到重庆悦来温德姆酒店大堂报到；请近郊区县参会人员于2018年2月10日9:00前到悦来国际会议中心一楼报到参会。

3. 请全体参会人员于2018年2月10日14:45前到重庆华侨城欢乐谷多功能厅参加2018新春旅游推广月活动开幕式。联系人：蒋××，联系电话：1770833××××。

特此通知。

附件：全市旅游工作会议参会回执

重庆市旅游发展委员会办公室

2018年2月7日

（资料来源：http://www.cqta.gov.cn/zwgk/tzgg/system/2018/02/8/000009815.html）

2）函

邀请函

河北省旅游局并×××局长：

由××州人民政府、××区旅游局、中国新闻摄影协会主办的“首届中国新疆国际旅

游摄影节暨新疆国际胡杨节巴州轮台第五届塔里木胡杨节”定于20×× 年10月15日至17日在我州举行。

此次活动以“金色胡杨”为主题，以 ×× 州第五届塔里木胡杨节为载体，重点推出“塔—喀—罗”（塔里木胡杨林公园，喀尔曲尕乡，罗布人村寨）黄金胡杨观光线路，充分展示别具特色的巴州胡杨文化、罗布人文化，进一步提升我州胡杨旅游产品品牌价值，扩大产品市场份额。为此，特邀 ××× 局长到会指导，诚邀您届时光临。

请贵局于20×× 年10月13日前将名单传真至组委会。

联系人：段 ××　　电话：0996-20260×××

附活动行程

××州人民政府

二〇××年十月九日

（资料来源：http://www.ruiwen.com/yaoqinghan/1563068.html）

3）报告

关于深入开展旅游行业安全生产大检查工作情况的报告

×× 市旅游局：

为认真落实党和国家领导人的重要批示指示，根据省市县关于开展安全生产大检查的指示精神，按照“全覆盖、零容忍、严执法、重实效”的总体要求，我局认真做到“排查全覆盖，检查全方位，治理全过程，不留盲区，不留死角”，深入细致地开展旅游行业安全生产大检查工作，认真解决了安全管理上存在的突出问题，现将工作开展情况报告如下。

一、加强领导，落实责任

一是我局及时召开了安全生产大检查工作会议，研究制定了《20×× 年元旦春节期间民乐县旅游行业安全生产大检查工作方案》，成立了领导机构，建立健全各项规章制度，细化工作程序，明确责任，分解任务，确立目标、行动对象和范围、职责分工、实施步骤和要求，保证全县旅游安全生产工作顺利开展。

二是制定并向全县旅游行业企事业单位下发了《关于认真做好20×× 年元旦春节期间旅游安全工作的通知》（× 旅字〔20××〕1号）。要求企事业单位负责人充分认识深入开展隐患排查治理和督促检查工作的重要性，全面排查并消除安全隐患，真正从思想和行动上高度重视，切实抓好这次旅游安全生产大检查工作的落实，与相关单位签订了《安全管理工作责任书》，严格实行旅游经营单位安全隐患排查治理工作问责制。

二、全面检查，排除隐患

我局根据县政府及县安委会的统一部署，在各旅游经营企业全面自查的基础上，以听取汇报、审核资料、实地检查的形式，对全县旅游星级宾馆（饭店）、星级农家乐、重点旅游景（区）点、旅行社（分社、网点）等部分旅游经营企业健全安全管理组织体系和设立专（兼）职安全专管员的情况；签订安全责任协议，健全应急预案，健全并落实各项安全责任制度，事故报告和处理及对有关责任人的责任追究情况；安全生产和管理所需经费和设施设备，安全专管员业务培训及从业人员安全教育培训情况,应急救援物资、设备配备和维护情况,特种人员持证上岗情况;安全生产重要设施、装备的完好情况及日常管理维护保养情况;旅行社包车签约资质情况,协议餐饮单位食品卫生安全管理情况;星级饭店防火、防盗、防食品中毒安全管理情况;旅游景区(点)安全设施、安全警示标识标牌、安全教育情况;安全生产隐患排查治理等各方面情况进行了检查和抽查。

三、存在的问题和整改措施

1. 存在的问题

锦江阳光商务宾馆:逃生通道门无法向外推,消防器材未年检,安全制度没有及时更新,无安全生产会议培训记录。

嘉州大酒店:餐厅开水供应处无"小心烫伤"温馨提示牌;出菜口地面、卫生间地面无防滑提示牌和防滑措施;消火栓未年检,安全通道堵塞;一、二、三层楼道堆放杂物;客房防毒面具、逃生手电配备不齐;无安全领导小组成立名单、文件,职责分工不具体;楼道电线电路暴露、电路箱未上锁。

盈丰商务宾馆:安全制度不完善(无安全培训、检查制度,无钥匙管理制度,无设备设施维修管理制度,无食品安全管理制度);客房无防毒面具、逃生手电;楼道"安全通道"提示牌有破损;楼道顶端、末端缺少安全通道提示牌;电路箱未上锁;五层楼道堆放杂物;卫生间无防滑提示牌。

新城区管理委员会:安全警示牌、温馨提示牌(防火、防滑)安装密度不够,位置不醒目、不规范;灭火器、消火栓未年检,使用存放不合理;安全值班巡视员值岗不到位,流于形式;安全管理制度不完善,安全隐患排查不到位,无记录。

甘肃龙源国际旅行社民乐分公司:游客登记簿信息不完善(无集合地点、组团地点、接团公司、负责人、出行方式、往返地点等信息);无领导小组名单;安全生产工作不完善,无会议培训记录。

扁都口滑雪场:各项安全制度、方案不齐备,会议、培训无记录,无组织机构;滑雪拖拉索道、锅炉等设施无安全检查验收合格证;无安全警示牌、安全说明告知书、财务保管提示牌;工作人员、安全员、特种设施工作员无上岗证。

张掖金源电力国际旅行社有限公司民乐营业部:游客登记簿信息不完善(无集合地点、组团地点、接团公司、负责人、出行方式、往返地点等信息);无领导小组名单;安全生产工作不完善,无会议培训记录。

针对以上隐患,已经下发民乐县旅游行业安全隐患整改通知书,限期整改,至目前部分隐患已整改。

2. 主要整改措施

(1)警钟长鸣,加强从业人员安全管理意识。紧抓安全生产管理工作这条生命线,注重加强旅游经营单位的安全防范意识,切实提高和维护好我市旅游安全环境的保障能力。根据"标本兼治,重在治本"的原则,注重消除旅游经营单位负责人的侥幸心理,树立旅游企业经营者"没有安全就没有旅游"的观念,对存在问题的企业提出了详细的整改意见,并跟踪整改落实情况，做到不落实整改不撒手。

(2)加强安全生产宣传教育工作。将旅游安全知识的宣传教育贯穿在日常的行业管理中。一方面，要求旅游企(事)业单位加大内部旅游安全宣传力度，在醒目位置张贴警示性标语，设立旅游安全宣传栏，宣传推广正面典型。另一方面，加大从业人员旅游安全知识的培训力度，营造安全生产的浓厚氛围，使安全观念深入人心。

(3)加大旅游企(事)业单位安全生产监督管理力度。以元旦、春节前后的安全检查为新起点，认真做好安全生产各项工作，定期对相关旅游企业进行安全检查和安全制度落实情况的检查、指导，及时消除安全隐患，确保游客安全。

四、下一步打算

下一步，我局将加大工作力度，不断强化安全意识，消除安全隐患，督促各旅游企(事)业单位加强安全生产管理，加大从业人员安全教育培训。一是加强对旅行社的监管力度，加大对旅游驾驶员和导游员的安全教育，从根本上解决安全出行问题；二是规范旅行社宣传和团队运作，严厉查处旅行社门市部超范围经营，要求租赁具有旅游营运资质的旅游车辆；三是加强星级饭店诚信经营宣传和实施力度，加强食品卫生和消防安全监管，加强员工安全知识培训工作，强化突发旅游公共事故应急演练，确保游客的生命财产安全；四是加强景区重点区域和安全设施设备的检查管理力度，完善消防设施设备的使用和管理制度。

特此报告，请审阅。

××县旅游局

20××年2月3日

(资料来源:http://www.doc88.com/p-9883864372191.html)

4)请示

都江堰市人民政府关于创建国家中医药健康旅游示范区的请示

成都市旅游局：

都江堰市位于四川西北部，因水而兴、因堰而名、因道而盛，被誉为“天府之源”。全市辖区面积1208平方千米，建成区面积37平方千米，下辖14个乡镇和5个街道，常住人口72万，城市人口近40万。都江堰市环境宜人，自然资源丰富，是长江上游生态屏障和成都平原水源涵养地，森林覆盖率60%，年均气温15.2℃，年均降水量1200毫米，气候宜人、生态绝佳，空气、水质常年保持国家一级水平，空气负氧离子高达22000个/立方厘米，宜人环境让都江堰市成为健康养生的天然区域。都江堰市风光优美，健康旅游业蓬勃发展，市域内的青城山·都江堰被列入世界文化遗产名录，是四川大熊猫栖息地世界自然遗产的重要组成。龙溪-虹口国家级自然保护区、龙池国家森林公园，可谓是湖光山色、风物如画，成为人们健康旅游的首选之地。

都江堰市中医药事业底蕴厚重，中医药文化源远流长。都江堰市既是全国基层中医药工作先进单位，也是全国“治未病”预防保健服务试点地区和中医养生保健服务机构准入试点地区。市委、市政府高度重视中医药健康旅游发展。目前，有国家5A级旅游景区1个，国家4A级旅游景区2个，国家2A级旅游景区1个，全国休闲农业与乡村旅游示范点2个，四川省旅游度假区1个，四川省生态旅游示范区1个。全市共有农家乐1278家，其中有1家五星级乡村酒店，68家四星级以下星级乡村酒店（农家乐）。2015年全市共接待游客2145.9万人次，同比增长6.54%；全年实现旅游总收入112.75亿元，同比增长22.85%。

为深入贯彻落实国务院《关于促进旅游业改革发展的若干意见》（国发〔2014〕31号），国务院办公厅《关于进一步促进旅游投资和消费的若干意见》（国办发〔2015〕62号），国家旅游局（现为文化和旅游部）、国家中医药管理局《关于促进中医药健康旅游发展的指导意见》（旅发〔2015〕244号）和国家旅游局（现为文化和旅游部）、国家中医药管理局《关于开展国家中医药健康旅游示范区（基地、项目）创建工作的通知》（旅发〔2016〕87号）文件精神，探索中医药健康旅游发展的新理念和新模式，创新发展体制机制，促进旅游业与健康养生相结合，与中医药健康服务业深度融合，全面推动我市中医药健康旅游快速发展。现特申请评定为国家中医药健康旅游示范区。

特此请示，恳请批示。

都江堰市人民政府

2016年9月27日

（资料来源：http://gk.chengdu.gov.cn/govInfoPub/detail.action? id=84555&tn=6）

二、旅游日常管理类应用文写作（计划、总结、制度等）

1. 模拟情境

今年即将结束，为更好地开展今后的工作，湖南省港中旅国际旅行社有限公司拟召开部门及下属各旅行社今年年度总结大会，需各单位拟写好年度总结及下一年度工作计划，并要求各旅行社修改、完善本部门相关制度。你作为郴州港中旅行社办公室文书人员，将负责相关材料的撰写，请你根据总结大会要求撰写相关应用文。

2. 创作思路

1）计划的撰写思路

计划是国家机关、企事业单位、社会团体或个人对未来一定时间内要做的工作从目标、任务、要求到措施预先做出设计、安排的事务性文书，一般由标题、正文和落款三个部分构成。

Ⅰ. 标题

计划的标题通常由单位名称、适用时间、计划内容和文种四个要素构成，如《××市旅游局××××年度旅游工作计划》。标题有时可根据实际需要省略机关或单位名称，在落款中体现，如《××××年度旅游工作计划》；或省略计划内容，如《××市旅游局××××年工作计划》。

Ⅱ.正文

计划的正文一般包括开头、主体和结尾三个部分。

(1)开头是计划的前言部分,一般交代制订该计划的背景、依据、目的、意义和指导思想等内容,要求简明扼要、概括精练。

(2)主体是计划的重点和核心,一般由目标任务、办法措施和时限步骤三个部分构成,也就是解决"做什么""怎么做""何时做完"的问题。

(3)结尾是计划的结语,通常在这个部分说明执行计划应该注意的事项或者展示前景、提出希望和发出号召。依据实际需要,结尾可写可不写。

Ⅲ.落款

落款写在正文的右下角,写明制订计划的单位全称并署上日期,如作为文件外发,还需加盖单位公章。

2)总结的撰写思路

总结是党政机关、企事业单位、社会团体及个人对前一阶段社会实践活动完成情况的汇总和结论,一般由标题、正文、落款三个部分构成。

Ⅰ.标题

总结的标题有三种常见的写法:其一,由发文单位、时间、内容及文种四个要素构成,如《攀枝花市旅游局2018年"质量月"活动工作总结》;其二,以总结的内容或者主题作为标题,如《加强旅游客运市场的执法监督》;其三,采用正副标题,正标题概括文章主旨和中心,副标题说明单位、时间和文种,如《改变营销方式,提高经济效益——××旅行社2018年度工作总结》。

Ⅱ.正文

总结的正文通常采用情况、经验、问题、打算的结构。先简单交代工作的时间和背景、事情的经过、取得的基本成绩与收获,同时客观地指出工作中尚存在的不足之处,在总结经验教训的基础上,明确今后的打算,提出改进的措施与建议。

Ⅲ.落款

以机关单位名义做的总结,落款一般写在标题正下方,不在文末署名;而以个人名义撰写的总结,署名和日期都在正文的右下方。

3)制度的撰写思路

规章制度是国家机关、社会团体、企事业单位,为了维护正常的工作、劳动、学习、生活的秩序,保证国家各项政策的顺利执行和各项工作的正常开展,依照法律、法令、政策而制定的具有法规性或指导性与约束力的应用文,是各种行政法规、章程、制度、公约的总称。规章制度一般由标题、正文、落款三个部分构成。

Ⅰ.标题

规章制度的标题一般由单位名称、内容、文种组成,如《××旅行社内部管理制度》。

Ⅱ.正文

规章制度的正文结构一般有两种形式。

其一为分章列条式,也叫章条式。即把规章制度的内容分成若干章,每章又分若干条。第一章是总则,中间各章叫分则,最后一章叫附则。总则一般写原则性、普遍性、共同性的内容,包括的主要内容有制定依据、制定目的和任务、适用范围、有关定义、主管部门。分则指总则之后的具体内容,通常或按事物间的逻辑顺序,或按各部分内容的联系,或按工作活动程序以及惯例分条列项、集中编排。附则包括的主要内容有施行程序与方式、施行日期等相关说明。

其二为条款式。即只分条目不分章节,适用于内容比较简单的规章制度。一般开头说明缘由、目的、要求等,主体部分分条列出规章制度的具体内容。

3. 创作训练

1)计划

以某旅行社名义写一份来年工作计划。

标 题

正文:

落款和日期

2)总结

以某旅行社名义写一份本年工作总结。

标 题

正文:

落款和日期

3)制度

以某旅行社名义拟写一份规章制度。

标　题

正文：

4. 创作成果展示

1)计划

昌乐县旅游局 2017 年工作计划

2017 年是加快我县旅游业转型升级、实现跨越式发展的关键之年，按照省、市旅游局工作会议精神，结合我县城乡统筹旅游产业一体化发展要求，我们拟定了 2017 年工作思路、目标和措施，对 2017 年重点工作进行了以下安排和部署。

一、工作思路与目标

以县十四次党代会和十七届人代会提出的“建设旅游城市”的要求为目标，以全域旅游理念为引领，以“三山两湖一带”(“三山”指首阳山、古火山、莲花山，“两湖”指方山九龙湖片区和仙月湖片区，“一带”指火山蓝宝石黄金旅游带)为框架，以涉旅大项目为支撑，以发展乡村旅游为拉动点，积极做活“旅游+”文章，着力打造休闲探宝游、乡村体验游、教育修学游三大线路产品，逐步把旅游业培育成为县域经济的支柱产业，使昌乐旅游由过路目的地品牌尽快向过夜目的地品牌升级。2017 年，全年实现旅游接待人次和综合收入(旅游消费总额)分别增长 8% 和 12% 以上，确保增幅不低于全市平均水平；服务推动旅游支撑项目完成投资 5 亿元以上，争创市级以上旅游品牌项目 10 个以上，争取市级以上旅游发展奖补资金 300 万元以上。

二、工作重点与措施

(1)跟进服务支撑项目建设。一是首阳山风景区项目。主要是按照全县“一山两河”规划实施孤山林区残次林改造和裸露山体绿化，推动乐化集团收购天然狩猎场债权后的规划开发建设，打造首阳山康体运动中心。二是九龙湖开发与方山蓝宝石小镇项目。主要是服务推动伊甸园项目、方山龙泉寺项目和六大主题小镇开发，协助推进蓝宝石小镇项目实施，完善基础设施配套，带动周边乡村旅游发展。三是远古火山地质公园项目。主要是以地质公园为中心，加快配套服务和科普教育功能的完善，推进火山国家地质公园揭牌开园建设，申报世界地质公园；整合周边火山古村落、火山特色民宿、火山农业品牌，朝着火山生态农业示范园区开发建设。四是金宝莲花山农庄小镇项目。主要是按规划加快建设，搞好基础旅游服务设施配套，形成旅游业态，确保2017年7月实现试营业，到2018年建成国家3A级景区。五是金宝红河农场项目。主要是加快推进项目签约、土地流转、规划编制工作，力争项目早日开工建设。六是仙月湖乡村旅游综合体项目。主要是整合南山农场、白塔农场、汶水庄园等产业项目，突出抓好生态休闲主题，提升开发运营水平，把仙月湖逐步打造成为潍坊市的一处生态度假胜地。

（2）推动壮大乡村旅游产业。坚持个性化、特色化、市场化发展方向，遵循生产、生活、生态"三生"和谐理念，着眼"宜居"，着眼"特色"，以产业兴村、产业强镇、产业富民为目标，推动乡村旅游向规模化和集群化发展、向乡村精品酒店和精品民宿发展、向现代农庄和休闲农场发展，培育"周末（假日）经济"成为新的经济增长点。一是推动重点片区整合发展。主要是围绕方山片区、古火山片区、仙月湖片区，串珠成链，连面成片，推进片区差异化、规模化、精品化发展。二是推动重点村庄提升完善。对较为成型且有一定接待能力的五图街道庵上湖和响水崖子、乔官镇土埠沟和响水崖、高崖水库库区小白塔等5个村，持续强化旅游要素建设，丰富旅游业态，创新旅游营销模式，提升旅游服务质量，推进乡村旅游上水平、上档次。对条件较好且有发展乡村旅游意向的五图街道任家庄、乔官镇姬家庄子和邵家庄、营丘镇古城、郚部镇沙埠沟、红河镇梁家官庄、高崖水库库区窝铺和赵庄等8个村，按照乡村旅游标杆示范项目或省旅游特色村标准，积极引导规划建设游客服务中心、生态停车场、双语指示标牌等内容，培育打造成为争创旅游品牌新的增长点。三是推动休闲观光农业发展。实施"旅游+"战略，推进农业农村产业与旅游产业的深度融合，大力发展观光休闲农业，培育发展乡村旅游合作社、休闲农场等新业态。引导县内外大企业转型参与开发乡村旅游业，重点培植3-5个乡村旅游龙头企业，培育红河农场、南山农场、白塔农场、原野农业观光园、福龙马园、白浪河现代农业观光园等10个左右的新业态经济体向高效农业、休闲观光农业发展。

（3）积极实施"旅游+"发展战略。加强与文化、体育、教育、农业、林业、水利、畜牧等部门的沟通，协调旅游产业与其他产业融合形成新的工作合力与生产力，重点推动旅游与城镇化、新型工业化、农业现代化和现代教育的融合发展，拓展旅游发展新领域。一是旅游+城镇化。完善城市旅游基础设施和公共服务设施，发展城市绿道、骑行公园、慢行系统，拓展城市运动休闲空间，着力建设旅游风情小镇和特色景观名镇。主要配合搞好特色小镇的开发建设，尽量多融入旅游元素，完善配套服务设施，做到一镇一特色、一镇一景区。二是旅游+新型工业化。认真贯彻落实全国工业旅游创新大会精神，结合实际，鼓励工业企业因地制宜发展工业旅游，培育工业旅游示范点，促进转型升级。着力发展旅游用品、户外休闲用品、特色旅游商品制造业。三是旅游+农业现代化。大力发展观光农业和休闲农业，推动科技、人文元素融入农业,鼓励发展定制农业、会展农业和众筹农业等新型农业业态。选择条件相对成熟的南山农场、火山古村落等乡村旅游点,推进现代农业庄园发展,开展农耕、采摘、饲养等农事活动,促进农业综合开发利用,提高农业附加值。四是旅游+现代教育。充分发挥我县现代教育产业优势,进一步整合火山、宝石特色资源及中国宝石城、中国蓝宝石博物馆、远古火山口群等文化旅游重点景区景点,努力打造以提供第二课堂实训基地、地质地貌参观游学为主的教育修学游线路产品。

(4)着力提升旅游营销品质和效果。加强与省内外知名运营企业的合作,在我县注册成立运营开发公司,按照开发一个、运营一个、推广一个的思路,推进我县精品旅游线路及旅游项目的开发、包装、运营。根据省市旅游部门有关精神,把我县乡村旅游项目及其他景区全部纳入省旅游宣传营销平台,吸引更多的游客来昌乐观光、购物。组织举办好2017年第二届乡村旅游节,配合办好宝石博览会等旅游节会活动。继续做好昌乐旅游微信公众号,完善下联重点镇街区及旅游点,上通旅游行业公众平台和大众网、新华网、齐鲁网、凤凰网、腾讯网等新媒体的拼团合作宣传营销机制。进一步整合包装我县特色旅游产品,加强与知名旅游策划营销机构的合作,扩大对外宣传特别是省外的宣传营销。积极参加省、市旅游部门或行业协会组织的宣传营销活动。通过一系列宣传营销措施,提升我县特色旅游的知名度和影响力。

(5)加快推进旅游商品研发。2016年底,省旅游商品研发中心委托山东艺术学院设计学院来我县调研旅游商品研发工作,并对我县蓝宝石及火山系列商品研发提出了很好的意见和建议。下步将以此为契机,充分挖掘我县人文、自然、农业等资源,扶持、引导、开发旅游文化商品,打造有价值、有开发潜力的标志性产品。坚持系列开发,注重创新,广泛征集并研发高、中、低档次产品,满足不同层次游客的需求。同时邀请旅游商品策划专家对旅游商品设计、生产、包装等方面进行指导,丰富旅游商品内涵,提升旅游商品档次,逐步形成我县以蓝宝石、古火山为主的特色系列旅游商品。

(6)继续抓好旅游市场综合整治。坚持把安全责任意识、优质服务意识、依法经营意识融入对涉旅企业的日常监管中,进一步完善旅游、安监、交通、公安消防、市场监管等部门联合执法检查的工作机制,开展定期与不定期、专项与综合的常态化监管。特别是在出游旺季如五一、暑期、中秋、国庆等节假日,持续加大安全生产检查力度,加强旅游市场巡查督导,坚决杜绝安全隐患,严厉打击非法经营、不合理低价、强迫消费、虚假广告等侵害消费者权益的活动。及时调查处理各类旅游投诉纠纷,保证旅游市场环境安定有序。

三、工作机制与保障

(1)建立健全政策保障机制。及时调整公布昌乐县旅游工作小组成员名单,督促各镇(街、区)设立旅游工作办公室并尽快开展工作,完善旅游安全联合执法检查机制。根据省、市出台的《关于加快山东省饭店业发展的意见》《市委市政府关于促进全市旅游业创新发展的若干意见》《潍坊市旅游业创新发展三年行动计划》等文件精神,制定出台我县配套的激励政策,激发面上发展旅游业的积极性和主动性,为产业兴县注入活力。积极对接融合上级旅游、农业、畜牧等部门的相关扶持政策,选择适宜发展旅游业的片区,有重点地打造几处乡村旅游点或综合体。

（2）始终坚持规划引领。牢固树立全域旅游发展理念，积极推动“多规合一”的规划编制模式，推进“旅游+”发展战略，协调旅游产业与其他产业融合形成新的工作合力与生产力。积极推动适宜发展旅游业的重点镇（街、区）以及首阳山、古火山、方山等重点片区的规划编制，对新建旅游项目实施概念、控制、修建、众筹、运营五位一体的规划编制模式，完善提升原有的旅游项目特别是旅游特色村的规划，改变单一概念性规划难以落地、不同区域旅游项目雷同的现象。会同有关单位完成旅游专业规划。

（3）拓宽旅游投资渠道。用足用活各方面扶持政策，积极探索扩展投融资渠道，广泛吸收社会、企业、民间、个人的闲散资金，形成多元化投入格局，推进旅游项目开发建设。对全县旅游服务设施可采用 PPP 方式进行开发建设，对重点片区或旅游项目从政策上吸引外地有实力的企业或本县有条件、有意向的企业开发，对乡村旅游项目协调融合美丽乡村、休闲农业、旅游扶贫、乡村旅游等政策性资金进行开发，或采取社会资金众筹的方式来开发。适时推动我县主干道旅游标识导向设施建设完善。

（4）加强旅游人才培训。除参加省、市旅游部门举办的各类业务培训外，通过走出去、请进来等培训方式，全面提升旅游从业人员的素质。组织有关镇（街、区）负责同志、涉旅企业负责人、乡村旅游带头人以及部分旅游从业人员，选择省内外旅游业发达地区，至少组织 2 次精准考察培训，开阔视野，拓宽思路。邀请旅游专家对全县旅游从业人员进行 2 次以上综合业务培训，加强旅游人才队伍建设。

（5）加强机关作风建设。一是完善管理制度。进一步完善机关管理制度，强化纪律，形成以制度管人、以制度管事的良好氛围。强化日常督查，专项整治“庸懒散浮”问题，切实落实中央“八项规定”，提高服务质量，提升工作效能，在全局形成讲学习、讲法治、讲诚信、讲廉洁的良好氛围。二是创新工作方式。不断创新工作方式，提高工作质量和效率，以规范化、标准化、科学化为目标，简化程序，优化流程，量化标准，切实增强生机与活力。三是加强党组织建设。把党章和党规、党纪作为日常学习的重要内容，及时开设党课，召开民主生活会和专题组织生活会。严格落实集体决策、三重一大事项报告、廉政谈话等制度，层层签订党风廉政建设责任书，确保不发生任何违纪违规问题。

昌乐县旅游局

2017 年 1 月 31 日

（资料来源：http://xxgk.changle.gov.cn/XLYJ/201705/t20170508_373191.htm）

2）总结

兰溪市旅游局 2016 年工作总结

2016 年以来，在市委、市政府正确领导下，兰溪旅游工作以党的十八大和十八届六中全会精神为指导，坚持科学发展观，紧紧围绕“古韵风情旅游地”总目标，树立“全域景区化、旅游主业化”理念，努力补齐短板，确保全年各项工作任务的完成。2016 年 1 至 11 月，全市旅游业总收入 99.37 亿元，同比增长 55.09%，接待总人次 1032.95 万人，同比增长 52.31%，门票收入3352.81万元,同比增长2.99%。

一、主要亮点及成效

(1)旅游发展体制机制取得突破。由市委书记、市长亲自挂帅,全市相关单位组成了旅游发展协调委员会,并形成固定的议事机制,统筹全市旅游发展"一盘棋"管理;各镇乡及涉旅部门确定旅游工作分管领导和联络员;制定出台了《2016年旅游业发展行动方案和绩效考核办法》,加强对乡镇和部门旅游工作的考核力度;4月份召开全市旅游发展大会,密集出台了一系列促进兰溪旅游发展的政策,如《加快兰溪旅游转型发展 全力打造"古韵风情旅游地"若干意见》《兰溪市旅游发展专项资金使用管理办法》《兰溪市支持旅游业发展用地若干意见》等,助推全市旅游一体化、全域化发展。

(2)极大地强化"旅游+"发展战略的顶层设计,成功布局兰溪旅游全域化发展格局。将"旅游+"的发展理念不断深入到各乡镇、涉旅部门,逐步使"全域旅游"的发展理念得到认同;通过深化与景域集团的战略合作,进一步明晰了"十三五"规划所确认的"三区三带"全域旅游发展格局("三区"即兰湖旅游度假区、诸葛长乐文化旅游区、主城区,"三带"即金华山旅游带、古村落旅游带、水上游旅游带);并创意性地探讨了各区带的发展,如兰芝线的国家乡村公园特色、金华山的山地运动户外休闲特色等。

(3)旅游项目建设取得重大突破,兰溪旅游新的格局显现。兰溪旅游度假区进入实质性开发阶段,启动区景观廊桥、花溪叠水、游客服务中心、兰桥观景台、户外大茶坪等已建成并投入使用,于2016年9月30日试开园,并获得了社会各界的好评。该项目目前虽不完善,但对兰溪旅游新格局有着积极的推进作用,即兰溪旅游度假区实质性进展及传统的诸葛村、地下长河2个景区之外的重量级景区崛起。

同时,2016年度旅游项目计划投资总额6.83亿元,实际完成投资额8.47亿元;进一步规范旅游项目管理,制定出台了《兰溪市旅游项目投资评估暂行办法》;一批建设项目在推进,白露山旅游区"云抱小舍"项目完成招投标,即将进场施工,慧教禅寺寺前区提升改造工程开工建设。金华山旅游经济区兰溪分区成立管委会,积极融入金华山旅游开发,主动对接、深入谋划,越龙山国际旅游度假区项目规划已通过论证,进入景点、景观营造和建筑设计,项目前期基础工程快速推进中。地下长河出口景观改造方案已完成,洞内灯光改造项目方案正在设计中;委托浙江省第三地质大队对景区其他未开发地下溶洞进行了溶洞资源勘探,与《都市快报》合作开展了六洞山无底洞探洞网上直播,吸引了近30万网友关注。积极指导诸葛村创国家5A级景区工作,努力提升老景区整体品质。

(4)大力推动乡村旅游标准化建设。制定《兰溪市农家乐、民宿及乡村旅游点提升工程实施方案》,有序推进民宿、农家乐、乡村旅游点改造提升以及乡村旅游服务中心建设工作。依托兰芝风情线,打造兰芝国家乡村公园。目前已完成《兰芝国家乡村公园总体规划》讨论稿,规划面积约168.6平方千米,举办全市乡村旅游人才培训班,对乡村旅游带头人、乡村旅游经营业主等进行业务培训,提高全市乡村旅游接待水平。

(5)认真组织开展"两学一做"学习教育,扎实履行全面从严治党主体责任。落实全市"两学一做"学习教育工作的总体部署,制定学习教育方案、工作开展计划、学习计划,组织党章、党规及习总书记重要讲话的学习，组织集中党日活动和开展各个季度的主题大讨论，认真查短板、列清单、促整改，广泛征求意见建议，组织谈心谈话，开好专题民主生活会和组织生活会，及时做好学习教育工作开展的总结；认真履行全面从严治党主体责任，加强领导、落实一岗双责、强化责任意识，加强廉政教育、提高廉政意识，健全管理制度、加强风险防控，进一步规范从政行为，依法治理旅游业不当风气等一系列工作的开展，进一步深入推进旅游系统党风廉政建设和反腐败工作，改进了机关作风，增强了服务意识，提高了旅游队伍整体素质，促进旅游工作取得成效。

此外，继续创新旅游营销机制。与上海景域集团签署战略合作协议，在旅游品牌形象、年度节事活动、旅游产品包装、旅游传播等方面开展合作。整合节庆资源，开展“大美兰溪浪漫四季”休闲旅游文化年活动，分春夏秋冬四个篇章，共18项活动，做到四季有节庆、月月有活动。积极做好“海外学子走进芝堰”工作，宣传推介兰溪古村落的人文美、生态美。在金华高铁站，设置兰溪旅游广告牌，进行兰溪旅游的宣传和形象展示。加强区域联合营销，积极参与徐霞客开游节旅行商大会暨霞客游线节点城市精品线路发布会，宣传推介兰溪旅游，共推霞客游线路。注重与旅游电子商务企业合作，积极利用微博、微信、微电影等信息网络平台，拓展网络营销渠道，加强网络营销力度。加强开发及推广旅游商品，全面梳理划分具有兰溪特色的农副产品、土特产、文化创意产品等，举办了首届兰溪旅游文创产品创意设计大赛。加大招商引资力度，有针对性地策划包装一批项目进行重点招商推介，编制了《2016兰溪旅游项目招商手册》，举办了兰溪全域旅游项目招商推介会，邀请到赛伯乐投资集团、中国交通建设股份、东方园林、赛石集团、景澜集团、远见集团、台湾39工作室等20家企业来兰溪进行资源“相亲”。完善旅游配套服务，推进全市旅游交通和道路引导标识系统建设，目前正在进行标识标牌制作。推进“智慧旅游”建设，目前已编制完成《兰溪智慧旅游服务平台的建设方案》，制定了兰溪旅游协会成立方案，主要包括景区、旅行社、饭店、户外运动、旅游商品、旅游志愿者等6个分会。注重旅游环境监管，结合“四边三化”“三改一拆”等专项行动，深入开展旅游景区环境整治；定期开展全市旅游业务广告、旅游合同文本、旅游安全生产大检查，及时纠正违规行为。

二、存在问题与下一步计划

在全市旅游发展大会召开之后，相比以往，全市旅游发展的氛围浓了，以发展旅游促工作进展的新常态初步形成。但还存在一些问题，主要是：镇乡（街道）及主要涉旅部门对全域化旅游的认知不足，旅游工作机制效率不高，资源要素没有充分集聚，对接不充分；急需建立旅游数据大平台，丰富旅游市场主体；需要各方面各层次的旅游人才。

下一步，我们将继续在党的十八大及十八届六中全会精神指引下，践行科学发展观，积极深入学习贯彻市第十四次党代会精神，坚持打造长三角一流“古韵风情旅游地”总目标不变，以推进兰溪“全域化旅游示范区”发展为工作理念，补齐旅游工作短板，强化工作落实、项目落地，建设“三区三带”旅游大格局，实现兰溪旅游提档升级。重点工作如下。

（1）旅游策划要创意新、起点高。以打造“历史记忆丰厚、生活气息丰富”的古韵风情旅游地为目标，编制全域旅游示范区创建方案，进一步明确“十三五”旅游发展目标定位和工作重点。

(2)旅游项目要显特色、强落地。加快实施基础配套项目,逐步完善全域化旅游功能布局。重点项目有诸葛长乐文化旅游区、国家乡村公园(白露山、芝堰)、六洞山森林探险小镇、国家山地运动公园(金华山)、兰湖、古城、水上游等。同时,注重整合旅游资源,招商引资、增资提质,引进具有品牌性、自带渠道的旅游项目,以点带面、辐射带动,打造一批在市场上有影响力的兰溪旅游品牌,以提升兰溪旅游的知名度。

(3)旅游机制要促产业、接市场。旅游行政管理体制改革要起到产业推动和综合协调的功能;景区管理体制改革要推进景区经营管理企业化、市场化、资本化;旅游投融资机制改革要组建文化旅游发展集团,促进旅游项目的整体开发建设和市场营销,推进市场化运作。

(4)旅游业态全域化、多功能。主要是文旅融合、农旅融合、工旅融合、商旅融合,发展好特色小镇,发挥地方特色,丰富旅游内容。

(5)旅游营销全方位、众媒体。一是加强旅游形象宣传,二是打造旅游节庆品牌,三是开拓旅游客源市场。

(6)旅游配套高质量、美感受。一是建设智慧旅,二是注重旅游标识系统的完善,三是注重旅游商品的研发和推广,四是注重旅游业人才的培养。

兰溪市旅游局

2017年1月

(资料来源:http://www.lanxi.gov.cn/zwgk/gzxx/jhzj/201709/t20170926_1482368.html)

3)规章制度

旅行社考勤管理制度

第一条　总则

(1)为加强公司管理,严肃劳动纪律,提高工作效率,树立良好的公司形象,特制定本制度。

(2)本制度适用于公司全体员工。

(3)运营管理中心负责本制度的制定、修改、废止和起草。

(4)总经理负责本制度的制定、修改、废止的审核及签署。

第二条　工作时间

(1)除特殊岗位外,公司工作岗位实行标准工作制,即每周工作五天,每天工作时间为8小时。

(2)下列特殊人员实行不定时工作制或综合计算工时工作制:签证外勤岗、火车票采购外勤岗、飞机票采购外勤岗,因工作特殊需要,无法按标准工作时间衡量或需要机动作业,实行不定时工作制。

第三条　员工考勤

(1)公司考勤周期为上月1日至本月1日。

(2)公司考勤实行检查制度,员工每天上班、下班自觉遵守工作时间。

(3)因公外出,由部门主管确认,按照出勤记入员工考勤记录。

(4)实行不定时工作制的岗位或员工,由本部门采取其他方式管理考勤。

第四条　迟到、早退

(1)凡已到上班时间,本人还未到工作岗位时,即视为迟到。凡未到下班时间,提前离岗打卡下班,即为早退。

(2)凡迟到、早退 10 分钟以内者,罚款 20 元;凡迟到、早退 10~30 分钟者,罚款 30 元;凡迟到、早退 30~60 分钟者,罚款 40 元。

(3)因不可抗力或工作需要,无法按照公司上下班时间规定到达或者离开工作岗位的,经部门经理确认后,不记为迟到或早退。

第五条　旷工

(1)旷工的认定:

①迟到、早退超过 1 小时未到 4 小时的记旷工半天,超过 4 小时记旷工一天;

②无故不上班,并且不能向上级主管和运营管理中心说明原因者;

③超过请假时间未续或未得到延假批准而擅自不上班者;

④伪造、涂改假条者;

⑤工作时间未经领导批准擅自离开工作岗位者;

⑥未按规定履行请假手续或未经准假私自不上班者;

⑦假期已满,逾期不归者;

⑧因公外出后未经领导同意不按时返回工作岗位者;

⑨出国后未经领导批准逾期不归者;

⑩其他未按本规定及时办理请假手续者。

(2)公司按旷工时间扣除其全部日固定薪资,还将按下列条款予以处罚:

①旷工 1 天及以内者,罚款 50 元;

②连续旷工 2 天及以内者,罚款 100 元;

③连续旷工 3 天及以上或累计旷工达到 5 天或以上者,中心经理将提议运营管理中心按违纪解除劳动合同。

第六条　加班

(1)员工应在规定工作时间内高效完成工作任务,公司不提倡加班。

(2)公司安排员工工作,符合下列情形之一的视为加班:

①法定节假日工作;

②员工公休假日工作。

(3)公司安排员工公休假日加班,首先应按照同等时间安排倒休,无法安排倒休的,按照薪酬支付条例规定计算加班工资。

(4)法定节假日加班工资标准分别按约定的日(小时)工资基数的 300% 计算发放。

(5)以下情况不视为加班:

①公司在节假日组织的集体活动；

②公司在非节假日组织的下班后集体活动；

③非工作时间内组织的会议与培训；

④出差期间；

⑤出于业务目的的娱乐以及陪同公司客户；

⑥因个人的原因导致的拖延工作时间。

第七条　事假

(1)事假须填写“请假单”,按审批权限报主管领导批准,列入员工考勤记录报运营管理中心。

①事假1天由部门主管批准,2天由主管副总批准,3天及以上由总经理批准。

②部门正职管理人员及以上请假须报社领导批准。

(2)事假期间,按规定在当月工资中扣减日固定薪资,年内累计事假30天及以内,按日固定薪资的40%发放。

(3)遇急事来不及事先请假者,应及时用电话报知主管领导,经批准后方可休假。

(4)不能提供有效“请假单”的,未经批准的,均视为旷工。

第八条　病假

(1)在一个自然年度内,员工带薪病假期限50周岁以上8天,50周岁以下4天,员工调入时间为下半年的(7月以后),当年可按照上述标准的50%享受带薪病假。带薪病假不跨年使用。

(2)员工看病时间在半个工作日以内的按出勤考勤(以医院诊断证明或挂号单为依据),一个考勤周期内累计达到2次,按照病假0.5天计算。

(3)员工患病需要到医院就诊,应事先填写请假单,主管领导批准后方予执行,急诊患病员工事后应及时补办手续。

(4)员工患病需要休病假(包括全薪病假)2天以上的,应出示医院建议休假诊断证明,列入员工考勤记录,否则视为旷工。

第九条　附则

该考勤管理制度自2018年9月1日起正式施行。

(资料来源:https://wenku.baidu.com/view/4ca2b4063d1ec5da50e2524de518964bcf84d2a8.html)

三、旅游社交活动类应用文写作(欢迎词、欢送词等)

1.模拟情境

你作为张家界中国旅行社有限公司的地接导游人员,即将接待一个从北京来的旅游团,该团旅游行程历时5天,请根据团型需要准备语体色彩得当、要素齐全的导游欢迎词、欢送词。

2. 创作思路

1)欢迎词写作思路

导游欢迎词是导游接到旅游团队时欢迎游客到来的言辞,致欢迎词是导游员第一次和客人进行交流,也是整个旅游行程的开端。导游员得体的欢迎致辞,可以给游客留下良好的第一印象。

Ⅰ.规范的导游欢迎词包含以下五个要素

(1)表示欢迎,即向游客问好并代表所在旅行社对游客表示欢迎。

(2)介绍人员,即导游向游客做自我介绍,并介绍参加接待的领导、司机师傅等人员。

(3)预告节目,即向游客简要介绍即将游览城市的概况和旅游行程包括的主要景点。

(4)表示态度,即向游客征求意见并表示愿意竭诚为大家服务的态度。

(5)预祝成功,即希望得到游客的支持与合作,预祝本次游览活动顺利,并为游客送去祝福。

Ⅱ.导游欢迎词写作注意事项

(1)导游欢迎词必须口语化。因为欢迎词是面向游客现场口头表达的言辞,宜自然通俗,忌晦涩难懂。写作时应多用短句,并适当汲取一些谚语、名言,使语言生动幽默、兼具文采。

(2)导游欢迎词必须有针对性。针对不同的旅游团队,导游的欢迎词要体现出不同的特色,使游客感到自己受重视,从而拉近导游员与游客之间的距离。

(3)导游欢迎词必须真诚。“感人心者,莫先乎情。”导游员在致欢迎词时要发自内心,才能够真正打动游客,使游客有一种宾至如归的感觉。

2)欢送词写作思路

欢送词是导游接待工作的尾声,好的欢送词令人终生难忘,它的好坏关系着一次旅游能否善终。如果说欢迎词对给游客留下美好的第一印象非常重要,那么在送别时致好欢送词,给游客留下的最后印象将是深刻而持久的。

Ⅰ.规范的导游欢送词包含以下五个要素

(1)表示惜别,即在游程即将结束时对游客表达友谊和惜别之情。

(2)感谢合作,即感谢游客在旅程中对自己工作给予的支持、合作、帮助和谅解。

(3)小结游程,即与游客一起回忆一下这段时间所游览的项目、参加的活动,为游客进行总结归纳。

(4)征求意见,即征询游客对导游、行程以及旅行社工作等各方面的意见和建议,并为工作中的不足之处向游客致歉。

(5)期盼重逢,即向游客表达自己的热情和美好祝愿,希望游客能再度光临。

Ⅱ.导游欢送词写作注意事项

(1)表达应口语化。同欢迎词一样,口语化也是欢送词的一个显著特点。遣词造句也应该注意使用生活化的语言，使送别既富情趣又自然得体。

（2）应注重惜别性。在欢送词中要体现真挚、自然的依依惜别之情，切勿让游客有“人未走茶便凉”之感。

3. 创作训练

1）导游欢迎词

以某旅行社地接导游名义写一篇欢迎词。

欢迎词
称呼语、问候语：
正文（欢迎、介绍、预告、表态、预祝成功）：

2）导游欢送词

以某旅行社地接导游名义写一篇欢送词。

欢送词
称呼语、问候语：
正文（惜别、感谢、小结、征求意见、期盼重逢）：

4. 创作成果展示

1）欢迎词

张家界地接导游欢迎词

各位来自首都北京的游客朋友，大家好！欢迎来到美丽而神奇的张家界旅游观光，很荣幸为大家服务。首先我代表张家界中国旅行社的全体人员对大家的到来表示热烈的欢迎，同时也十分感谢大家对我们旅行社的支持和信任。下面,请允许我做个简短的自我介绍,我叫韩心怡,大家可以叫我小韩,或者按照我们湘西本地的称呼叫我阿妹也行,千万不要叫我韩导,那就太见外了!旁边的这位帅哥呢,就是我们这次旅途中最劳苦功高的一位,我们的司机王师傅,王师傅有着多年的驾驶经验,可以说对我们张家界的每一个坡、每一个弯都了如指掌,所以对行程安全问题大家尽可放心。

我们的行程共有五天,在这期间我们将走进有着奇峰秀水的张家界国家森林公园,去领略大自然的鬼斧神工;乘坐亚洲最长的索道,踏上天门山玻璃栈道,感受绝对的惊险刺激;游览遍布飞瀑神泉的大峡谷,探秘世外桃源。此外,我们还能大饱口福,品尝到土家腊肉、岩耳烧鸡、米豆腐、野生葛根粉等特色风味小吃。听到小韩的介绍,大家对即将到来的旅程一定充满期待吧。

那么在接下来的五天时间里,我和王师傅将以十二分的热情竭诚为大家服务,如果大家在旅途中有什么困难和要求,请您及时提出,我们将尽力为您解决,也希望大家能支持和配合我们的工作。最后,祝愿大家旅途愉快,高兴而来,满意而归!

2)欢送词

张家界地接导游欢送词

各位朋友,时间过得真快,我们的深度畅游张家界之旅马上就要结束了,在此我们不得不与大家分别了,心中真的有无限的眷恋和不舍,天下没有不散的宴席,但是我相信,我们还有再见面的机会。在这五天时间里,我们一起游览了张家界国家森林公园的奇峰秀水,感受了天门山索道和玻璃栈道的惊险和刺激,见识了张家界大峡谷世外桃源般的美丽,而且品尝了岩耳烧鸡、米豆腐、野生葛根粉等特色风味小吃,有的朋友还购买了不少张家界的土特产品,真可谓收获多多。相信在各位朋友的生命中,张家界将成为一段美好的记忆。

承蒙各位朋友的支持与配合,我和王师傅感到此次接待工作十分顺利,在此我们向大家表示衷心的感谢!不知道大家对我们的工作是否满意,如果我们的服务有不周到的地方,一方面请大家多多包涵和谅解,另外还望大家能提出来,我们会认真听取大家的宝贵意见,不断提高我们的服务质量。中国有句古话,叫“两山不能相遇,两人总能相逢”,我期盼着在不久的将来我们能在美丽神奇的张家界再度重逢,我期盼着能再见各位。最后预祝各位朋友在今后的人生旅途中万事顺意、前程无量!谢谢!

四、旅游营销类应用文写作(旅游广告、旅游行程说明书、旅游策划案等)

1. 模拟情境

郴州资兴东江湖景区于2015年成功晋升为国家5A级旅游景区,境内峰青峦秀,溪幽湖阔,旅游资源丰富,被誉为“人间天上一湖水,万千景象在其中”。但因地理位置偏僻,旅游宣传力度不够,知名度不是很高。请你为东江湖景区拟写一份旅游广告文案,让更多人了解这颗湘南明珠。

2. 创作思路

1）旅游广告的撰写思路

旅游广告是旅游企业或相关旅游机构通过各种媒介向旅游者宣传旅游产品、旅游服务等有关信息的活动，旅游广告内容的文字化表现即旅游广告文案策划书。

Ⅰ. 格式

旅游广告文案的创作，一般没有固定的格式，写法相对灵活。从结构上讲，一般包括标题、正文、广告标语、随文四个部分。

（1）标题。

旅游广告标题可分为直接标题、间接标题和复合标题三种。

直接标题直接标明要宣传的旅游景点或景区，使人一目了然，例如“璀璨明珠——张家界”。

间接标题不会直接点明要宣传的旅游景点，而是通过富有趣味性的语言含蓄委婉地传达旅游信息，激起人们的好奇心，例如“悠久的历史积淀，丰厚的文化珍存”（西安阿房宫遗址广告宣传标题）。

复合标题是直接标题和间接标题的综合运用，通常用破折号隔开，以双行表示，例如“姑苏城外寒山寺，夜半钟声到客船。——全国十大旅游城市之一苏州”。

（2）正文。

旅游广告正文无固定写作格式，一般包含旅游产品介绍和评价等内容。

在正文部分可以详细介绍旅游产品的特色，激发旅游者的购买欲望，或者是通过名人推介等形式来提高旅游产品的可信度。

（3）广告标语。

广告标语也称广告词，是广告中长期、反复使用的一种简明扼要的口号性语句，高度概括凝练，具有很强的号召力和感染力，且朗朗上口、好读好记，可以加深人们对旅游产品的理解和记忆，具有鼓动与诱导作用。

许多产品往往因为一句经典的广告语而深入人心、家喻户晓，因此广告标语的写作非常重要。它不仅要求用语简洁精练，更要求构思巧妙灵动。

有的旅游广告标语着眼于深厚的历史文化积淀，以文化吸引游客。例如：“金戈铁马三千年，碧水青山襄阳城。”（襄阳旅游广告语）

有的旅游广告标语生动活泼，以情感鼓动游客。例如：“精彩湖南，浪漫潇湘”（湖南旅游广告语）；“越往北，越使你感到温暖”（加拿大旅游广告语）。

有的旅游广告标语以特色旅游产品为主题，以此来招揽游客。例如：“花格子呢和威士忌之乡”（苏格兰旅游广告语）。

有的旅游广告标语以当地特色景观为切入口，激起游客的审美兴趣。例如：“天涯芳草，海角明珠”（海南三亚市旅游广告语）、“空气，阳光，海水浴”（突尼斯旅游广告语）。

（4）随文。

随文是正文的附属，又称附文，是对正文进行补充，单位名称及地址、网址、联系方式、注意事项等信息一般都放在随文部分。

Ⅱ.旅游广告的写作要求

（1）内容真实可靠。

旅游广告必须向旅游消费者传递最真实可靠的信息，以此来取信于消费者。

（2）创意新颖独特。

创意是旅游广告的生命，只有具有新颖独特的创意，才能从众多旅游宣传广告中脱颖而出，激起消费者的旅游冲动。

（3）注重品位、以情动人。

旅游广告应该满足消费者的内心情感需要，体现传统文化底蕴，树立高雅的格调品位，以情感打动消费者。

2）旅游行程说明书的撰写思路

旅游行程说明书也称为旅游行程计划说明书，是指旅行社在旅游者出游前，对整个旅游线路或产品所能获得的各项体验以及整个行程的说明事项，包括旅游行程单。

旅游行程说明书行文较为灵活，格式不拘，但一般都应该包含以下几个方面的内容。

（1）本次行程的特色、特点，如线路产品理念、线路产品特色、针对人群等。

（2）旅游全部行程安排（另附旅游行程），包括乘车注意事项，每天的行程安排及境外的食宿标准、交通安排、景点概况等。

（3）目的地情况，包括前往目的地的历史、天气、特产、风俗习惯、法律规定、紧急救援途径和相关机构的联系方式等基本情况。

（4）安全注意事项：旅途中的安全问题，包括身份证、贵重物品的保管；对旅游行程中可能发生危及旅游者人身、财产安全的情形，向旅游者做出真实说明和明确警示，并采取防止危害发生的安全防范措施。

（5）温馨提示：应携带的个人物品、旅行团有关纪律规定、推荐购买旅游意外保险等。

3）旅游专题活动策划案的撰写思路

旅游专题活动策划案是指在旅游领域召开的新闻发布会、庆典活动、社会赞助活动、节日庆祝活动等场合，为突出一个主题、达到一个目的而制定的活动策划方案。

旅游专题活动策划案虽然行文较为灵活，格式不拘，但一般都应该包含以下几个方面的内容。

（1）策划名称。

策划名称一般由具体专题活动名称和文种构成，如"××旅游活动策划书"。详细的策划书名称还包括时间、主题等因素，如"2018年9月'聊城美食文化之旅'专题活动策划书"。

(2)策划背景。

根据策划书的主题阐述活动开展的环境、原因、基本情况、组织部门、要达到的效果等,其分析重点因活动目的而异。

(3)策划主题。

根据活动所要达到的具体目的设计专题活动的主题,并用主题来统领整个活动。活动的主题既可以是一句口号,如“展现饮食文化魅力,打造名城旅游品牌”,也可以简单地陈述表白。

(4)策划内容。

旅游专题活动策划案具体内容可以从活动的人员安排、时间、地点、工作环节、费用预算、安全措施、预期效果等几方面进行分析。其中,人员安排是指旅游专题活动策划与实施过程中的相关部门、人员配置及其相应的责任;时间、地点是指策划人员应选择合适的时间、便利的地点、舒适的环境,便于活动的顺利开展;工作环节是指应按照时间的先后顺序排列,详细写出活动前、活动过程中以及活动结束后的具体工作安排,并指出各部门、各环节沟通衔接的注意事项;费用预算是专题活动策划需要考虑的一个重要因素,制定策划方案时应周密计算每个环节的资金预算;安全措施是对活动过程中可能出现的突发情况进行预测并制定预防措施,如情况不明,则应该通过调查研究等方式进行分析补充;预期效果是指在旅游专题活动开展之前,活动策划方对其最终的效果进行猜想。旅游专题活动举办的预期效果多从扩大社会影响、增加经济收入等方面进行分析。

一些大型的旅游专题活动策划案会有附件,其中包括一些参考资料、备注以及需要强调的细节部分,以此对资料进行补充完善。

3. 创作训练

1)旅游广告

为某一新开发的旅游景区拟写一则旅游广告。

标题

正文:

广告标语:

随文

2）旅游行程说明书

为某一旅游团的3天旅游行程拟写一份行程说明书。

××旅游行程说明书
开头（行程的特色、特点）：
正文（行程安排、目的地情况）：
结尾（注意事项）：
附（行程单）

3）旅游策划案

为某一旅游活动拟写一份策划书。

××旅游活动策划案
开头：
正文（人员安排、时间地点、工作环节、费用预算、安全措施、预期效果等）：
结语：

4. 创作成果展示

1）旅游广告

标题：　　“宾”家必争之地——荆州

正文：

古之荆州，地势险要，易守难攻，为兵家必争之地。

今之荆州，风景秀美，水香鱼肥，乃宾家必争之地。

今日荆州，有厚重的历史底蕴；今日荆州，有香飘万里的新气象。

荆州古城墙

闻听三国事，每欲到荆州。荆州古城墙，屹立在荆州土地上，见证着荆州的发展和走过的岁月。宾阳楼、城上三山、雄楚楼、仲宣楼、明月楼，一个个矗于城楼上，看着古代城下人们匆匆而过，也目睹着今人来来去去。打马走过的岁月，匆匆而过的时光。荆州古城墙，等着你的抚摸，等着你的触及。

城北九女冢

三国蜀将关云长镇守荆州，忽遇九位仙女下凡。传王母娘娘旨意，荆州刀兵动得太多，要收回归于圣地，不准凡人争夺。关公忠于其兄，不让荆州，于是想了一个计策，说："你们在西北，我在东南，各筑一城，城周五千部，天黑始，鸡鸣止，谁先筑好，谁就管理这个地方。"九仙女用衣裙兜土，关公伐芦苇筑城。关公城就，九仙女城差一隅，鸡尚未鸣，关公震动鸡笼芦席，公鸡啼鸣，九仙女羞愧上天。九仙女所在之地，名为"城北九女冢"。

张飞一担土

在关云长筑城之际，张飞也来为二哥帮忙，可惜来晚了，便将土倒在东门外，于是人们把东门外的两座小口山似的土，称为"张飞一担土"。

荆州关公庙

关公庙貌遍天下，五洲无处不焚香，农人祈求风调雨顺，商贾祈求财运亨通，百工祈求从业兴旺，官员祈求升迁发达，军人祈求旗开得胜，帝王祈求江山永固。历经一千七百多年，时光转换，改朝换代，尊卑起伏，关羽最终被人们塑造成至神至圣、万世人极的神祇 。一座荆州土地上筑起的关帝庙，仪门、正殿、陈列馆前后呼应，浑然一体。灰瓦红墙、飞檐翘角，气势恢宏，独具魅力。它是荆州文化的象征，也是伫立不倒的关公精神。

荆州三国公园

碧水波光映古城风采，画廊庭桥浮三国云烟。荆州三国公园，厚重地载着历史云烟，轻盈地浮起古之晚事，古朴典雅的风格，秀丽明媚的景色。流连于荆州三国公园的凝重，抑或忘返于其独特的秀美。

荆州华容古道

"曹蛮兵败走华容，正与关公狭路逢，只为当初恩义重，放开金锁走蛟龙。"这是曹操赤壁之战，败走华容(今荆州监利，监利古称华容)后，"关云长义释曹操"的故事。现华容道旁，阡陌纵横，公路交错，城镇与水乡连成一片，一改昔日崎岖荒凉面貌，而华容古道也在荆州监利静静安睡，等待着今人踏足。

广告标语：游一趟荆州，梦一回三国

随文：荆州，地处湖北中南部，锦汉平原腹地，自古就有"文化之邦、鱼米之乡"的美誉，入选国务院首批公布的国家历史名城。荆州旅游局电话：0716-8191332。

(资料来源：http://ishare.iask.sina.com.cn/f/33KDuWOxjuj.html)

2)旅游行程说明书

欧洲旅游行程计划说明书

尊敬的44位贵宾：

您好！欢迎您参加本公司组织的法意瑞奥+新天鹅堡8晚11天行程旅游。公司与您签订的旅游合同编号为:ZJGDGL-HW121264,以下是此次行程须注意的事项。

1. 旅游团号：G130710EU-KSS。

2. 航班往返时间、航班号：

7月10日　上海—巴黎　AF111　23:20-05:35+1

7月19日　罗马—阿姆斯特丹　KL1604　17:30-20:00

7月19日　阿姆斯特丹—上海　KL893　21:30-14:05+1,7月20日到达上海

3. 集合时间、地点。

2013年7月10日晚上8点30分,准时在上海浦东国际机场国际出发T1航站楼内集合。近期雨、电、雷等天气情况较多,出发前请务必留意天气状况,避免迟到。谢谢!

4. 请您务必携带护照原件及身份证原件,如因忘记携带护照而不能出境,其责任由您本人负责。

(本团护照由领队带去机场)

5. 在旅途中,本公司及委托的境外接待旅行社信息：

(1)操作人员：孔××　联系电话:0571-56779×××;13858018×××

操作经理：方××　联系电话:0571-56770×××、13957111×××

(2)质量监督员：方×　联系电话:0571-56886×××

(3)领队兼导游：孙××　联系电话:1861136××××

(4)境外地接社和紧急联系人:KUONI,GTE 25/27 rue de Tolbiac 75013 Paris France Tel:01 53 94 76 ×× Fax:01 53 94 76 ××

6. 在境外,您的机票由本公司工作人员统一保管,以便办理各项手续。

7. 具体行程安排(见附表)。

8. 旅途中您有什么需求和帮助,请告诉我们的领队,祝您旅途愉快!

游客(签名)：　　　　　　　公司(盖章):浙江光大国际旅游有限公司

____年____月___日　　　　　____年___月___日

(资料来源:http://blog.sina.com.cn/s/blog_48882c200102v083.html)

3)**旅游策划案**

四川农业大学首届旅游文化节专题活动策划案

【活动目的】

传承旅游文化,体验旅游魅力,展示旅游风采,丰富校园文化生活,提高大学生人文素质,引导在校大学生对旅游及旅游文化重新进行审视。在校园中推行大众旅游、时尚旅游、健康旅游和低碳旅游。同时也借助活动的开展,传承旅游文化知识,开拓新的旅游发展模式和途径,更好地将校园文化活动与旅游产业相结合,努力创造复合型创新人才,并提升四川农业大学的形象,扩大其影响力。

【活动名称】

四川农业大学首届旅游文化节

【活动主题】

传承文化、魅力旅游、拓展素质

【活动时间】2012年3月—6月

【活动机构】

主办单位:教务处、学生工作部

承办单位:旅游学院、都江堰校区教务部、都江堰校区团委

协办单位:各学院

领导机构:

组　　长:秦自强　庄天慧　杨文钰

副 组 长:李武生　李　天　卢昌泰　杨启智

成　　员:秦之香　魏俊益　屈智成　向劲松　周荣华　罗　燕　郭　凌
耿宝江　樊玉良　朱　翔　廖忠英　陈红君　刘少宇　杨　珩

【活动内容】

一、四川农业大学首届旅游文化节开幕式

1. 时间:4月

2. 地点:旅游学院茶艺长廊

3. 简介:邀请学校领导、校区领导和各学院领导参加。开幕式由剪彩仪式、专家讲座、自行车环保游活动等组成。开幕式用旅游风景名胜、非物质文化遗产、风物特产等内容的图片来烘托气氛;专家讲座邀请旅游业知名专家做报告;自行车环保游以"健康、快乐、绿色、低碳"为主题,着统一文化衫,展示川农学子青春魅力,宣传健康、快乐、绿色、低碳旅游。

二、旅游讲坛

1. 时间:4—6月

2. 地点:不定

3. 简介:旅游讲坛由专家讲坛、草根讲坛、学术科研活动等内容组成。专家讲坛邀请校内外知名专家、学者,旅游企事业单位知名人士进行旅游文化、行业动态与趋势、旅游策划、旅游规划等相关讲座,增进对旅游文化的了解,推动旅游产业的发展;草根讲坛在在校学生

中选拔并推荐优秀学生来开展；学术科研活动以“传承旅游文化·发展旅游产业”为主题，以思考、探索、实践、发展和创新为目的，让每一位参与的同学得到一定的学术科研创新训练和专业实践运用锻炼。

三、“健康之旅”导游大赛

1. 时间：20×× 年 5 月 19 日

2. 地点：学生活动中心

3. 简介：结合 5·19 国际旅游日，面向全校同学开展“健康之旅”导游大赛，参赛选手应选择以“健康、快乐、低碳”为主题的旅游进行展示。大赛分为 VCR 实景现场讲解和模拟导游两个部分。

四、旅游产品设计大赛

1. 时间：4—6 月

2. 地点：待定

3. 简介

比赛项目：旅游线路设计、特色旅游项目设计、节庆活动设计等。

比赛形式：①旅游产品设计方案的撰写，内容分为市场调研、策划创意、组织实施、产品包装、营销推广、风险预估与防范等六个部分；②旅游产品设计方案的阐述，各代表队分别以 PPT 的方式演示产品设计方案；③现场答辩。

五、旅游游记展示

1. 时间：3—6 月

2. 地点：待定

3. 简介：活动内容包括“旅游天下，小相片，大世界”旅游摄影展，旅游游记视频展。

六、“传承旅游文化·发展旅游产业”班级活动

1. 时间：3—6 月

2. 地点：待定

3. 简介：以班为单位，以“传承旅游文化·发展旅游产业”为主题开展形式多样、丰富多彩的班级活动，并以 DV、照片等形式进行记录。组委会将对各班活动进行评比，并给予奖励。

七、四川农业大学首届旅游文化节颁奖典礼暨闭幕式

1. 时间：6 月

2. 地点：学生活动中心

3. 简介：举行颁奖典礼晚会，以各种形式展出旅游文化节成果，为获奖个人及团队颁发奖品及证书。

【经费预算】

序号	活动名称	金额(元)	备注
1	四川农业大学首届旅游文化节开幕式	10000	
2	旅游讲坛	10000	

续表

序号	活动名称	金额(元)	备注
3	“健康之旅”导游大赛	5000	
4	旅游产品设计大赛	8000	
5	旅游游记展示	5000	
6	“传承旅游文化·发展旅游产业”班级活动	10000	
7	四川农业大学首届旅游文化节颁奖典礼暨闭幕式	20000	
	合计	68000	

【预期效果】

1. 在校园里倡导一种时尚、健康的旅游新观念,影响大学生旅游目的地及出游方式选择的多样化。

2. 服务大学生课余生活,充分展现当代大学生的旅游情结,让未来的社会中坚群体对旅游及旅游文化的概念有新的认识。

3. 为塑造和传播四川农业大学新形象贡献力量,提升学校的知名度。

4. 提升学生的动手实践能力,使理论教学与实践活动相结合,在提高实践能力的同时对理论知识有更深层次的理解和认识。

20×× 年 3 月

(资料来源:https://max.book118.com/html/2016/1220/75185094.shtm)

课后延伸

请查找并列出国家关于发展旅游业的相关文件。

模块二　导游词创作

模块学习目标

1. 知识目标：掌握全国职业院校技能大赛（简称国赛）导游服务赛项中的中国著名旅游文化元素特点及导游词创作技巧；领会全国导游员资格考证中湖南必考景点特点及导游词创作技巧；了解地方重点景点导游词创作技巧。

2. 能力目标：会依据创作技巧及要求进行创作，写出具有特色并适合口语化讲解的各类导游词。

3. 素质目标：具备自主创作创新能力，具有优秀导游员素质。

模块学习内容

该模块主要是在搜集、整理国赛导游服务赛项中的中国著名旅游文化元素、全国导游员资格考证湖南考区、地方重点景点导游词创作素材基础上，按照相关导游词创作技巧及思路，进行导游词创作训练，从而使学生具备创作相关导游词的能力。

项目一　认知导游及导游词

学习目标

1. 知识目标：了解导游员的特点及应具备的能力，理解导游词的特点及创作要求。
2. 能力目标：能辨析各类导游词特点；能明晰导游员对导游词的驾驭能力体现。
3. 素质目标：养成导游员职业基本素养。

学习重难点

1. 重点：辨析不同类别导游词的特点。
2. 难点：导游员对导游词的驾驭能力。

情境设计

某高校旅游专业学生将于开学第二周以班为单位开展一次专业学习探讨会，旅游教研室要求学生搜集并整理有关导游的要求、导游词的作用、导游词的类别、导游与导游词的关系等方面资料，进行主题发言。

理论教学

一、导游概念

1. 什么是导游

导游指带领游览、指导游览的活动，这里所说的导游是种职业，是指担任导游工作的人。具体来说，就是引导游览，让游客感受山水人文之美，并且在这个过程中给予游客食、宿、行等各方面帮助，并解决旅游途中可能出现的问题的人。

导游分为中文导游和外语导游。

在中国，导游人员必须经过全国导游人员资格考试以后才能够从业。现在的导游一般挂靠旅行社或集中在专门的导游服务管理机构。按照具体工作内容不同，可以分为领队、全陪、地陪。一般来说，景点讲解员也属于导游人员范畴。

2. 导游的职责

导游人员的基本职责可概括为以下五点。

（1）根据旅行社与游客签订的合同或约定，按照接待计划安排和组织游客参观、游览；

（2）负责为游客引导、讲解，介绍中国（地方）文化和旅游资源；

（3）配合和督促有关单位安排游客的交通、食宿等，保护游客的人身和财物安全；

（4）耐心解答游客的问询，协助处理旅途中遇到的问题；

（5）反映游客的意见和要求，协助安排游客会见、会谈活动。

3. 导游的基本素质

导游人员的基本素质主要有思想素质、道德素质、知识素质、技能素质、心理素质和身体素质等六个方面。

（1）思想素质：爱国主义意识、服务意识。

（2）道德素质：正确的政治素质、良好的品德素质。

（3）知识素质：语言知识、史地文化知识、政策法规知识、心理学和美学知识以及与旅游活动有关的业务、交通、海关、货币保险、邮电通信、社会、国际、卫生、生活等旅游常识。

（4）技能素质：讲解能力、独立工作能力、组织协调能力、善于和各种人打交道的能力、特殊问题的处理和突发事件的应变能力。

（5）心理素质：敏锐的观察能力和感知能力，冷静的思维能力和准确的判断能力，较强的自控能力（理性的心理素质，不卑不亢，双赢原则，克服厌烦情绪等）。

（6）身体素质：能走路，会爬山，能适应各地的气候、水土和饮食，能为游客四处奔波，满足他们的正当要求、解决他们的困难，能适应长期在外、连轴转带团、体力消耗大、无法正常休息的工作特点。

（参考来源：https://baike.so.com/doc/5385907-5622356.html）

二、导游词界定及其作用

1. 导游词的界定

导游词是导游引导游客观光游览时的讲解词，是导游同游客交流思想、向游客传播文化知识的工具，也是应用文写作研究的文体之一。

导游词一般包括欢迎词、欢送词、答谢词、沿途讲解词及景点讲解词。本模块中重点讲解景点导游词。

2. 导游词的作用

（1）引导游客鉴赏。导游词的宗旨是通过对旅游景观绘声绘色地讲解、指点、评说，帮助旅游者欣赏景观，以达到游览的最佳效果。

（2）传播文化知识。传播文化知识即向游客介绍有关旅游胜地的历史典故、地理风貌、风土人情、传说故事、民族习俗、古迹名胜、风景特色，使游客增长知识。

（3）陶冶游客情操。导游词的语言应具有言之有理、有物、有情、有神等特点。通过语言艺术和技巧，给游客勾画出一幅幅立体的图画，构成生动的视觉形象，把旅游者引入一种特定的意境，从而达到陶冶情操的目的。

（4）其他。导游词对旅游地出产物品的说明、讲解，客观上起到向游客介绍商品的作用。

（参考来源：https://baike.so.com/doc/5368967-5604808.html）

三、导游与导游词关系

1. 导游词是讲解的基础

每个景点都有导游词，导游词是导游讲解的依托和基础。一般来说，每个景点的导游词内容都比较丰富，表达方式不尽相同。由于是书面创作，在逻辑性、语句严谨性方面特色比较鲜明。

2. 导游能够驾驭导游词

每位导游在带团之前都要准备好相关景点的导游词，可以在众多的书面导游词中进行选择，再加以熟悉。选择别人已经创作好的导游词，难免不合心意，或讲解起来拗口，或没有从自己的角度去介绍景点。一个优秀的导游必须能够驾驭导游词，即能结合自己的理解优化导游词，或者创作导游词。

1）会优化导游词

优化导游词是指导游在搜集到的景点导游词基础上，结合自己掌握的相关资料，对已有导游词进行适当改写，形成便于自己讲解的导游词。

2）能创作导游词

创作导游词是指导游搜集景点相关资料，按照自己的讲解思路组织语言，形成具有个人风格的导游词。创作导游词需要导游掌握大量资料并能正确取舍，同时，需要具备一定的写作能力，能够组织语言加以撰写。

能力培养

一、明晰导游对导游词的驾驭能力

导游必须驾驭导游词，一是会优化导游词，二是能创作导游词。

1. 会优化导游词

按照认知规律，从易到难，先学会优化导游词。在已有导游词基础上结合景点特点进行优化：一是内容上优化，对已有导游词进行改写，如适当引入古诗词、插入小故事，目的是帮助游客更好地游览欣赏景点；二是语言上优化，对已有导游词进行语言上的加工，如长句化短句、使用口语词和引导词、使用拟声词等，目的是使导游词更具口语化特色，讲解起来朗朗上口，游客听起来和谐顺耳，缩短导游与游客之间的心理距离。

2. 能创作导游词

导游创作导游词需要具备一定的材料搜集能力、材料取舍能力、写作能力及语言表达能力，拥有了这些能力，导游才能创造出优秀的导游词。导游创作导游词需要掌握比较丰富的文化知识，能对诸多的文字材料加以取舍，还要提炼景观特色，用适合讲解的语言撰写导游词。

二、创作导游词的前期准备

1. 材料搜集

俗话说“巧妇难为无米之炊”，导游词创作需要搜集大量与景点有关的资料，包括历史背景、文化内涵、建筑特色、布局结构、形成原因、外观特征、美学特征、逸闻趣事等。

2. 材料取舍

搜集材料时越多越好，整理材料时越精越好。导游进行导游词创作时要对搜集的资料进行取舍，取舍的原则为是否能切实体现景点特色，与之关联度不高的一律放弃。

以“凤凰古城”景点为例，其中的“沈从文故居”资料可以有故居的建筑历史、沈从文的成长历程、沈从文创作的诸多作品等，如果全部纳入导游词，篇幅太长，导游讲解会一团糟，所以要根据“沈从文故居”的特点，根据团型特点加以取舍。

3. 写作思路

导游词有一定的格式，无论是参赛导游词、考证导游词，还是带团导游词，都要有开头语（简短的欢迎词、概说）、景观解说（按游览线路或主题确定）、结束语三部分。其中，开头语和结束语也有一定的格式，景观解说要依据景观类别突出其特色。

4. 确定语体

导游词的语体介于书面语体和口头语体之间，应该偏向口头语体多一些，但又有别于谈话、介绍、演讲、辩论等口头语体，是在书面语体基础上的口语化。

课后延伸

1. 谈谈一个优秀的导游应具备哪些方面的能力？
2. 创作一篇导游词需要提前做哪些准备？

项目二　全国导游服务能力大赛导游词创作

学习目标

1. 知识目标：了解全国导游服务能力大赛（即全国职业院校技能大赛导游服务赛项）要求，掌握中国著名旅游文化元素特点。

2. 能力目标：会依据团型特点、旅游文化元素特色创作相关导游词。

3. 素质目标：养成导游词创作习惯，提升作为一名导游的内在素质。

学习重难点

1. 重点：能创作全国导游服务能力大赛中著名旅游文化元素的景点导游词。

2. 难点：结合团型特点，创作出有文化内涵并具有感染力的导游词。

情境设计（全国职业院校技能大赛导游服务赛项情境）

某高职院校拟选拔选手参加全国职业院校技能大赛导游服务赛项，该赛项中“现场导游词创作及讲解”需要选手从中国著名旅游文化元素题库中抽取，题库包括100个旅游文化元素和15个团型。选手现场抽选出一个旅游文化元素和一个团型，准备时长30分钟，独立完成现场导游词创作。

你作为参赛选手，按照要求进行相关导游词创作。

理论教学

一、中国著名旅游文化元素导游词界定

全国职业院校技能大赛（以下简称国赛）设置了“导游服务”赛项，赛项规程规定竞赛内容包括五个部分，即导游知识测试、现场导游词创作及讲解、自选景点导游讲解、导游英语口语测试、才艺运用。其中，现场导游词创作及讲解内容为中国著名旅游文化元素，该部分比赛公开题库，题库包括100个旅游文化元素和15个团型。选手现场抽选出一个旅游文化元素和一个团型，准备时长30分钟，独立完成现场导游词创作。30分钟后上场，在2分钟内用中文进行脱稿讲解。

国赛中的中国著名旅游文化元素主要包括人文景观、各民族传统节日、传统工艺美术、传统民间技艺、宗教文化、饮食文化、表演艺术、民族民俗等八个方面，有100个体现旅游文

化元素的景观。中国著名旅游文化元素导游词就是指现场创作出的这些景观的导游词。

二、团型分析

团型是一个导游带团前必须向旅行社了解的一项重要内容，不同的团型有不同的需求，导游讲解也要有不同的侧重点，所以导游词创作时应分析团型，不可用一篇导游词接待所有团型，这样的导游词针对性不强，比较难有吸引力。

国赛题库中有宗教朝圣团、亲子团、中学生研学团、老年团、商务团、政务团、教师团、留学生团、养生团、女性团、度假团、华侨团、作家采风团、摄影团、写生团等 15 种团型，选手要抽取确定团型后再进行导游词创作及讲解。所以，对团型进行分析是必要的。

三、中国旅游文化元素导游词创作技巧

1. 挖掘文化内涵

中国旅游文化元素景观拥有大量的文化知识，内涵博大精深，需要导游在导游词创作时进行挖掘并加以取舍。文化内涵主要包括人文景观所处时代的历史文化背景、呈现出来的具体特征或表象、背后所蕴含的历史人文故事、社会价值观及信仰、功能价值、生活风情等。

2. 明晰创作思路

导游词创作遵循一定的思路进行创作，有了思路一方面便于创作，另一方面方便记忆和讲解。

创作中国旅游文化元素导游词的主要思路体现在两方面，一是按照游览线路进行创作，二是突出主题进行创作。

1）按旅游线路创作

每一个景观不是独立存在的个体，很多景点都有游览线路，例如曲阜三孔就有孔庙、孔府、孔林的游览线路，秦始皇兵马俑也有一、二、三号坑的游览线路。按旅游线路创作的导游词方位性比较强，条理比较清晰，但务必要突出线路上景观的人文特色。具体创作过程中要将景点的历史背景、景点用途（或功能）、景点地位、景点价值（历史价值、文物价值、旅游价值、欣赏价值）以及名人评论等文化内涵巧妙融入进去，切忌走马观花。按旅游线路创作导游词，可按开头语（概括地理位置、历史背景、景点地位、名人评论）、游览线路上的具体景观介绍（突出景观特色、功能和价值）、结束语的思路进行设计和创作。

2）按主题进行创作

主题是导游词创作的核心，选手参加技能大赛中的“现场导游词创作”项抽取的中国旅游文化元素及团型相当于明确了主题，“自选景点导游词讲解”项中的导游词创作绝大部分也是突出主题创作，从近几年的全国职业院校导游服务赛项中呈现出来的导游词可以体现

这一创作思路。主题的选定非常关键，一定要突出人文景观的特色，如果是文物，则以文物的历史价值为主题，历史价值可从文物的保存时间、功能、造型、质地、色彩等方面入手；如果是古代建筑，就可以呈现古代建筑的高超技术及其文化内涵；如果是伟人故居之类的革命圣地，就可以弘扬革命精神为主题等。主题型人文景观导游词务必要有条理性，切忌什么都想讲，却什么都没讲清楚。

能力培养

广义的人文景观是指具有一定历史性和文化性以及一定的实物和精神等表现形式的旅游吸引物。其中，历史性要求是指有一定的历史时期的积累，文化性是指需要有一定的文化内涵。人文景观可以是实物载体，如文物古迹；也可以是精神形式，如神话传说、民俗风情等。根据表现形式，可以将中国旅游文化元素称为人文景观，即广义的人文景观，分为实物载体和精神形式，或者说实物载体和纯文化元素。

下面的创作能力训练主要依据国赛导游服务赛项中“现场导游词创作”题库 8 类 100 个中国著名旅游文化元素进行。

一、人文景观导游词创作

1. 模拟情境

在学校的全国职业院校技能大赛导游服务赛项选拔赛中，你班 6 名选手分别抽取到了人文景观中的罗西亚大街历史文化街区（教师团）、开平碉楼和村落（作家采风团）、秦始皇陵及兵马俑（留学生团）、曲阜三孔（老年团）、江西围屋（亲子团）、苏州古典园林（写生团），30 分钟内需创作好这些景点的导游词。

2. 创作思路

1）人文景观创作要点分析

Ⅰ. 界定表现形式

全国技能大赛导游服务赛项“现场导游词创作”项所定导游词创作题库是中国著名旅游文化元素，包括人文景观、各民族传统节日、传统工艺美术、传统民间技艺、宗教文化、饮食文化、表演艺术、民族民俗 8 类，人文景观位列其中。这里的人文景观仅包括历史街区、古城古镇古村落、陵墓遗址、古代建筑、传统民居、古典园林等，是指在自然物质基础上加以创造的，且与社会实践和文化相联系的历史景观，换句话说就是实物载体的表现形式，也即狭义的人文景观。

Ⅱ. 提炼文化特色

实物载体的人文景观包括历史街区、古代陵墓、古代建筑、古典园林等，要发掘其文化特色要从历史性、文化性、空间性、功能性和时代性特点着手。

历史街区如罗西亚大街历史文化街区、鼓浪屿、澳门历史城区等，这些街区的形成有一定的历史背景，其风格特色亦比较鲜明，创作导游词时要突出历史概况、街区状况、主要建筑特色以及国家关于历史文化名城保护政策等内容。

古代陵墓如秦始皇陵及兵马俑、成吉思汗陵、殷墟等，这些古代陵墓本身就蕴涵了丰富的历史文化，创作导游词时要表现其地理位置、名称、历史地位、历史沿革、建筑规模、景观布局以及主体景观特色、历史文化典故等。

古代建筑如沈阳故宫、曲阜三孔、黄鹤楼等，创作导游词时要体现其建筑概况（建造时间、地理位置、整体布局、建筑特色、功能分区及游览线路）、名称含义、用途、特色、内外陈设以及与之相关的历史典故。

古典园林如苏州园林，创作导游词时应表现其建园历史（历史沿革）、建园原因、园林规模及空间布局特色、园林功能、主体景观及其蕴含的人文故事。

Ⅲ. 分析团型特点

创作导游词时要考虑不同团型成员的需求，如果游览罗西亚大街历史文化街区的是教师团，创作导游词时要挖掘较深的文化内涵，讲解的内容要侧重历史成因、文化背景；如果是写生团，创作导游词时要突出整体布局及俄式建筑风格特色等。

2）人文景观创作思路

实物载体表现形式的人文景观基本是指具体的实物，如果参赛，建议按主题进行创作。导游词由开头语、主题讲解、结束语三部分组成。

（1）开头语，包括简短的自我介绍、欢迎词、景观概况。

（2）主题讲解。主题型人文景观导游词务必要有条理性，切忌什么都想讲，什么也没讲清楚。如果是古代建筑，主题要呈现古代建筑的高超技术及其文化内涵，如黄鹤楼等古建筑类，可以突出建筑美（外观特色——三攒尖顶，层层飞檐，四望如一，形如黄鹤，展翅欲飞，整座楼雄浑之中又不失精巧，富于变化的韵味和美感；内部陈设布局精巧）、文化美（历代名人在黄鹤楼留下了大量的诗歌、词作、楹联、碑记、文章）；如果是陵墓遗址出土的文物，以文物的历史价值为主题，从文物的保存时间、功能、造型、质地、相关人物等方面入手，如殷墟遗址之类的出土文物，要体现其文物价值（甲骨文）、造型（司母戊大方鼎）、质地（青铜器）、相关人物（妇好）等。

（3）结束语，用一两句话表达依依不舍、欢迎再来之意。

3. 创作训练

1）历史街区导游词创作

请从下面3个备选的材料中选择1题作答，共100分。

答题要求：

（1）请根据以下提供的景观信息选择一个（含团型），撰写一篇在语言和形式上符合要求的导游词；

（2）请将字数控制在500~700字；

（3）请依据景观信息材料中提到的信息，突出历史街区景观导游词创作中的历史概况、街区状况、主要建筑特色以及国家关于历史文化名城保护政策等内容，进行必要的筛选、扩充与想象，不能照搬某一景点现成的导游词创作；

（4）在选材、角度、结构、表达等方面要有一定的创新性。

Ⅰ.鼓浪屿（亲子团）

＊资料

鼓浪屿，福建省厦门市思明区的一个小岛，是著名的风景区。位于厦门岛西南隅，与厦门岛隔海相望。原名圆沙洲、圆洲仔，因海西南有海蚀洞受浪潮冲击，声如擂鼓，明朝雅化为今名。由于历史原因，中外风格各异的建筑物在此地被完好地汇集、保留，有“万国建筑博览”之称。龙头路商业街贩卖各种厦门特色小吃，此岛还是音乐的沃土，人才辈出。钢琴拥有密度居全国之冠，又得美名“钢琴之岛”“音乐之乡”，是一个非常浪漫的旅游景点。主要观光景点有日光岩、菽庄花园、皓月园、毓园、鼓浪石、鼓浪屿钢琴博物馆、郑成功纪念馆、厦门海底世界和天然海滨浴场等。融历史、人文和自然景观于一体，为国家级风景名胜区，国家5A级旅游景区，被国家地理杂志评选为“中国最美五大城区之首”。有乡贤林承强题联赞曰：“鼓浪悬帆今胜昔，堆金积玉慨而慷。”

2017年7月8日申遗成功，成为中国第52处世界遗产。

＊来源：https://baike.so.com/doc/2404118-2541845.html

＊创作：

开头语：
主　题：
结束语：

Ⅱ.澳门历史城区（宗教朝圣团）

＊资料

澳门历史城区或澳门历史古城区（旧称澳门历史建筑群），是由22座位于澳门半岛的建筑物和相邻的8块前地所组成，是以旧城区为核心的历史街区。澳门历史城区在第29届联合国教科文组织世界遗产委员会的2005年7月15日会议上，获得21个成员国一致通过，中国“澳门历史城区”被正式列入《世界文化遗产名录》，为中国第31处世界遗产。

澳门历史城区是中国境内现存年代最古老、规模最大、保存最完整和最集中的东西方风格共存建筑群，当中包括中国最古老的教堂遗址和修道院、最古老的基督教坟场、最古老的西式炮台建筑群、第一座西式剧院、第一座现代化灯塔和第一所西式大学等。城区见证了澳门中华文化与西方文化互相交流、多元共存的历史。正因为中西文化共融的缘故，城区当中的大部分建筑都具有中西合璧的特色。城区内的建筑大部分至今仍完好地保存或保持着原有的功能。

主要景点及游览线路：妈阁庙→港务局大楼→郑家大屋→亚婆井前地→圣老楞佐教堂→圣若瑟修院圣堂→圣奥斯定教堂、岗顶剧院和何东图书馆→民政总署大楼→议事亭前地→三街会馆（关帝庙）→仁慈堂大楼→澳门主教座堂→卢家大屋→玫瑰堂→大三巴牌坊→大炮台→澳门博物馆→旧城墙遗址→哪吒庙→圣安多尼教堂→白鸽巢前地→东方基金会会址→基督教坟场→东望洋炮台、灯塔→圣母雪地殿圣堂。

*来源：https://baike.so.com/doc/5797229-6010024.html

*创作：

开头语：
主　题：
结束语：

Ⅲ.罗西亚大街历史文化街区（教师团）

*资料

罗西亚大街位于中国黑龙江省齐齐哈尔市昂昂溪区，街道形成于1907年，是中东铁路沿线俄式建筑保存较好、特色突出的一条街道。

罗西亚大街长1451米、宽18米，沿街两侧分布的俄式建筑，排列均匀，形成以昂昂溪车站为中心，民居、教堂、文化、体育、医疗等设施齐全、功能完善、布局合理的建筑群。这些融合了俄式风格的建筑见证了中东铁路的历史，具有较高的建筑艺术价值和历史文化价值。齐齐哈尔市政府在2003年把昂昂溪区的百年老建筑群列为保护街区，并陆续颁布实施了保护街区和保护建筑条例，对这里的老建筑进行了全面保护，火车站候车室和俱乐部等建筑陆续得到了修缮和保护。

曾经有专家指出，在黑龙江省境内原中东铁路沿线的历史建筑群中，昂昂溪区整体风貌保存相对完整，尤其是罗西亚大街，对其尽快加以保护，已经成为使这条“文化项链”再次熠熠生辉的关键。

*来源：https://baike.so.com/doc/3673764-3861263.html

*创作：

开头语：
主　题：
结束语：

2)古城古镇古村落导游词创作

请从下面4个备选的材料中选择1题作答，共100分。

答题要求：

(1)请根据以下提供的景观信息选择一个(含团型)，撰写一篇在语言和形式上符合要求的导游词；

(2)请将字数控制在500~700字；

(3)请依据景观信息材料中提到的信息，突出古城、古镇、古村落景观导游词创作中的历史文化背景、主要景观特色、民族习俗以及保护情况等内容，进行必要的筛选、扩充与想象，不能照搬某一景点现成的导游词；

(4)在选材、角度、结构、表达等方面要有一定的创新性。

Ⅰ.丽江古城(中学生研学团)

*资料

丽江古城位于云南省丽江市古城区，又名大研古城。世界文化遗产丽江古城一共包括大研古城、束河古镇、白沙古镇三个部分。坐落在丽江坝中部，始建于宋末元初(13世纪后期)，地处云贵高原，面积为7.279平方千米。

丽江古城内的街道依山傍水修建，以红色角砾岩铺就，有四方街、木府、五凤楼等景点。丽江为第二批被批准的中国历史文化名城之一，是中国以整座古城申报世界文化遗产获得成功的两座古城之一。

丽江古城有着多彩的地方民族习俗和娱乐活动，纳西古乐、东巴仪式、占卜文化、古镇酒吧以及纳西族火把节等，别具一格。丽江古城的建筑体现了中国古代城市建设的成就，具有鲜明的中国古代民居特色。

丽江古城的特色主要体现在以下五个方面。

一是丽江古城历史悠久，兼有水乡之容、山城之貌，作为有悠久历史的少数民族城市，从城市总体布局到工程，建筑融汉族、白族、彝族、藏族各民族精华，又自具纳西族独特风采。多元文化融合的丽江古城是研究中国城市建设史、建筑史、文化史不可多得的重要遗产，其体现了特定历史条件下的城镇建筑中的人类创造精神。

二是丽江古城体现了中国古代城市建设的成就,建筑物依山就水、错落有致的设计艺术在中国现存古城中是罕见的,是纳西族先民根据民族传统和环境再创造的结果。

三是丽江古城民居在布局、结构和造型方面按具体的环境条件和传统生活习惯,对纳西族的发展产生了巨大的影响。部分文化遗产为人类已消逝的文明或文化传统提供着独特的历史见证。

四是丽江古城是自然美与人工美、艺术与适用经济的有机统一体,丽江古城是古城风貌整体保存完好的典范。丽江古城所包含的艺术来源于纳西人民对生活的深刻理解,是地方民族文化技术交流融汇的产物,是中华民族宝贵建筑遗产的重要组成部分。为传统人类居住地、土地使用提供了杰出范例,为人类社会文明进程中处理人类与环境的相互作用提供了研究参考。

五是丽江古城是研究人类文化发展的重要史料,丽江古城包容着丰富的民族传统文化,集中体现了纳西民族的兴旺与发展,是研究人类文化发展的重要史料。

*来源:https://baike.so.com/doc/924549-977238.html

*创作:

开头语:
主　题:
结束语:

Ⅱ.平遥古城(老年团)

*资料

平遥古城位于山西省中部平遥县内,始建于西周宣王时期。平遥古城被称为"保存最为完好的四大古城"之一,也是中国仅有的以整座古城申报世界文化遗产获得成功的两座古城之一。平遥古城是中国汉民族城市在明清时期的杰出范例,在中国的发展历史中,为人们展示了一幅非同寻常的汉族文化、社会、经济及宗教发展的完整画卷。

平遥古城民居建筑布局严谨,轴线明确,左右对称,主次分明,轮廓起伏,外观封闭,院落幽深。民居的装饰用精巧的木雕、砖雕和石雕配以具有浓重乡土气息的剪纸窗花,集中体现了14至19世纪前后汉民族的历史文化特色,对研究这一时期的社会形态、经济结构、军事防御、宗教信仰、传统思想、伦理道德有重要的参考价值,是迄今为止汉民族地区保存最完整的古代民居群落。

*来源:https://baike.so.com/doc/2441383-2580773.html

*创作：

开头语：
主　题：
结束语：

Ⅲ.开平碉楼和村落(作家采风团)

*资料

开平碉楼位于广东省江门市下辖的开平市境内，是中国乡土建筑的一个特殊类型，是集防卫、居住和中西建筑艺术于一体的多层塔楼式建筑，其特色是中西合璧的民居，集合了古希腊、古罗马等多种建筑风格。

2001年6月25日，开平碉楼被国务院批准列入第五批全国重点文物保护单位。2007年6月28日，"开平碉楼与古村落"申请世界文化遗产项目在新西兰第31届世界文化遗产大会上获得通过，被正式列入《世界遗产名录》，中国由此诞生了首个华侨文化的世界遗产项目。

开平碉楼和村落具有历史价值、文化价值、艺术价值、科学价值等。体现在：一、开平碉楼是中国社会转型时期不可多得的主动接受外来文化的重要历史文化景观；二、开平碉楼是外国建筑艺术大规模移植到中国乡村的集中展示和杰出代表；三、开平碉楼最典型地代表了中国华侨文化的特质；四、开平碉楼是世界先进建筑技术广泛引入中国乡村民间建筑的先锋代表；五、开平碉楼寄寓了侨乡人民的传统环境意识，是规划、建筑与自然环境、人文理念的完美结合。

*来源：https://baike.baidu.com/item/%E5%B%80%E5%B9%B3%E7%A2%89%E6%A5%BC%E4%B8%8E%E6%9D%91%E8%90%BD/8348843? fr=aladdin

*创作：

开头语：
主　题：

结束语:

Ⅳ.皖南古村落(商务团)

*资料

皖南古村落是指分布在中国安徽、江西境内,长江以南的一些传统村落。这些村落有着古徽州地域的特色文化,最具代表性的有入选世界遗产的西递村和宏村。西递村和宏村古民居村落位于中国安徽省黟县境内的黄山风景区,是中国封建社会后期文化的典型代表——徽州文化的载体,集中体现了工艺精湛的徽派民居特色。

1999 年联合国教科文组织将中国皖南古村落西递村、宏村列入世界遗产名录。2001 年,皖南古村落成为第五批全国重点文物保护单位之一。2011 年,皖南古村落被评为国家 5A 级旅游景区。

文化价值。西递村和宏村这两个传统的古村落在很大程度上仍然保持着那些在现今已经消失或改变了的乡村面貌。其街道的风格、古建筑和装饰物以及完备的供水系统都是非常独特的文化遗存。

建筑价值。古宏村人规划建造的牛形村落和人工水系是建筑上的奇观,巍峨苍翠的雷岗为牛首,参天古木为牛角,由东到西错落有致的民居群宛如庞大的牛躯。引清泉为"牛肠",经村落流入被称为"牛胃"的月塘后,过滤后流向村外被称作"牛肚"的南湖。人们还在绕村的河溪上先后架起了四座桥梁,作为牛腿。这种村落水系设计,调节了气温,为居民生产、生活用水提供了方便,创造了一种"浣汲未防溪路远,家家门前有清泉"的良好环境。全村现保存完好的明清古民居有 140 余幢,建筑风格古朴典雅,意趣横生。

历史价值。皖南山区历史悠久,文化积淀深厚,保存了大量形态相近、特色鲜明的传统建筑及其村落。皖南古村落与地形、地貌、山水巧妙结合,明清时期徽商的雄厚经济实力对家乡的支持,文化教育日益兴旺发达,还乡后以雅、文、清高、超脱的心态构思和营建住宅,使得古村落的文化环境更为丰富,村落景观更为突出。

*来源:https://baike.so.com/doc/6011203-6224190.html

*创作:

开头语:
主　题:
结束语:

3)陵墓遗址导游词创作

请从下面4个备选的材料中选择1题作答,共100分。

答题要求:

(1)请根据以下提供的景观信息选择一个(含团型),撰写一篇在语言、形式上符合要求的导游词;

(2)请将字数控制在500~700字;

(3)请依据景观信息材料中提到的信息,突出陵墓遗址景观创作中地理位置、名称、历史地位、历史沿革、建筑规模、景观布局以及出土文物的历史价值、历史文化典故等内容,进行必要的筛选、扩充与想象,不能照搬某一景点现成的导游词;

(4)在选材、角度、结构、表达等方面要有一定的创新性。

Ⅰ.成吉思汗陵墓(政务团)

*资料

成吉思汗陵坐落在鄂尔多斯市伊金霍洛旗境内的巴音昌呼格草原上,距内蒙古自治区首府呼和浩特市330千米,距鄂尔多斯市的康巴什区28千米。成吉思汗陵,为永恒祭祀成吉思汗而建立的白宫,随着历史的变迁以及蒙古王朝和守护、祭祀部落鄂尔多斯部的变迁,辗转南北,经受了历史的变迁,鄂尔多斯部近八百年来世代守护、祭祀成吉思汗陵寝原型“八白宫(室)”,完整地继承和保留了13世纪蒙古王朝时期神秘的祭祀文化和独特的宫廷礼仪文化。

成吉思汗陵主要景观有成吉思汗陵宫(建筑保留了成吉思汗八白宫的形状特点,成为蒙古民族代表性建筑,由正殿、后殿、东西殿、东西过厅组成,建筑面积2000平方米,正殿高24.18米,东西殿高18米,陵宫内供奉着成吉思汗八白宫,并有巨幅壁画)、展览馆、苏勒德祭坛等。

*来源:https://baike.so.com/doc/5163145-5393549.html

*创作:

开头语:
主　题:
结束语:

Ⅱ.殷墟(教师团)

*资料

殷墟,古称“北蒙”,是中国商朝晚期都城遗址,位于河南省安阳市,甲骨卜辞中又称为

“商邑”“大邑商”。殷墟是中国历史上第一个有文献可考,并为考古学和甲骨文所证实的都城遗址,由殷墟王陵遗址、殷墟宫殿宗庙遗址、洹北商城遗址等构成。

在20世纪初,殷墟因发现甲骨文而闻名于世,1928年正式开始考古发掘以来,殷墟出土了大量都城建筑遗址和以甲骨文、青铜器为代表的丰富文化遗存,系统展现了商代晚期辉煌灿烂的青铜文明,被评为20世纪中国“100项重大考古发现”之首。

自殷墟发现以来,先后出土有字甲骨约15万片。甲骨文中所记载的资料将中国有文字记载的可信历史提前到了商朝,也产生了一门新的学科——甲骨学。1961年3月,国务院将殷墟列入首批全国重点文物保护单位。2006年7月,殷墟被联合国教科文组织列入世界文化遗产名录。现为国家5A级旅游景区。

殷墟总体布局规整,以小屯村殷墟宫殿宗庙遗址为中心,沿洹河两岸呈环形分布。现存遗迹主要包括殷墟宫殿宗庙遗址、殷墟王陵遗址、洹北商城遗址、后冈遗址以及聚落遗址(族邑)、家族墓地群、甲骨窖穴、铸铜遗址、手工作坊等。

*来源:https://baike.so.com/doc/5966974-6179930.html

*创作:

开头语:
主　题:
结束语:

Ⅲ.秦始皇陵及兵马俑坑(留学生团)

*资料

秦始皇陵是中国历史上第一位皇帝嬴政(前259—前210年)的陵寝,是中国第一批世界文化遗产、第一批全国重点文物保护单位,位于陕西省西安市临潼区城东5千米处的骊山北麓。

秦始皇陵建于秦王嬴政元年(前246年)至秦二世二年(前208年),历时39年,是中国历史上第一座规模庞大、设计完善的帝王陵寝。有内外两重夯土城垣,象征着帝都咸阳的皇城和宫城。陵冢位于内城南部,呈覆斗形,高51米,底边周长1700余米。据史料记载,秦始皇陵中还建有各式宫殿,陈列着许多奇异珍宝。秦始皇陵四周分布着大量形制不同的陪葬坑和墓葬坑,现已探明的有400多个,其中包括举世闻名的世界第八大奇迹——兵马俑坑。

秦始皇陵是世界上规模最大、结构最奇特、内涵最丰富的帝王陵墓之一,充分表现了2000多年前中国古代劳动人民的艺术才能,是中华民族的骄傲和宝贵财富。1961年3月4日,秦始皇陵被国务院列为第一批全国重点文物保护单位。1987年12月,秦始皇陵及兵马俑坑被联合国教科文组织批准列入《世界遗产名录》。出土文物主要有石甲坑、兵马俑坑等。

秦始皇陵价值影响主要体现为世界最大帝陵之一、世界第八大奇迹、震惊中外的考古发现、古代泥塑艺术的宝库、建筑影响（秦代“依山环水”的造陵观念）、艺术影响（秦始皇陵兵马俑体现出秦人驾驭宏大艺术题材、追求整体气韵和艺术创造的卓越才能，秦俑千人千面、呼之欲出的人物塑造则从形体把握、神韵处理、色彩运用、细部刻画等方面表现出作者的艺术素养和艺术成就）、科技影响（青铜防锈技术、兵器标准化）、军事影响（按当时军阵编组的陶俑、陶马）、历史影响（秦俑所折射的历史层面多而广，在建筑史、服饰史、制度史尤其是王陵制度史等方面，具有独特的历史价值）等。

*来源：https://baike.baidu.com/item/秦始皇陵及兵马俑坑/2791782

*创作：

开头语：
主　题：
结束语：

Ⅳ.乾陵（女性团）

*资料

乾陵位于陕西省咸阳市乾县县城北部6千米的梁山上，是陕西关中地区唐十八陵之一，为唐高宗李治与武则天的合葬墓。乾陵建成于684年，706年加盖，采用“因山为陵”的建造方式，陵区仿京师长安城建制。除主墓外，乾陵还有17个小型陪葬墓，葬有其他皇室成员与功臣。

乾陵是唐十八陵中主墓保存最完好的一个，也是唐陵中唯一一座没有被盗的陵墓。1961年3月4日，乾陵被国务院列为第一批全国重点文物保护单位。其主要景观有乾陵陪葬墓、帝后合葬、墓地梁山等。

乾陵发展、完善了昭陵的形制，陵园仿唐都长安城的格局营建，分为皇城、宫城和外郭城，其南北主轴线长达4.9千米。据文献记载，乾陵陵园“周八十里”，原有城垣两重，内城置四门，东曰青龙门，南曰朱雀门，西曰白虎门，北曰玄武门。经考古工作者勘查得知，陵园内城约为正方形，其南北墙各长1450米，东墙长1582米，西墙长1438米，总面积约230万平方米。城内有献殿、偏房、回廊、阙楼、朝臣像祠堂、下宫等建筑群多处。

*来源：https://baike.sogou.com/v6433.htm? fromTitle

*创作：

开头语:
主　题:
结束语:

4)古代建筑导游词创作

请从下面3个备选的材料中选择1题作答,共100分。

答题要求:

(1)请根据以下提供的景观信息选择一个(含团型),撰写一篇在语言、形式上符合要求的导游词;

(2)请将字数控制在500~700字;

(3)请依据景观信息材料中提到的信息,突出古代建筑景观创作中建筑概况(建造时间、地理位置、整体布局、建筑特色、功能分区及游览路线)、名称含义、用途、特色、内外陈设以及与之相关的历史典故等内容,进行必要的筛选、扩充与想象,不能照搬某一景点现成的导游词;

(4)在选材、角度、结构、表达等方面要有一定的创新性。

Ⅰ.沈阳故宫(度假团)

*资料

沈阳故宫是中国仅存的两大宫殿建筑群之一,又称盛京皇宫,为清朝初期的皇宫,距今有近400年历史,始建于后金天命十年(1625年)。入关前,清朝皇宫设在沈阳,迁都北京后,这座皇宫被称作"陪都宫殿""留都宫殿",后来就称为沈阳故宫。沈阳故宫占地面积6万多平方米,有古建筑114座500多间,至今保存完好,是一处包含着丰富历史文化的古代遗址。在宫廷遗址上建立的沈阳故宫博物院是著名的古代宫廷艺术博物馆,藏品中包含十分丰富的宫廷艺术品。

沈阳故宫博物院不仅以其多民族风格的宫院建筑成为著名的旅游胜地,更以其丰富的院藏文物珍宝而享誉中外。其中,尤以明清宫廷文物弥足珍贵,堪称国宝。院藏文物珍宝展集服饰、珐琅器、书画、雕刻品、漆器、瓷器等门类藏品之精粹。这些文物集中体现了中国劳动人民高超的工艺水平和清代宫廷的艺术风格,反映了中国明清时期生产工艺的水平,具有重要的观赏价值和研究价值。展览采用世界先进的陈列形式,充分运用现代设备和陈列手段,同时又保持了皇宫的古朴风貌,使您仿佛步入艺术的圣殿。

其主要景观有大政殿、十王亭、大清门、崇政殿、凤凰楼等。

＊来源:https://baike.sogou.com/v64312764.htm? fromTitle

＊创作:

开头语:
主　题:
结束语:

Ⅱ.曲阜“三孔”(老年团)

＊资料

山东曲阜的孔府、孔庙、孔林,统称曲阜“三孔”,是中国历代纪念孔子,推崇儒学的表征,以丰厚的文化积淀、悠久的历史、宏大的规模、丰富的文物珍藏以及科学艺术价值而著称。

山东曲阜是孔子的故乡。孔夫子生前在此开坛讲学,首创儒家文化,为此后 2 000 多年的中国历史深深地打上了儒学烙印。以孔子为代表的儒家文化,按照自己的理想塑造了整个中国的思想、政治和社会体系,成为整个中国文化的基石。1994 年孔庙、孔林、孔府被联合国教科文组织列入《世界遗产名录》。

孔庙,前 478 年始建,后不断扩建,至今成为一处占地 14 公顷(1 公顷 =10000 平方米)的古建筑群,包括三殿、一阁、一坛、三祠、两庑、两堂、两斋、十七亭与五十四门坊,气势宏伟、巨碑林立,堪称宫殿之城。

孔府,建于宋代,是孔子嫡系子孙居住之地,西与孔庙毗邻,占地约 16 公顷,共有九进院落,有厅、堂、楼、轩 463 间,旧称“衍圣公府”。

孔林,亦称“至圣林”,是孔子及其家族的专用墓地,也是世界上延续时间最长的家族墓地,林墙周长 7 千米,内有古树 2 万多株,是一处古老的人造园林。

＊来源:https://baike.sogou.com/v2371697.htm? fromTitle

＊创作:

开头语:
主　题:

结束语：

Ⅲ.黄鹤楼(华侨团)

*资料

黄鹤楼位于湖北省武汉市，为国家5A级景区、江南三大名楼之一(其他两大名楼分别是湖南的岳阳楼和江西的滕王阁)、国家旅游胜地四十佳。

黄鹤楼共五层，高50.4米，攒尖顶，层层飞檐，四望如一。在主楼周围还建有胜象宝塔、碑廊、山门等建筑。整个建筑具有独特的民族风格。黄鹤楼内部，层层风格不相同。底层为一高大宽敞的大厅，其正中藻井高达10多米，正面壁上为一幅巨大的“白云黄鹤”陶瓷壁画，两旁立柱上悬挂着长达7米的楹联：爽气西来，云雾扫开天地撼；大江东去，波涛洗净古今愁。二层大厅正面墙上，有用大理石镌刻的唐代阎伯理撰写的《黄鹤楼记》，它记述了黄鹤楼的兴废沿革和名人轶事；楼记两侧为两幅壁画，一幅是《孙权筑城》，形象地说明了黄鹤楼和武昌城相继诞生的历史；另一幅是《周瑜设宴》，反映了三国名人在黄鹤楼的活动。三层大厅的壁画为唐宋名人的“绣像画”，如崔颢、李白、白居易等，也摘录了他们吟咏黄鹤楼的名句。四层大厅用屏风分割为几个小厅，内置当代名人字画，供游客欣赏、选购。顶层大厅有《长江万里图》等长卷、壁画。

*来源：https://baike.sogou.com/v803689.htm? fromTitle

*创作：

开头语：
主　题：
结束语：

5)传统民居导游词创作

请从下面5个备选的材料中选择1题作答，共100分。

答题要求：

(1)请根据以下提供的景观信息选择一个(含团型)，撰写一篇在语言、形式上符合要求的导游词；

(2)请将字数控制在500~700字；

(3)请依据景观信息材料中提到的信息，突出传统民居景观创作中概况、地理位置、历史成因、结构、特点、民俗等内容，进行必要的筛选、扩充与想象，不能照搬某一景点现成的导游词；

（4）在选材、角度、结构、表达等方面要有一定的创新性。

Ⅰ.江西围屋（亲子团）

*资料

江西围屋主要指赣南围屋，全称赣南客家围屋，即客家民居。主要分布在江西省赣州市龙南县（龙南镇）、定南县（历市镇）、全南县（城厢镇）、信丰县（嘉定镇）、安远县（欣山镇）、寻乌县（长宁镇）6县境内。

赣南围屋，面积有大有小。小的五六十平方米，只有三开间，名叫“猫柜”；大的万余平方米，最大的龙南栗园围屋占地面积高达37000平方米。赣南围屋，从平面上可分“口”字形和“国”字形两大类。其形制多是方围，也有部分圆形、半圆形和不规则形的。结构形式则既有三合土、卵石构筑的，也有青砖、条石砌垒的。

赣南围屋是古代集祠、家、堡于一体，具有鲜明防卫特征的坚固民居，具有坚固的防御功能和宗族群居的亲和性，方围四周都是简单的围屋，一般是两三层，也有多至四层者，为悬挑外廊结构。较大围屋内部还建有祖厅，更大的则是多层的套围。围屋外墙多是河石、麻石、青石、青砖构筑的坚固墙体，厚度甚至有达2米的。内部粮仓、水井、排污道等一应俱全。这种易守难攻的围楼简直就是一个独立王国，一座小小的城池。现存的围屋中最具代表性的有龙南的关西新围、杨村的燕翼围、桃江的龙光围、安远镇岗的东生围等。

*来源：https://baike.sogou.com/v312606.htm? fromTitle

*创作：

开头语：
主　题：
结束语：

Ⅱ.上海弄堂（作家采风团）

*资料

“弄堂”，上海人对“里弄”的称呼，它既不同于传统的中国江南民居，也不同于任何一种西方的建筑形式，是上海特有的民居形式。可以说，没有弄堂，就没有上海，更没有上海人。弄堂，构成了近代上海城市最重要的建筑特色；弄堂，构成了千万普通上海人最常见的生活空间；弄堂，构成了近代上海地方文化最重要的组成部分。上海的弄堂住宅有着强烈的空间艺术特征。这种空间艺术特征首先表现在弄堂中不同层次的空间序列上，即从街面到总弄再到支弄最后入户这样一种空间组织方式。

早期石库门弄堂的最大特色，就是采用具有浓厚江南传统民居空间特征的单元，按照西方联排住宅的方式进行总体布局，因此一开始就带上了中西合璧的色彩。它的单元平面基本上脱胎于我国传统民居中三合院或四合院的住宅形式，一般为三开间或五开间，主要部分为二层楼，后部附属房屋则为单层。它在某种程度上保持了我国传统民居中封闭式深宅大院的样式，但面积尺度大大缩小，空间变得局促紧凑。在纵向布置上，有一条明显的中轴线，平面总是对称布局。

新式弄堂与石库门弄堂相比，最明显的区别是每家入口处的石库门没有了，代之以铜铁栅栏门。围墙高度被大大降低或用低矮栅栏代替，甚至干脆用绿篱隔断。小天井有时被敞开或半敞开的绿化庭院所代替。建筑形式更多地模仿西方式样，而很少采用中国传统装饰。从总体布局上看，房屋的通风、朝向受到重视，故一般都是呈横向联立式。弄道宽度增加，一般多在 5 米以上，不仅考虑到私人汽车的掉头需要，也考虑到了消防通车的需要。

＊来源：https://baike.sogou.com/v17514.htm？ fromTitle

＊创作：

开头语：
主　题：
结束语：

Ⅲ. 土家族吊脚楼（摄影团）

＊资料

土家族吊脚楼是土家族人居住生活的场所，多依山就势而建，呈虎坐形，中间为堂屋，左右两边称为饶间，作居住、做饭之用。饶间以中柱为界分为两半，前面作火炕，后面作卧室。吊脚楼上有绕楼的曲廊，曲廊还配有栏杆。土家族吊脚楼讲究朝向，或坐西向东，或坐东向西。土家人所建房屋多为木结构，小青瓦，花格窗，司檐悬空，木栏扶手。

吊脚楼的形式多种多样，其类型有单吊式、双吊式、四合水式、二屋吊式。建筑特色为：东西朝向，选址考究；半干栏结构，特色鲜明；木墙青瓦，选材单纯；工艺美化，整体协调。不管是外形还是内部结构，吊脚楼都呈现出恰到好处的比例关系和分层次有序变化的对称，具有静中见动、动中趋向统一的均衡感，别致的形式和风格强调了极致的审美感受，建筑技术与艺术美结合呈现出了古朴雅致。

＊来源：https://baike.sogou.com/v6346533.htm？ fromTitle

＊创作：

开头语:
主 题:
结束语:

Ⅳ. 藏族碉楼(写生团)

*资料

西藏大部分地区海拔比较高,气候寒冷干燥,因此石堆成为人们建筑房屋的主材。藏族碉楼是由藏族先民用石头建造的具有军事防御功能的方形建筑物,用石块、石片垒砌出三四层高的房子,因形似碉堡而得名碉房,在高层有窗,可以抵挡外敌入侵。

藏族碉楼平面呈方形,上窄下宽,顶是平的。碉楼因所在地区不同而具有不同的特点。其用石作墙,木头作柱,用方木铺排作椽。楼层间铺木板,下层当库房,二、三层住人,并设有经堂。碉楼四周有围墙,中间有庭院,墙厚,旧时可当碉堡作打仗或防御之用。窗户朝庭院开,且用小窗窄门,便于挡风。楼顶平台可作晾晒之用。

*来源:https://baike.sogou.com/v10960367.htm? fromTitle

*创作:

开头语:
主 题:
结束语:

Ⅴ. 海南骑楼(亲子团)

*资料

骑楼建筑最早见于2000多年前的古希腊,近代才流行于南欧及地中海一带,并传至东南亚。海口得胜沙路、文明东路、中山路、博爱路、解放路两侧都是一幢幢始建于19世纪末的南洋风格柱廊式骑楼。骑楼老街是由长3800多米,宽约12米等数条街道组成,两侧主要为三四层高的建筑骑楼,两侧平均进深各20~40米,建筑面积约20万平方米。

编号011的"海口市骑楼街(区)"最早建于1849年,具有浓郁的欧亚融合特征,至今有其情感价值。许多马来西亚等地的华侨们在每年回国祭祖的时候,总是要到海口的"南洋街"转转,给身边的子孙讲讲这里当年的故事。

海口骑楼老街已成功入选首届十大"中国历史文化名街"。

*来源:https://baike.sogou.com/v75772744.htm? fromTitle

*创作:

开头语:
主　题:
结束语:

6)古典园林导游词创作

请从下面3个备选的材料中选择1题作答,共100分。

答题要求:

(1)请根据以下提供的景观信息选择一个(含团型),撰写一篇在语言、形式上符合要求的导游词;

(2)请将字数控制在500~700字;

(3)请依据景观信息材料中提到的信息,突出古典园林景观创作中建园历史(历史沿革)、建园原因、园林规模及空间布局特色、园林功能、主体景观及其蕴含的人文故事等内容,进行必要的筛选、扩充与想象,不能照搬某一景点现成的导游词;

(4)在选材、角度、结构、表达等方面要有一定的创新性。

Ⅰ.苏州古典园林(写生团)

*资料

苏州古典园林,简称苏州园林,是世界文化遗产、国家5A级旅游景区、中国十大风景名胜之一。苏州古典园林素有"园林之城"之称,享有"江南园林甲天下,苏州园林甲江南"之美誉,被誉为"咫尺之内再造乾坤"。

苏州古典园林在世界造园史上有其独特的历史地位和价值,以写意山水的高超艺术手法,蕴含浓厚的中国传统思想和文化内涵,是东方文明的造园艺术典范,是中华园林文化的翘楚和骄傲,是中国园林的杰出代表。2018年8月7日,第四批《苏州园林名录》正式公布,随着端本园、全晋会馆、墨客园等18座园林入选,苏州园林总数达到108座,苏州由"园林之城"正式成为"百园之城"。

苏州古典园林始于春秋时期吴国建都姑苏时,形成于五代,成熟于宋代,兴旺鼎盛于明清时期。现对外开放的主要有沧浪亭、狮子林、拙政园、留园、网师园、怡园等园林。苏州古典园林以小巧、自由、精致、淡雅、写意见长。苏州的造园家运用独特的造园手法,在有限的空间里,通过叠山理水、栽植花木,配置园林建筑,并用大量的匾额、楹联、书画、雕刻、碑石、家具陈设和各式摆件等来反映古代哲理观念、文化意识和审美情趣,从而形成充满诗情画意的文人写意山水园林,使人"不出城廓而获山水之怡,身居闹市而得林泉之趣",达到"虽由人作,宛若天开"的艺术境地。

＊来源:https://baike.sogou.com/v7266.htm? fromTitle

＊创作:

开头语:
主　题:
结束语:

Ⅱ.颐和园(宗教朝圣团)

＊资料

颐和园,中国清朝时期皇家园林,前身为清漪园,坐落在北京西郊,距城区15千米,占地约290公顷,与圆明园毗邻。它是以昆明湖、万寿山为基址,以杭州西湖为蓝本,汲取江南园林的设计手法而建成的一座大型山水园林,也是保存最完整的一座皇家行宫御苑,被誉为"皇家园林博物馆",也是国家重点旅游景点。

颐和园主要由万寿山和昆明湖两部分组成。各种形式的宫殿园林建筑3000余间,大致可分为行政、生活、游览三个部分。以仁寿殿为中心的行政区,是当年清朝慈禧太后和光绪皇帝坐朝听政、会见外宾的地方。颐和园自万寿山顶的智慧海向下,由佛香阁、德辉殿、排云殿、排云门、云辉玉宇坊构成了一条层次分明的中轴线。山下是一条长700多米的"长廊",长廊枋梁上有彩画8000多幅,号称"世界第一廊"。长廊之前是昆明湖,昆明湖的西堤是仿照西湖的苏堤建造的。万寿山后山、后湖古木成林,有藏式寺庙、苏州河古买卖街。后湖东端有仿无锡寄畅园而建的谐趣园,小巧玲珑,被称为"园中之园"。

新中国成立后,颐和园园藏文物计有4万余件,品类涉及铜器、玉器、瓷器、木器、漆器、书画、古籍、珐琅、钟表、竹器、乐器、根雕、杂项等,几乎涵盖了中国传世文物的所有门类,并有不少外国文物;从价值上看,国家级文物有2万余件,其中包括虢宣公子白鼎、三牺尊、缂丝长轴佛像图等国宝级珍品。

＊来源:https://baike.sogou.com/v8275.htm? fromTitle

＊创作:

开头语:
主　题:
结束语:

Ⅲ. 承德避暑山庄(中学生研学团)

＊资料

承德避暑山庄又名承德离宫或热河行宫,位于河北省承德市中心北部,武烈河西岸一带狭长的谷地上,是清朝皇帝夏天避暑和处理政务的场所,是世界文化遗产、国家5A级旅游景区、全国重点文物保护单位、中国四大名园之一。

承德避暑山庄始建于1703年,历经清康熙、雍正、乾隆三朝,耗时89年建成。避暑山庄以朴素淡雅的山村野趣为格调,取自然山水之本色,吸收江南、塞北之风光,成为中国现存占地最大的古代帝王宫苑。

避暑山庄分宫殿区、湖泊区、平原区、山峦区四大部分。宫殿区位于湖泊南岸,地形平坦,是皇帝处理朝政、举行庆典和生活起居的地方,占地10万平方米。湖泊区在宫殿区的北面,湖泊面积包括州岛约占43公顷,有8个小岛屿,富有江南鱼米之乡的特色。东北角有清泉,即著名的热河泉。平原区在湖区北面的山脚下,地势开阔,有万树园和试马埭。山峦区在山庄的西北部,面积约占全园的五分之四,这里山峦起伏、沟壑纵横,众多楼堂殿阁、寺庙点缀其间。整个山庄东南多水,西北多山,是中国自然地貌的缩影,是中国园林史上一个辉煌的里程碑,是中国古典园林艺术的杰作。

＊来源:https://baike.sogou.com/v94542.htm? fromTitle

＊创作:

开头语:
主　题:
结束语:

4. 创作成果展示

1)罗西亚大街历史文化街区(教师团)

各位教师朋友,大家好!在中国的东北,有个不一样的城市,它就是齐齐哈尔;在齐齐哈尔,有一条不一样的街区,它就是昂昂溪区的罗西亚大街。大家一定很想了解这条不一样的街区,那么请跟随我的步伐,走进这个存在了一个多世纪的历史街区吧。

罗西亚大街形成于1907年,是中东铁路沿线俄式建筑保存较好、具有突出特色的一条街道。罗西亚大街长1451米,宽18米,沿街两侧分布的俄式建筑均匀排列,形成以昂昂溪火车站为中心的功能完善的建筑群体。

当年,来自俄国的工人和技术人员涌入此地修建铁路,同时他们也在火车站附近建设了大量的办公和居住建筑。这些俄式建筑逐渐汇聚成了一条大街——罗西亚大街。这些融合了俄式风格的建筑见证了中东铁路的历史,具有较高的建筑艺术价值和历史文化价值,也是中东铁路沿线俄式建筑保存较好、具有突出特色的一条街道。这条街区,有居民住宅105栋,建筑总面积为13423平方米。105栋俄式居民住宅分别为砖木结构、砖混结构、木质结构。建筑的特点是大部分房屋外有花厅,木工雕琢,墙体厚实,窗户又高又窄;屋内有木质地板和天棚,砌筑火墙和壁炉,房屋内空间较大,冬暖夏凉,坚固耐用,体现出浓郁的俄罗斯民族风情。请大家细细品味,慢慢游览!

我的讲解就到这里。谢谢大家!

(撰稿:廖广莉)

2)开平碉楼和村落(作家采风团)

各位作家朋友,大家好!欢迎来到位于广东省江门市下辖的开平市境内的开平碉楼游玩。

大家可能觉得奇怪,为什么在这么偏僻的地方会建一座碉楼,而且这座碉楼还是中西合璧的民居,有古希腊、古罗马等多种风格。这里我就为大家讲解一下开平碉楼的由来和功能。

"开平涝、开平贫,开平自古不太平",这句顺口溜反映了开平建碉楼的最主要原因。明朝万历年间,开平地处偏远,社会秩序混乱,土匪横行,加上这里地势低洼,常有洪涝之忧,那时候乡民就开始自建碉楼,作为防涝防匪之用。鸦片战争后,老百姓生活更加困苦,这时恰逢西方国家在我国沿海地区招募华工去开发金矿和修建铁路,大批开平人为了生计远走他乡。怀揣着光宗耀祖、衣锦还乡的梦想,这些海外淘金的华工们省吃俭用,把血汗钱寄回家,碉楼就这样如雨后春笋般发展起来。

这碉楼是集防卫、居住和中西建筑艺术于一体的多层塔楼式建筑。开平现存的碉楼有1833座,其中有被誉为"第一楼"的瑞石楼,这座楼共9层,高约25米;也有被誉为"世界最美的碉楼村落"的马降龙碉楼群,马降龙碉楼群由9个自然村落组成,有村民171户506人,80%都是侨户,华侨遍布世界各个角落。

2007年6月28日,“开平碉楼与古村落”申请世界文化遗产项目在新西兰第31届世界文化遗产大会上获得通过,被正式列入《世界遗产名录》,中国由此诞生了首个华侨文化的世界遗产项目。

我的讲解就到这里了,接下来请大家慢慢游玩鉴赏,谢谢大家!

(撰稿:廖广莉)

3)秦始皇陵及兵马俑坑(留学生团)

各位留学生朋友,大家好!想必大家都听说过秦始皇,今天咱们就来到了被誉为“世界第八大奇迹”的秦始皇陵及兵马俑坑参观游览,了解秦始皇陵的结构布局、设计思想及秦代科技文化的成就。

首先我们了解的是秦始皇陵。秦始皇陵是中国历史上第一位皇帝秦始皇的陵墓,皇陵规模之大、陪葬坑之多、内涵之丰富,被列为历代帝王陵墓之冠。根据考古发现,秦陵的陵基为近覆斗方形,夯土筑成,陵基东西宽345米,南北长350米。围绕封土堆,在地面上还筑有两重南北向长方形城垣,有城门,还有角楼。

接下来我们参观兵马俑坑,它在秦始皇陵封土以东约1.5千米处,是秦始皇陵的一个组成部分,也是世界最大的地下军事博物馆。大家看,在深5米左右的坑底,每隔3米架起一道东西向的承重墙,兵马俑排列在墙间空当的过洞中。现在已发现了三个坑,基本呈“品”字形排列,总面积达2万余平方米。兵马俑坑内埋藏有陶质兵马俑7000余件,木质战车100余辆。大家看,这是武士俑,高约1.8米,面目各异,从服饰、甲胄和排列位置可以区分出它们的不同身份,基本按照秦军将士的形象塑造,体格魁伟,体态匀称。那大家想知道这些俑是怎么做成的吗?它主要是用模、塑结合的方法制成,先用陶模做出初胎,再覆盖一层细泥进行加工刻画加彩,有的是先烧后接,有的是先接再烧,火候均匀、色泽单纯、硬度很高。秦兵马俑场面宏大、威风凛凛、队列整齐,展现了秦军的编制、武器的装备和古代战争的阵法。出土武器多为经过铬处理的青铜制品,至今仍锋利如新。

接下来请大家仔细鉴赏。我的讲解就到这里,谢谢!

(撰稿:廖广莉)

4)曲阜“三孔”(老年团)

各位朋友,大家好!欢迎来到曲阜参观游览。这里有中国唯一且规模最大的集祭祀孔子的寺庙、孔子嫡系后裔的府第和孔子及其子孙墓地于一体的建筑群,也就是由孔庙、孔府和孔林构成的曲阜“三孔”。

首先我为大家介绍孔庙。孔庙是以孔子的故居为庙,以皇宫的规格而建,是我国三大古建筑群之一,在世界建筑史上占有重要地位。因为孔子是世界上最伟大的哲学家之一,中国儒家学派的创始人。在两千多年漫长的历史长河中,儒家文化逐渐成为中国的正统文化,并影响到东亚和东南亚各国,成为整个东方文化的基石。所以,在他死后的第二年,他的住宅被改成孔庙,每年祭祀。随后孔庙的建设规模越来越大,前后有九进院落,左右对称,布局严谨,气势宏伟。前三进院落布置导向性建筑物,如门或牌坊。第四进院落有一座三重檐的高阁——奎文阁,其中藏有历代皇帝赏赐的图书。第七进院落中有“杏坛”,据说是孔子生前讲学处。孔庙的主殿大成殿高31.89米,宽54米,进深34米。廊下有28根云龙古柱,每根柱子都用整块石材雕成。前廊下的十根石柱用深浮雕手法雕成双龙对舞,衬以云朵、山石、波涛,造型优美生动,是罕见的艺术瑰宝。

再说说孔府。它位于孔庙的东侧,是孔子嫡系子孙长期居住的府第。主要作用是孔子死后,子孙后代世代居庙旁看管孔子遗物。孔府分前后九进院落,按中、东、西三路布局。

最后是孔林。孔林又称至圣林,在曲阜城北门外,是孔子和他的后代子孙们的家族墓地。

1994年,曲阜“三孔”被联合国教科文组织列入世界文化遗产。

好了,我今天就为大家介绍到这里。

(撰稿:廖广莉)

5)江西围屋(亲子团)

各位家长和小朋友们,大家好!欢迎你们来到最醒目又最有沧桑感的江西围屋做客。你们看,在江西南部的青山绿水间,在古老的村落里,分布了时而婉约时而雄浑的一座座客家民居,具有厚重的历史感与独具魅力的文化品位,引来历代文人墨客的驻足惊叹,这就是赣南围屋。

赣南围屋产生于明末清初,现在还有500多座。这里有“南抚百越,北望中州,据五岭之要会,扼赣闽粤湘之要冲”的地理位置,也就是说很险要,所以秦汉时建有县治,唐末五代时,中原混乱,大量中原难民拥入赣南,当时居民的成分和文化传统结构发生了很大的改变。所以,在这特定的历史和地理环境中,慢慢地孕育出一个新的特殊民系——客家。客家人为安全考虑,出于防卫需要,建造了这种围起来的房屋,就叫围屋。

这赣南围屋啊,是古代集祠、家、堡于一体,具有坚固的防御功能和宗族群居的亲和性。大家请看,这是赣南至今保存最完好、面积最大的龙南县关西镇新围,这座围屋呈正方形,长宽均为88米,占地面积约1万平方米,围墙高约9米,墙厚2米,围屋四角各建有一座15米高的炮楼。关西新围整体结构如巨大的“回”字,围屋的核心建筑就在中间的“口”字部位,它的构造像乌石围,是在客家民居“三进三开”特征基础上扩大为“三进六开”,从而形成“九栋十八厅”大型客家民居的典型建筑,共有主房124间。

赣南围屋中历史最久的栗园围,关于它的故事也有很多,大家慢慢了解。

(撰稿:廖广莉)

6)苏州古典园林(写生团)

各位朋友,大家好!欢迎来到素有“园林之城”美称的苏州古典园林参观游览。这苏州古典园林啊,享有“江南园林甲天下,苏州园林甲江南”的美誉,也被誉为“咫尺之内再造乾坤”。1997年12月4日,联合国教科文组织世界遗产委员会第21届全体会议批准了以拙政园、留园、网师园、环秀山庄为典型例证的苏州古典园林列入《世界遗产名录》。2000年

11月30日，联合国教科文组织世界遗产委员会第24届会议批准将沧浪亭、狮子林、艺圃、耦园、退思园增补列入《世界遗产名录》，所以苏州古典园林是名副其实的世界文化遗产。

今天，我们将重点了解其中最古老的一座园林，那就是建于宋代的沧浪亭。它占地面积10800平方米，主要景区以山林为核心，四周环列建筑，水面、池岸、假山、亭榭。园中山上石径盘旋、古树葱茏、藤萝蔓挂、朴素自然、景色苍润，就像真山野林。说起沧浪亭的历史，那还得追溯到五代时期。沧浪亭本是五代时吴越王钱镠之子钱元亮的池馆，后来宋代著名诗人苏舜钦以四万贯钱买下废园，进行修筑，傍水造亭，因感于"沧浪之水清兮，可以濯吾缨；沧浪之水浊兮，可以濯吾足"，题名"沧浪亭"，自号沧浪翁，并作《沧浪亭记》。欧阳修应邀作《沧浪亭》长诗，诗中以"清风明月本无价，可惜只卖四万钱"题咏此事。自此，"沧浪亭"名声大振。现在的沧浪亭虽因历代更迭有兴废，已非宋时初貌，但其古木苍老郁森，一直保持着旧时的风采，部分地反映出宋代园林的风格。

好了，我的讲解就到这里，欢迎大家细细品味沉淀其中的文化底蕴。

（撰稿：廖广莉）

二、民族民俗导游词创作

1. 模拟情境

在学校的全国技能大赛导游服务赛项选拔赛中，你班选手分别抽取到了民族民俗景观中的白蛇传（中学生研学团）、关公（华侨团）、藏族献哈达（老年团），30分钟内需创作好该景点导游词。

2. 创作思路

1）民族民俗导游词创作要点分析

Ⅰ. 概念界定

民族民俗通常包括少数民族民俗和地域社会生活民俗两大类，是指一个国家或民族中广大民众所创造、享用和传承的生活文化，来自人民、传承于人民，既是一种精神，又通过人民的日常生活、节日、劳动等形式体现。中国著名旅游文化元素中的民族民俗主要指民间传说、民间信仰、民族习俗三方面。

Ⅱ. 提炼文化特色

民族民俗景观的文化特色，如民间传说、民间信仰、民族习俗要分类而定，在呈现其来源、历史、内容等共性内容基础上，要区别其不同形式的文化特色。

（1）民间传说，如白蛇传、梁山伯与祝英台、孟姜女哭长城等，主要以故事形式呈现，创作时要突出时代背景、源起记载、故事内涵、流传情况以及相关艺术表现形式等内容。

（2）民间信仰，如关公、妈祖等，这些民间信仰对象涉及历史上或传说中的人物，创作时在介绍人物基本情况的基础上要较多地分析特征形象，即信仰他们的原因和理由，最后还要阐述有关这些信仰的民间艺术形式以及对他们的评价。

（3）民族习俗，如藏族献哈达、土家族哭嫁等，创作要体现其族源（名称、民族发展、人口分布）、宗教信仰（宗教节庆、礼仪、禁忌）、风俗习惯（衣食、婚丧）等。

Ⅲ. 分析团型特点

导游词创作时要考虑不同团型成员的不同需求，如果来了解“梁山伯与祝英台”这一民间传说的是留学生团，就要在讲解中用西方的罗密欧与朱丽叶的故事打比方，侧重讲解“中国式”罗密欧与朱丽叶爱情的特点，结合中国古代封建社会制度对人们自由恋爱的桎梏，体现梁祝故事的悲，但也要渲染出化蝶的美；如果是教师团，导游词创作就可以分析故事背景及化蝶的意义等。

2）民族民俗导游词创作思路

民族民俗呈现的是精神层面的内容，如果参赛，按主题进行创作比较好。导游词由开头语、主题讲解、结束语三部分组成。

（1）开头语，包括简短的自我介绍、欢迎词、点明讲解的类别。

（2）主题讲解，突出主题进行导游词创作，条理性很重要。如果是民间传说，主题呈现传说故事的内容、流传及其文化影响，如白蛇传类民间传说，可以突出故事梗概（篷船借伞、白娘子盗灵芝仙草、水漫金山、断桥、雷峰塔、许仙之子仕林祭塔、法海遁身蟹腹逃脱）、源起记载（唐传奇、宋话本、印度教、警世通言等）、流传方式（口头、评话、说书、弹词、戏剧、小说、电影等）。如果是民间信仰，如关公，要突出人物形象的重要特征，大家信仰和供奉的理由，所以要介绍关公生平（桃园结义、曹操赏识、义放曹操、镇守荆州、威震华夏、败走麦城）、特征形象（可敌万人、忠义双全、智勇兼具、勇猛善战）、艺术流传（章回小说、戏剧、电影）、人物评价（武圣，忠、义、勇、武的品格操守）等。如果是民族习俗，如藏族献哈达，创作时就要介绍藏族这一少数民族的概况（人口、分布、民族发展、衣食住行、婚丧嫁娶等）、宗教信仰（宗教节庆、礼仪、禁忌）、献哈达（缘起、寓意、什么情况下献哈达、献哈达的方式）等。

（2）结束语，用一两句话表达依依不舍、欢迎再来之意。

3. 创作训练

1）民间传说导游词创作

请从下面 3 个备选的材料中选择 1 题作答，共 100 分。

答题要求：

（1）请根据以下提供的景观信息选择一个（含团型），撰写一篇在语言、形式上符合要求的导游词；

（2）请将字数控制在 500~700 字；

（3）请依据景观信息材料中提到的信息，突出民间传说导游词创作中的时代背景、源起记载、故事内涵、流传情况以及相关艺术表现形式等内容，进行必要的筛选、扩充与想象，不能照搬某一景点现成的导游词；

（4）在选材、角度、结构、表达等方面要有一定的创新性。

Ⅰ.白蛇传（中学生研学团）

＊资料

“白蛇传”传说家喻户晓，是中国四大汉族民间爱情传说之一（其余三个为“梁山伯与祝英台”“孟姜女”“牛郎织女”）。白蛇传在清代成熟盛行，是中国民间集体创作的典范。描述的是一个修炼成人形的蛇精与人的曲折爱情故事。

故事包括篷船借伞、白娘子盗灵芝仙草、水漫金山、断桥、雷峰塔、许仙之子仕林祭塔、法海遁身蟹腹逃脱等情节，表达了人民对男女自由恋爱的赞美、向往和对封建势力无理束缚的憎恨。“白蛇传”传说被列入“第一批国家级非物质文化遗产”之列，以此故事为原型拍摄了多部影视剧作和动画片。

＊来源：https://baike.so.com/doc/1800944-1905846.html

＊创作：

开头语：
主　题：
结束语：

Ⅱ.梁山伯与祝英台（留学生团）

＊资料

梁山伯与祝英台是中国古代民间四大爱情故事之一，是中国最具魅力的口头传承艺术及国家级非物质文化遗产，也是唯一在世界上产生广泛影响的中国民间传说。

自东晋始，在民间流传已有1700多年，可谓家喻户晓、流传深远，被誉为爱情的千古绝唱。从古到今，有无数人被梁山伯与祝英台的凄美爱情所打动。

梁祝传说及爱情故事是历史上确实发生过的真实事件，有历史资料及文物古迹佐证。

故事梗概：相传，在我国西晋时期，青年学子梁山伯辞家攻读，途遇女扮男装的学子祝英台，两人一见如故，志趣相投，遂于草桥结拜为兄弟，后同到红罗山书院就读。在书院两人朝夕相处，感情日深。三年后，祝英台返家，梁山伯十八里相送，二人依依惜别。梁山伯经师母指点，带上祝英台留下的蝴蝶玉扇坠到祝家求婚遭拒，回家后悲愤交加，一病不起，不治身亡。祝英台闻梁山伯为己而死，悲痛欲绝。不久，马家前来迎娶，祝英台被迫含愤上轿。行至梁山伯墓前，祝英台执意下轿，哭拜亡灵，因过度悲痛而死，后被葬在梁山伯墓东侧。据传，祝英台被迫出嫁时，绕道去梁山伯墓前祭奠，在祝英台哀恸感应下，风雨雷电大作，坟墓爆裂，祝英台翩然跃入坟中，墓复合拢，风停雨霁，彩虹高悬，梁祝化为蝴蝶翩翩飞舞。

＊来源：1.https://wenda.so.com/q/1364955193064340；

2.https://baike.baidu.com/item/%E6%A2%81%E5%B1%B1%E4%BC%AF%E4%B8%8E%E7%A5%9D%E8%8B%B1%E5%8F%B0/8448? fromtitle=%E6%A2%81%E7%A5%9D&-fromid=9352&fr=aladdin

＊创作：

开头语：
主　题：
结束语：

Ⅲ. 孟姜女哭长城（华侨团）

＊资料：

孟姜女哭长城的传说在民间广为流传，其夫万喜良被征召修筑长城（今河南省卫辉市与辉县市交界的战国长城）劳累饥饿而死，埋于长城之下。孟姜女寻夫哭至卫辉池山段长城，感动天地，哭塌长城，露出丈夫尸骨。至今在卫辉市池山乡歪脑村一带还流传其故事，山上能见到孟姜女哭塌长城的泪滴石。新乡市区有孟姜女河、孟姜女路、孟姜女桥等名称。

国家非常重视非物质文化遗产的保护，孟姜女传说被列入第四批国家级非物质文化遗产名录，孟姜女的家乡为山东省莱芜市茶业口镇（古称莱芜为嬴牟）。

＊来源：https://baike.so.com/doc/726553-769191.html

＊创作：

开头语：
主　题：
结束语：

2)民间信仰导游词创作

请从下面 2 个备选的材料中选择 1 题作答,共 100 分。

答题要求:

(1)请根据以下提供的景观信息选择一个(含团型),撰写一篇在语言、形式上符合要求的导游词;

(2)请将字数控制在 500~700 字;

(3)请依据景观信息材料中提到的信息,突出民间信仰导游词创作中的人物基本情况、特征形象、民间艺术形式以及对他们的评价等内容,进行必要的筛选、扩充与想象,不能照搬某一景点现成的导游词;

(4)在选材、角度、结构、表达等方面要有一定的创新性。

Ⅰ.关公(华侨团)

*资料

关公,即关羽,是三国著名将领,位列蜀汉“五虎上将”之首,逝世于 220 年。关羽死后头葬在河南洛阳,身子葬在湖北当阳。现在洛阳、当阳各有一处关羽墓,民间盛传,关羽“头枕洛阳,身卧当阳,魂归山西。”

关羽最为特殊之处是其倍受中华文化历代推崇,由于其忠义和勇武的形象,多被民众尊称为关公、关老爷,又多次被后代帝王褒封,直至“武帝”,故也被称为关圣帝君、关圣帝、关帝君、关帝等。儒家奉其为五文昌之一,又尊为“文衡圣帝”;道教奉其为“协天大帝”“翊汉天尊”。中国佛教界奉其为护法神之一,称为“伽蓝菩萨”。民间由于《三国演义》等传统作品的影响,普遍认为关羽与刘备、张飞是结义兄弟,关羽排行第二,故又俗称其为关二爷、关二哥,直至现在的某些社会群体与场合中,仍然会出现祭拜关羽的情况。

*来源:https://baike.so.com/doc/5349106-5584562.html

*创作:

开头语:
主　题:
结束语:

Ⅱ.妈祖(宗教团)

*资料

妈祖,以中国东南沿海为中心的海神信仰,又称天上圣母、天后、天后娘娘、天妃、天妃娘娘、湄洲娘妈等。这一信仰的主体据说是由真人真事演变而来的。考察妈祖的生平得知，这一信仰来自民间传说。首先是传说，然后是传说的历史化和神化，最后形成普遍的妈祖信仰。

林默娘的“里中巫”身份，是妈祖信仰的原始形态。妈祖信仰产生在特殊的生态环境之下，与海洋渔业生产及其海事活动密切相关。渔民因海难遇难者不可计数，所以希望有海上守护神庇佑安全。妈祖的巫女身份，正好适应了人们的希望和渴求。她能言人间祸福、济困扶危、治病消灾，这些顺应了人们的愿望，所以在她死后立庙祭祀。此后，她的一个个神迹才接踵而至，并将她塑造成一位完美的女神。所以，民间对巫术的信仰是妈祖文化得以形成的思想基础。

*来源:https://wenda.so.com/q/1367885703069607? src=150

*创作:

开头语:
主　题:
结束语:

3)民族习俗导游词创作

请从下面2个备选的材料中选择1题作答，共100分。

答题要求:

(1)请根据以下提供的景观信息选择一个(含团型)，撰写一篇在语言、形式上符合要求的导游词;

(2)请将字数控制在500~700字;

(3)请依据景观信息材料中提到的信息，突出民族习俗导游词创作中的族源(名称、民族发展、人口分布)、宗教信仰(宗教节庆、礼仪、禁忌)、风俗习惯(衣食、婚丧)等内容，进行必要的筛选、扩充与想象，不能照搬某一景点现成的导游词;

(4)在选材、角度、结构、表达等方面要有一定的创新性。

Ⅰ. 藏族献哈达(老年团)

*资料

献“哈达”是藏族人民的一种礼节。在西藏，婚丧节庆、迎来送往、拜会尊长、参拜佛像、送别远行等，都有献“哈达”的习惯。

献“哈达”是对对方表示纯洁、诚心、忠诚、尊敬的意思。据说，藏民进了寺庙大门，先献一条哈达,然后参拜佛像,到各殿参观、随坐,到离别时,还在自己坐过的座位后边放一条哈达,表示我人虽离去,但我的心还留在这里。

献"哈达"的动作因人而异,一般来说,要用双手捧哈达,高举与肩平,然后再平伸向前,弯腰给对方,这时哈达正与头顶平,这表示对对方尊敬和最大的祝福——吉祥如意。对方以恭敬的姿态用双手平接。对尊者、长辈献哈达时要双手举过头,身体略向前倾,将哈达捧到座前或足下;对平辈或下属,则可以系在他们的颈上。

*来源:https://baike.so.com/doc/5810695-6023498.html

*创作:

开头语:
主　题:
结束语:

Ⅱ.土家族哭嫁(女性团)

*资料

土家族女儿出嫁时一定要会哭,谓之哭嫁。哭嫁有专门的"哭嫁歌",这是一门传统技艺。土家族姑娘从十二三岁开始学习哭嫁。过去,不哭的姑娘不准出嫁。现在,仅在偏僻的山寨还有此习俗。哭得感人的姑娘,人称聪明伶俐的好媳妇。新娘一般在婚前一个月开始哭嫁,哭嫁的高潮是在新娘出嫁的日子,新娘家要邀请新娘九位最好的未婚女伴,陪着新娘哭,叫"十姊妹会"。哭嫁是土家人婚礼的序曲,他们认为"不哭不热闹,不哭不好看"。亲朋好友前来送别,哭是一种友好,哭是一种礼貌。对于那些坐在度中不哭唱的,新娘认为是瞧不起她而不高兴。

*来源:https://baike.so.com/doc/6751012-6965571.html

*创作:

开头语:
主　题:

结束语：

4. 创作成果展示

1）白蛇传（中学生研学团）

各位同学，大家好！今天给大家讲解的是中国四大汉族民间爱情传说之一（其余三个为“梁山伯与祝英台”“孟姜女”“牛郎织女”）的“白蛇传”，这个传说源远流长、家喻户晓。

这个故事开始时是口头传播，后来民间以评话、说书、弹词等多种形式出现，又逐渐演变成戏剧表演。再后来又有了小说，民国之后，还有歌剧、歌仔戏、漫画等演绎方式。到了现代也有根据“白蛇传”拍成的电影，编排成的现代舞，新编的小说等。其不仅在国内盛行，而且还走向海外，在日本也有拍成的电影，法国汉学家儒莲也曾将“白蛇传”翻译成法文。“白蛇传”传说被列入了“第一批国家级非物质文化遗产”之列。

清代时“白蛇传”的故事成熟盛行，是中国民间集体创作的典范。它讲的是一个修炼成人形的蛇精与人的曲折爱情故事。男主人公名叫许仙，女主人公自然就是白蛇了。故事包括篷船借伞、白娘子盗灵芝仙草、水漫金山、断桥、雷峰塔、许仙之子仕林祭塔、法海遁身蟹腹逃脱等情节。（这些故事啊，同学们在小时候可能就听过或看过，这里也欢迎同学们来讲讲故事。）

大家一定想知道这个故事的来龙去脉，这里为大家介绍一下。据考证，最早的成型故事记载于冯梦龙的《警世通言》第二十八卷《白娘子永镇雷峰塔》。清代初年黄图珌的《雷峰塔》（看山阁本），是最早整理文字创作流传的戏曲，他只写到白蛇被镇压在雷峰塔下，并没有产子、后其子祭塔的故事。后来又出现的梨园旧抄本（可能是陈嘉言父女所作，现存本曲谱已不全），是广为流传的本子，有白蛇生子的情节。这个故事经过了近千年的演变，除了故事情节不断丰富外，人物性格也在逐渐演变。

好了，我今天的讲解就到这里了。谢谢！

（撰稿：廖广莉）

2）关公（华侨团）

各位华侨朋友，大家好！有这样一个人，他红脸冉须，忠肝义胆，既是刘备的结拜兄弟，同时又深得曹操的赏识，他威震华夏，但又败走麦城……不用说，大家已经猜到了，没错，他就是关公。他被民众尊称为关公、关老爷，又多次被后代帝王褒封，直至“武帝”，也被称为关圣帝君、关圣帝、关帝君、关帝等。

关公就是关羽，是三国时期著名将领，位列蜀汉“五虎上将”之首，逝世于220年。关羽死后头葬在河南洛阳，身子葬在湖北当阳。现在洛阳、当阳各有一处关羽墓，民间盛传，关羽“头枕洛阳，身卧当阳，魂归山西。”

今天主要为大家介绍关羽的身世。关羽的身世在清朝以前一直不详。到清康熙十七年

(1678年),解州守王朱旦在浚修古井时发掘出关羽的墓砖,砖上刻有关羽祖、父两世的表字,生卒年月等,还提到关羽的家庭状况。他因而写了《前将军关壮穆侯祖墓碑铭》。这块碑铭现立于山西省运城市常平村的关帝家庙中。据墓砖上文字记载,关氏家其实是个文人世家。关羽祖父叫关审,字问之。记载说他"冲穆好道",常以《易》《春秋》训其子,于桓帝永寿二年(156年)丁酉卒,年六十八。关羽父关毅,字道远,性至孝,其父关审卒后,在墓上结庐守丧三年,除丧,于桓帝延熹三年(160年)庚子六月二十四日生关羽。关羽长成后娶胡氏为妇,灵帝光和元年(178年)戊午五月十三日生子关平。

当然,关于关公的身世还有很多种说法,不管怎样,关羽因为忠义和勇武的形象,多被民众尊称为关公,成为民间信仰,这一点是毋庸置疑的。我的介绍就到这里,谢谢大家!

(撰稿:廖广莉)

3)藏族献哈达(老年团)

爷爷奶奶、叔叔阿姨们,大家好!今天给大家介绍的是献哈达这一民族习俗。大家可能会问,献"哈达"到底是怎样的一种习俗?藏族人民献哈达的方式是怎样的?现在我为大家一一解答。

"哈达"是一种生丝织品,纺得稀松如网,也有用丝绸为料的,多为白色、蓝色,也有黄色等。另外,还有五彩哈达,颜色为蓝、白、黄、绿、红。蓝色表示蓝天,白色是白云,绿色是江河水,红色是空间护法神,黄色象征大地。献哈达是蒙古人民和藏族人民的一种礼节。藏族认为白色象征纯洁、吉利,所以哈达一般是白色的。在西藏,婚丧节庆、迎来送往、拜会尊长、参拜佛像、送别远行等,都有献"哈达"的习俗。献"哈达"是对对方表示纯洁、诚心、忠诚、尊敬的意思。五彩哈达是献给菩萨用的,是最珍贵的礼物。佛教教义解释五彩哈达是菩萨的服装。所以,五彩哈达只在特定的情况下才用。

那么藏族人民献哈达的方式是怎样的呢?献"哈达"的动作因人而异,一般来说,要用双手捧哈达,高举与肩平,然后再平伸向前,弯腰给对方,这时哈达正与头顶平,这表示对对方尊敬和最大的祝福——吉祥如意。对方以恭敬的姿态用双手平接。对尊者、长辈献哈达时要双手举过头,身体略向前倾,将哈达捧到座前或足下;对平辈或下属,则可以系在他们的颈上。

献哈达在西藏十分普遍,大家来到西藏,当藏族同胞为你献上纯洁的哈达时,请用恭敬的姿态双手平接哦。大家都准备好了吗?

我今天的讲解就到这里了,谢谢大家!

(撰稿:廖广莉)

三、各民族传统节日导游词创作

1. 模拟情境

在学校的全国技能大赛导游服务赛项选拔赛中,你班选手分别抽取到了民族传统节日中的泼水节（亲子团）、火把节（摄影团）、那达慕大会（教师团），30 分钟内需创作好该景点导游词。

2. 创作思路

1)各民族传统节日导游词创作要点分析

Ⅰ. 概念界定

中国的传统节日是中华民族悠久历史文化的一个组成部分，其形成是一个民族或国家的历史文化长期积淀凝聚的过程。每个传统节日都有自己的来源与形成的必要条件，各民族传统节日大多数与原始信仰、天象物候、历法、数学以及后来划分出的节气有关。中国主要的传统节日有春节、元宵、清明、端午、七夕、重阳、中秋、腊八等，此外中国各少数民族也都保留着自己的传统节日，如傣族的泼水节、彝族的火把节、苗族的花山节（也称跳花节）、蒙古族的那达慕大会、维吾尔族及回族的古尔邦节和开斋节、藏族的藏历年和望果节等。在各民族传统节日期间，都要举行盛大、隆重的庆祝仪式，并且有诸多的习俗和规矩。每个民族通过传统节日聚会，增强民族凝聚力。

Ⅱ. 提炼文化特色

各民族传统节日是民族传统文化的一个方面，是民族文化的综合展现，积淀和弘扬着民族传统文化，可以从中感受到不同经济文化类型的特点，也是人类的精神财富。各民族传统节日集中展示优秀传统文化，能够提高民族自信心，增强民族感情和民族凝聚力。

民族传统节日中蕴涵了丰富的文化内涵，可以从节日的起源、民间习俗活动、传承发展及相关的诗词歌赋中体现，如端午节、重阳节等传统节日，中国很多地方甚至海外一些国家都有，创作时应重点从起源考证、民俗活动、特色饮食、各地习俗、诗词歌赋等着手；而像泼水节、火把节、花山节、古尔邦节、那达慕大会等主要是各少数民族自己的传统节日，带有鲜明的本民族特色，创作时就要突出该少数民族的习俗特点、节日活动、特色服饰和饮食、节日由来以及历史发展等。

Ⅲ. 分析团型特点

导游词创作时要考虑不同团型成员的不同需求，如果体验端午节的是中学生研学团，导游词创作应侧重端午节的来历、习俗特点等；如果是留学生团，导游词创作则以包粽子的技巧、赛龙舟的风俗为主，这样对他们更有吸引力。

2)各民族传统节日导游词创作思路

各民族传统节日虽然主要呈现的是精神层面的内容，但这些丰富的精神文化仍可以通过具体的庆典活动、服饰饮食、诗词歌赋等表现出来，按主题进行创作比较好。

该类导游词由开头语、主题讲解、结束语三部分组成。

(1)开头语，包括简短的自我介绍、欢迎词、点明讲解的主题。

(2)主题讲解。突出主题进行导游词创作，条理性很重要。主要呈现的内容有节日由来、节日活动、特色饮食、习俗礼仪等。如果是端午节、重阳节等传统节日，还要体现相关诗词歌赋及传承发展；如果是泼水节、火把节等少数民族传统节日，则要体现该少数民族相关习俗及传统节日的历史发展等。

（3）结束语，用一两句话表达依依不舍、欢迎再来之意。

3. 创作训练

1）传统节日导游词创作

请根据下面2个备选的材料中选择1题作答，共100分。

答题要求：

（1）请根据以下提供的景观信息选择一个（含团型），撰写一篇在语言、形式上符合要求的导游词；

（2）请将字数控制在500~700字；

（3）请依据景观信息材料中提到的信息，突出传统节日导游词创作中的节日由来、节日活动、特色饮食、习俗礼仪以及相关诗词歌赋等内容，进行必要的筛选、扩充与想象，不能照搬某一景点现成的导游词；

（4）在选材、角度、结构、表达等方面要有一定的创新性。

Ⅰ. 端午节（中学生研学团）

＊资料

农历五月初五为“端午节”，是中国一个古老的传统节日。“端午”本名“端五”，端是初的意思，因为人们认为“五月”是恶月，“初五”是恶日，因而避讳“五”，改为“端午”。端午节早在西周初期就有记载，并非为纪念屈原而设立的节日，但是之后端午节的一些习俗受到屈原的影响。

前278年，秦军攻破楚国都城。屈原眼看自己的国家被侵略，心如刀割，但是始终不忍舍弃自己的国家，于农历五月初五，在写下了绝笔作《怀沙》之后，抱石投汨罗江身亡，以自己的生命谱写了一曲壮丽的爱国乐章。传说屈原死后，楚国百姓哀痛异常，纷纷涌到汨罗江边去凭吊屈原。渔夫们划起船只，在江上来回打捞他的遗体。有位渔夫拿出为屈原准备的饭团、鸡蛋等食物，丢进江里，说是让鱼龙虾蟹吃饱了，就不会去咬屈大夫的身体了。人们见后纷纷仿效。一位老医师则拿来一坛雄黄酒倒进江里，说是要药晕蛟龙水兽，以免伤害屈大夫。后来因怕饭团为蛟龙所食，人们想出用楝树叶包饭，外缠彩丝，后发展成粽子。

端午节的主要民间习俗有悬钟馗像、挂艾叶菖蒲榕枝、赛龙舟、吃粽子、饮雄黄酒、佩香囊等。相关诗词歌赋主要有《五月五日》（梅尧臣）、《和端午》（张耒）、《午日处州禁竞渡》（汤显祖）等，多与屈原有关。

＊来源：https://baike.baidu.com/item/端午节/1054? fr=aladdin

＊创作：

开头语：
主　题：
结束语：

Ⅱ. 重阳节（老年团）

＊资料

重阳节为每年的农历九月初九，是中国传统节日。“重阳”也叫“重九”，因为《易经》中把“九”定为阳数，九月九日，两九相重，故曰“重阳”，古人认为重阳是一个值得庆贺的吉利日子。1989 年农历九月初九被定为老人节，倡导全社会树立尊老、敬老、爱老、助老的风气。2006 年 5 月 20 日，重阳节被国务院列入首批国家级非物质文化遗产名录。

重阳节，早在战国时期就已经形成，自魏晋起因重阳气氛日渐浓郁而倍受历代文人墨客吟咏，到了唐代被正式定为民间的节日，此后历朝历代沿袭至今。重阳与三月初三“踏春”皆是家族倾室而出，重阳这天所有亲人都要一起登高“避灾”。

庆祝重阳节一般包括出游赏秋、登高远眺、观赏菊花、遍插茱萸、吃重阳糕、饮菊花酒等活动。九九重阳，因为与“久久”同音，九在数字中又是最大数，在数中最尊贵，有长久长寿的含意，况且秋季也是一年收获的黄金季节，重阳佳节，寓意深远，人们对此节历来有着特殊的感情，历代诗词中有不少贺重阳、咏菊花的诗词佳作，如《九月九日玄武山旅眺》（卢照邻）、《过故人庄》（孟浩然）、《登高》（杜甫）、《重阳》（文天祥）等。

＊来源：https://baike.baidu.com/item/ 重阳节 /128301? fr=aladdin

＊创作：

开头语：
主　题：
结束语：

2)少数民族传统节日导游词创作

请根据下面6个备选的材料中选择1题作答,共100分。

答题要求:

(1)请根据以下提供的景观信息选择一个(含团型),撰写一篇在语言、形式上符合要求的导游词;

(2)请将字数控制在500~700字;

(3)请依据景观信息材料中提到的信息,突出我国少数民族传统节日导游词创作中的节日由来、节日活动、特色饮食、习俗礼仪以及历史发展等内容,进行必要的筛选、扩充与想象,不能照搬某一景点现成的导游词;

(4)在选材、角度、结构、表达等方面要有一定的创新性。

Ⅰ.泼水节(亲子团)

*资料

泼水节,亦称"浴佛节",又称"楞贺尚罕",是傣族、阿昌族、布朗族、佤族、德昂族以及泰语民族和东南亚地区的传统节日。泼水节当日,中国西双版纳地区,泰国、老挝、缅甸、柬埔寨等国以及其他泰国人聚居地的人们,清早起来便沐浴礼佛,之后便开始连续几日的庆祝活动。期间,大家用纯净的清水相互泼洒,祈求洗去过去一年的不顺。泼水节是傣族的新年,日期在公历的四月中旬,一般持续3至7天。

泼水节是展现傣族水文化、音乐舞蹈文化、饮食文化、服饰文化和民间崇尚等传统文化的综合舞台,是研究傣族历史的重要窗口,具有较高的学术价值。泼水节展示的章哈、白象舞等艺术表演有助于了解傣族感悟自然、爱水敬佛、温婉沉静的民族特性。同时,泼水节还是加强西双版纳各族人民大团结的重要纽带,对西双版纳与东南亚各国友好合作交流,对促进西双版纳傣族自治州全州社会经济文化的发展起到了积极作用。2006年5月20日,该民俗经国务院批准列入中国第一批国家级非物质文化遗产名录。

泼水节最早起源于5世纪的波斯,当时命名为"泼寒胡戏"(又名"乞寒胡戏"),在此之后"泼寒胡戏"由波斯经印度传入缅甸、泰国和中国云南西双版纳等地,约在12世纪末至13世纪初经缅甸随佛教传入中国云南傣族地区。随着佛教在傣族地区影响的加深,泼水节成为一种民族习俗流传下来。

泼水节来临,傣家人便忙着杀猪、杀鸡、酿酒,还要做许多"毫诺索"(年糕)以及用糯米做成的多种粑粑,在节日里食用。此外,还举行歌舞庆典、浴佛、丢包、放孔明灯等活动。

*来源:https://baike.baidu.com/item/泼水节/72649? fr=aladdin

*创作:

开头语:	
主　题:	

结束语：

Ⅱ. 火把节（摄影团）

*资料

火把节是彝族、白族、纳西族、基诺族、拉祜族等民族的古老传统节日，有着深厚的民俗文化内涵，被称为“东方的狂欢节”。不同的民族举行火把节的时间不同，彝族、纳西族、基诺族在农历六月二十四日举行，白族在农历六月二十五日举行，拉祜族在农历六月二十日举行，节期两三天，主要活动有斗牛、斗羊、斗鸡、赛马、摔跤、歌舞表演、选美等。现今，火把节被赋予了新的民俗功能，产生了新的形式。彝族认为过火把节是要长出的谷穗像火把一样粗壮。后人以祭火驱赶家中、田中鬼邪，以保人畜平安。火把节也是白族的一个盛大节日，每年农历六月二十五日，白族人民就会举行预祝五谷丰登、人畜兴旺的活动。如今人们还利用集会欢聚之机，进行社交或情人相会，并在节日开展商贸活动。

彝族地区素有“火之故乡”的美誉，彝族人民能歌善舞，秉承着先人千百年传承下来的音乐舞蹈传统和口头艺术，在火把节习俗形成的歌调、传说乃至史诗表演等也应属“人类口头及非物质文化遗产”中的一宗重要传承。

*来源：https://baike.baidu.com/item/火把节/106484? fr=aladdin

*创作：

开头语：
主　题：
结束语：

Ⅲ. 花山节（度假团）

*资料

花山节，也称“踩花山”“跳花”等，是苗族的传统节日，通常在端午节前后举行。节日期间，苗族人民着盛装聚集到传统的跳场坪，青年男女在跳场中央进行花杆跳舞，男青年还进行爬杆、赛马、射箭、唱歌、跳舞、选美等比赛，人数多时达十几万人。

花山节也是苗族青年寻偶恋爱的佳节，男女青年通过在一起对歌、跳舞，得以相见和认识、了解。苗族同胞扶老携幼从四面八方而来，人们身着色彩艳丽的苗装，花山场上人山人海，群情沸腾。当“花杆头”向前来参加节庆的人们敬酒、祝福后，便宣布“花山节”开始。人们围着花杆，踏着芦笙、唢呐、胡琴等乐器的节拍翩翩起舞。有的跳蹬脚舞、三步舞，有的打芦笙架（吹芦笙对调），有的跳狮子舞。狮子舞跳得好的，有资格爬上花杆顶端，取下两瓶好酒和一个猪头作奖品。花山节期间还要举行赛马、武术表演、斗牛比赛等活动，优胜者披红挂彩，还会得到奖品或奖金。

＊来源：https://baike.baidu.com/item/ 花山节 /5442927? fr=aladdin

＊创作：

开头语：
主　题：
结束语：

Ⅳ. 那达慕大会（教师团）

＊资料

“那达慕”是蒙古语，亦称“那雅尔（Nair）”，“那达慕”是蒙语的译音，意为“娱乐、游戏”，以表示丰收的喜悦之情。“那达慕”大会是蒙古族历史悠久的传统节日，在蒙古族人民的生活中占有重要地位。2006 年 5 月 20 日，经国务院批准“那达慕”大会被列入第一批国家级非物质文化遗产名录。

在每年七、八月牲畜肥壮的季节举行的“那达慕”大会，是人们为了庆祝丰收而举行的文体娱乐大会。“那达慕”大会上有惊险刺激的赛马、摔跤，令人赞赏的射箭，争强斗胜的棋艺，引人入胜的歌舞。

那达慕的前身是蒙古族的“祭敖包”，是蒙古族在长期的游牧生活中，创造和流传下来的具有独特民族色彩的竞技项目和游艺、体育项目。“那达慕”有久远的历史。据铭刻在石崖上的《成吉思汗石文》记载，那达慕起源于蒙古汗国建立初期，早在 1206 年，成吉思汗被推举为蒙古大汗时，他为了检阅自己的军队，维护和分配草场，每年七八月间举行“大忽力革台”（大聚会），将各个部落的首领召集在一起，为表示团结友谊和祈祷丰收，都要举行那达慕。起初只举行射箭、赛马或摔跤的某一项比赛。到元朝和明朝时，射箭、赛马、摔跤比赛结合在一起，成为固定形式。后来蒙古族人民亦简称此三项运动为男子三项，为那达慕的基础项目。

＊来源：https://baike.baidu.com/item/ 那达慕 /352297? fromtitle= 那达慕大会 &fromid=1234834&fr=aladdin

＊创作：

开头语：
主　题：
结束语：

4. 创作成果展示

1）端午节（中学生研学团）

各位同学，大家好！“碧艾香蒲处处忙。谁家儿女共庆端阳。”

端午节，也称为“端阳节”，还称午日节、五月节、龙舟节、浴兰节等，为每年农历五月初五。端午节与春节、清明节、中秋节并称为中国的四大传统节日。据《荆楚岁时记》记载，因仲夏登高，顺阳在上，五月是仲夏，它的第一个午日正是登高顺阳好天气之时。端午节是流行于中国以及汉字文化圈诸国的传统文化节日。端午节起源于中国，最初为古代百越地区（长江中下游及以南一带）崇拜龙图腾的部族举行图腾祭祀的节日，百越之地春秋之前有在农历五月初五以龙舟竞渡形式举行部落图腾祭祀的习俗。后因战国时期的楚国（今湖北）诗人屈原在该日抱石跳汨罗江自尽，统治者为树立忠君爱国标签将端午作为纪念屈原的节日，部分地区也有纪念伍子胥、曹娥等说法。

自古以来端午节便有赛龙舟、食粽、射柳、沐兰汤等节日活动。另外，家家户户门上悬艾时、菖蒲和蒜这“端午三友”。中国南方地区端午节习俗保存较完善，各地纷纷举办各种规模的赛龙舟活动，家家户户也都包粽子全家同吃，虽然不一定代表端午节本身的纪念屈原的意义，但这种习俗一直保留着。自2008年起，端午节被列为国家法定节假日。2006年5月，国务院将其列入首批国家级非物质文化遗产名录；2009年9月，联合国教科文组织正式审议并批准将中国端午节列入世界非物质文化遗产，成为中国首个入选世界非物质文化遗产的节日。

“轻汗微微透碧纨，明朝端午浴芳兰。”端午佳节到了，您准备好了吗？

（撰稿：廖广莉）

2）那达慕大会（教师团）

尊敬的各位老师，你们好！那达慕大会是内蒙古、甘肃、青海、新疆的蒙古族人民一年一度的传统节日，在每年七八月这一水草丰茂、牲畜肥壮的黄金季节举行。今天我将带领大家走进蒙古族人民这一盛大的节日。

那达慕，蒙古语是“娱乐”或“游戏”的意思，内容主要有摔跤、赛马、射箭、套马、下蒙古棋等民族传统项目，有的地方还有田径、拔河、篮球等体育项目。

首先我给大家介绍那达慕大会的起源。最早记载“那达慕”活动的是1225年用畏兀儿蒙文（古蒙古文）铭刻在石崖上的《成吉思汗石文》。据记载，那达慕起源于蒙古汗国建立初期，早在1206年，成吉思汗被推举为蒙古大汗时，他为了检阅自己的军队，维护和分配草场，每年七八月间举行“大忽力革台”（大聚会），将各个部落的首领召集在一起，为表示团结友谊和祈祷丰收，举行那达慕。起初只举行射箭、赛马或摔跤的某一项比赛。到元朝和明朝时，射箭、赛马、摔跤比赛结合在一起，成为固定形式。后来蒙古族人民简称此三项运动为男子三项，是那达慕的基础项目。这个习俗沿袭至今，每年蒙古族人民都举行那达慕大会。

接下来我为大家说说那达慕大会的意义吧。那达慕已有近八百年的历史，一直在锡林郭勒草原上流传和发展，成为蒙古族传统文化的重要载体。那达慕大会上的各项活动是力与美的显现、体能和智慧的较量、速度和耐力的比拼。举行那达慕时，牧区方圆数百里的牧民穿起节日的盛装，骑着骏马或乘坐汽车、勒勒车前来参加。那达慕期间帐篷林立，会组织种类丰富的物资交流会，以促进生产生活的发展，晚上还举行各种形式的文艺活动。2006年5月20日，该民俗经国务院批准列入第一批国家级非物质文化遗产名录。

我的介绍就到这里，请大家继续观赏这一盛会。谢谢！

（撰稿：廖广莉）

四、传统工艺美术导游词创作

1. 模拟情境

在学校的全国技能大赛导游服务赛项选拔赛中，你班选手分别抽取到了传统工艺美术中的云锦（写生团）、洛阳唐三彩（商务团）、福建脱胎漆器（老年团）、文房四宝（养生团），30分钟内需创作好该景点导游词。

2. 创作思路

1）传统工艺美术导游词创作要点分析

Ⅰ. 概念界定

中国传统工艺美术，历史悠久，品种繁多，技艺精湛。它蕴含着中国人民的智慧，融汇了中华民族特有的民族气质和文化素养，以其生动的神韵蜚声国内外，是世界文明中一颗闪光的明珠。传统工艺美术包括丝织刺绣、陶瓷、漆器雕刻、书画美术等。如景泰蓝又称“铜胎掐丝珐琅”，距今已有600多年的历史，是最具特色的传统工艺美术品之一，它采用金、银、铜及多种天然矿物质为原材料，集美术、工艺、雕刻、镶嵌、玻璃熔炼、冶金等专业技术为一体，古朴典雅，精美华贵，具有鲜明的民族风格和深刻的文化内涵。中国传统工艺美术历史悠久，制品精巧，丰富多彩，在世界工艺美术文化中独树一帜。那优美的彩陶、庄重的青铜器、华丽的唐锦、优雅的宋瓷，无一不反映了中国人卓越的创造智慧，为世人所赞赏。

Ⅱ. 提炼文化特色

中国传统工艺美术品不仅具有鲜明的民族风格，而且各地的产品都有其浓郁的地方特色。在中国辽阔的土地上，各地人们的生活习俗有很大差异，长期的封建社会自然经济以及地域交通阻塞，使得这种差异形成了各自的生活方式、文化素养和审美习惯。工艺美术的创作和生产，直接受人们生活习俗的影响，因此也就形成了各种工艺美术品浓郁的地方特色。因此，导游词创作的侧重点也不尽相同。要注重挖掘传统工艺美术所体现的深层的文化内涵，重点介绍传统工艺美术的历史渊源、传承发展、流派特征、制作方法（手法）、艺术特色、传承艺人与流行区域等元素。近年来，我国在传统工艺美术技艺的传承方面也存在失传的危险，所以很有必要对传统技艺的保护与发展状况进行介绍。

Ⅲ. 分析团型特点

导游词创作时要考虑不同团型成员的不同需求，如果欣赏云锦的是写生团，导游词创作要结合写生者的特点，讲解的内容侧重制作工艺、构图特点与代表作品等；如果是商务团，导游词创作要突出历史地位、主要类别、现实价值等。

2）传统工艺美术导游词创作思路

传统工艺美术呈现的是民俗文化的内容，如果参赛，按主题进行创作比较好。

导游词由开头语、主题讲解、结束语三部分组成。

（1）开头语，包括简短的自我介绍、欢迎词、点明讲解的类别。

（2）主题讲解。突出主题的传统工艺美术导游词的创作，主要以弘扬和传承工艺美术为线索，不同的传统工艺美术所呈现的方式不尽相同。因此，在导游词的创作中，侧重点也不尽相同。例如在介绍云锦时，要突出其用料考究、织造精细、图案精美、锦纹绚丽多姿、格调高雅等特点；在介绍洛阳唐三彩时，要重点介绍历史地位、工艺技巧、艺术水平、价值与代表作品等；在介绍福建脱胎漆器时，则要突出其质地坚固轻巧、造型别致、装饰技法丰富多样、色彩明丽和谐，具有非凡的艺术魅力；在介绍文房四宝时，则要突出其是有极强的实用价值的文具用品，也是融绘画、书法、雕刻、装饰等于一体的艺术品。

（3）结束语，用一两句话表达依依不舍、欢迎再来之意。

3. 创作训练

1）丝织刺绣导游词创作

请从下面 5 个备选的材料中选择 1 题作答，共 100 分。

答题要求：

（1）请根据以下提供的景观信息选择一个（含团型），撰写一篇在语言、形式上符合要求的导游词；

（2）请将字数控制在 500~700 字；

（3）请依据景观信息材料中提到的信息，突出丝织刺绣导游词创作中的历史背景、制作技巧、主要分类、特色、收藏价值等内容，进行必要的筛选、扩充与想象，不能照搬某一景点现成的导游词；

（4）在选材、角度、结构、表达等方面要有一定的创新性。

Ⅰ. 云锦（写生团）

＊资料

南京云锦是中国传统的丝制工艺品，有“寸锦寸金”之称，至今已有一千六百年历史。如今只有云锦工艺还保持着传统的特色和独特的技艺，一直保留着传统的提花木机织造，这种靠人记忆编织的传统手工织造技艺仍无法用现代机器来替代。

云锦因其色泽绚丽灿烂，美如天上云霞而得名，其用料考究、织造精细、图案精美、锦纹绚丽多姿、格调高雅。云锦的织造工艺在继承历代织锦的优秀传统基础上发展而来，又融汇了其他各种丝织工艺的宝贵经验，达到了丝织工艺的巅峰状态，代表了中国丝织工艺的最高成就，浓缩了中国丝织技艺的精华，是中国丝绸文化的璀璨结晶。

在古代丝织物中，“锦”是代表最高技术水平的织物，而南京云锦则集历代织锦工艺艺术之大成，名列中国四大名锦之首，元、明、清三朝均为皇家御用贡品，因其丰富的文化和内涵，被专家称作是中国古代织锦工艺史上最后一座里程碑，被公认为“东方瑰宝”“中华一绝”，也是中华民族和全世界最珍贵的历史文化遗产。

＊来源：https://baike.baidu.com/item/%E4%BA%91%E9%94%A6/304778

＊创作：

开头语：
主　题：
结束语：

Ⅱ. 苏绣（老年团）

＊资料

苏州刺绣至今已有2000余年的历史，早在三国时期（220—280年）就有了关于苏绣制作的记载。有着数千年悠久历史的苏绣，其风骨神韵在隋唐时期就已奠定基础，至宋元时期其基本技法与特色已渐趋形成，明、清以来苏绣艺术开始走向成熟。

苏绣是中国优秀的传统民族工艺之一，是苏州地区刺绣产品的总称，其发源地在原苏州吴县（1995年撤销）一带，现已遍布无锡、常州等地。刺绣与养蚕、缫丝分不开，所以刺绣又称丝绣。清代确立了苏绣、湘绣、粤绣、蜀绣为中国四大名绣。清代是苏绣的全盛时期，可谓是流派繁衍、名手竞秀。苏绣具有图案秀丽、构思巧妙、绣工细致、针法活泼、色彩清雅的独特风格,地方特色浓郁。

2006 年 5 月 20 日,苏绣经国务院批准被列入第一批国家级非物质文化遗产名录。

* 来源:https://baike.baidu.com/item/%E8%8B%8F%E7%BB%A3/242794

* 创作:

开头语:
主　题:
结束语:

Ⅲ. 湘绣(作家采风团)

* 资料

湘绣,湖南省长沙市特产,中国国家地理标志产品。

湘绣是中国四大名绣之一,是以湖南长沙为中心的带有鲜明湘楚文化特色的湖南刺绣产品的总称,它起源于湖南的民间刺绣,吸取苏绣和粤绣的优点而发展起来,距今已经有 2000 多年历史。

19 世纪末,绣工胡莲仙的儿子吴汉臣在长沙开设第一家自绣自销的“吴彩霞绣坊”,在湖南民间刺绣基础上吸收苏绣、粤绣之优点,逐渐形成以参针为特色的湘绣针法。“参针”也称“乱插针”,与齐针相对应,可表现具体事物的立体形态和晕染效果。参针中又有接参针、拗参针、直参针、横参针、毛针等,另有排针、游针、花针、钩针、孔针、刻针、打子等针法。其丝线,经过荚仁液蒸发处理极光洁平整,劈丝细若毫发,有“羊毛细绣”之称。湘绣的风格是形象生动逼真、色彩丰富鲜艳、十分强调用色的阴阳浓淡,针法多变、劈线细致,绣工讲究“绣花能生香、绣鸟能听声、绣虎能奔跑,绣人能传神”。绣品还有荷包、怀镜袋、笔插、椅垫、桌围、枕套、帐套、帐檐、手帕、衣边、裙饰、腰带等。

湘绣以着色富于层次、绣品若画为特点,民间有“苏猫、湘虎”之说。湘绣狮虎毛纹刚健直竖,眼球有神,几可乱真,已发展到异色、异形、异面的双面全异绣。湘绣先后参加过日本、巴拿马、美国等地举办的国际博览会,多次获得优胜奖,在国际市场上享有盛誉。

* 来源:https://baike.baidu.com/item/%E6%B9%98%E7%BB%A3/300254

* 创作:

开头语:
主　题:

结束语:

Ⅳ. 粤绣(华侨团)

*资料

粤绣技艺至今已有一千多年的历史。唐代苏颚《杜阳杂编》中就已有南海(今广州)少女卢眉娘“工巧无比,能于尺绢绣《法华经》七卷”的记载。唐玄宗时,岭南节度使张九皋进献精品刺绣给杨贵妃而获加官三品。明代,广东海外贸易兴盛,明正德九年,一葡萄牙商人在广州购得龙袍绣片回国,并将绣袍献给国王,得到重赏,粤绣从此扬名海外。

清代,英国女王伊丽莎白一世在英国创建了英国刺绣同业会,英王查理也倡导英伦三岛传播粤绣工艺,一时间粤绣被誉为“中国给西方的礼物”,英、法、德、美各国博物馆均藏有粤绣。粤绣在18世纪风靡了英国皇家及上流社会。光绪年间(1875—1908年),广东工艺局在广州开办缤华艺术学校,专设刺绣科,致力于提高刺绣技艺,培养人才,岭南画派始祖高剑父任校长。1910年,广州缤华艺术学校的余德、潮州的林新泉等24位绣花技师的粤绣作品,如《孔雀牡丹》《苏武牧羊》《丹凤朝阳》等在南京的“南洋劝业会”上获奖,被传为佳话。

粤绣技艺注重结合材料形质,有真丝绒绣、金银线绣、线绣和珠绣四大类。真丝绒绣以蚕丝为绣材,表现力强,是历史最为悠久、技艺传承最为完整的粤绣品种;金银线绣的针法独具特色,有平绣、编绣、绕绣、凸绣、垫绣、贴花绣、织绣、织锦等7大类60多种;珠绣属于粤绣的新品种,最近几十年才由粤绣艺人开发应用。

*来源:https://baike.baidu.com/item/%E7%B2%A4%E7%BB%A3

*创作:

开头语:
主　题:
结束语:

Ⅴ.蜀绣(老年团)

*资料

蜀绣,四川省成都市特产,中国国家地理标志产品。

蜀绣又名“川绣”,与苏绣、湘绣、粤绣齐名,为中国四大名绣之一,是在丝绸或其他织物上采用蚕丝线绣出花纹图案的中国传统工艺。作为中国刺绣传承时间最长的绣种之一,蜀绣以其明丽清秀的色彩和精湛细腻的针法形成了自身的独特韵味,丰富程度居四大名绣之首。

蜀绣历史悠久,最早可上溯到三星堆文明时期,东晋以来与蜀锦并称“蜀中瑰宝”。蜀绣以软缎、彩丝为主要原料,针法包括12大类122种,具有针法严谨、针脚平齐、变化丰富、形象生动、富有立体感等特点。

2012年12月3日,原国家质量监督检验检疫总局批准对“蜀绣”实施地理标志产品保护。

*来源:https://baike.so.com/doc/5346337-5581784.html

*创作:

开头语:
主　题:
结束语:

2)陶瓷类工艺导游词创作

请从下面4个备选的材料中选择1题作答,共100分。

答题要求:

(1)请根据以下提供的景观信息选择一个(含团型),撰写一篇在语言、形式上符合要求的导游词;

(2)请将字数控制在500~700字;

(3)请依据景观信息材料中提到的信息,突出陶瓷类景观创作中的历史发展、特性分类、纹饰工艺以及文化、经济价值等方面的内容,进行必要的筛选、扩充与想象,不能照搬某一景点现成的导游词;

(4)在选材、角度、结构、表达等方面要有一定的创新性。

Ⅰ.宜兴紫砂壶(教师团)

*资料

宜兴紫砂壶,始于明代正德年间。宜兴紫砂壶是艺术品,形制优美,颜色古雅;又是实用品，在明清两代，伴随着瓷器应用的兴盛，宜兴紫砂器工艺也突飞猛进地发展起来。

现今，紫砂壶在拍卖市场行情看涨，是具有收藏价值的"古董"，名家大师的作品往往一壶难求，正所谓"人间珠宝何足取，宜兴紫砂最要得"。紫砂壶是中国特有的手工制造陶土工艺品，其制作原料为紫砂泥，原产地在江苏宜兴丁蜀镇，故又名宜兴紫砂壶。

明代正德年间以来，紫砂开始制成壶，名家辈出，500年间不断有精品传世。据说紫砂壶的创始人是中国明朝的供春。因为有了艺术性和实用性的完美结合，紫砂壶才这样珍贵，令人回味无穷。更加上紫砂壶泡茶的好处和茶禅一味的文化，又增添了紫砂壶高贵不俗的雅韵。

*来源：https://baike.so.com/doc/5430628-5668912.html

*创作：

开头语：
主　题：
结束语：

Ⅱ.洛阳唐三彩（商务团）

*资料

唐三彩是中国陶瓷烧制工艺的珍品，是唐代生产的一种低温釉陶器，釉彩有黄、绿、白、褐、蓝、黑等色，而以黄、绿、白三色为主，所以人们习惯称之为"唐三彩"。因唐三彩最早、最多出土于洛阳，亦有"洛阳唐三彩"之称。其精湛的烧制技艺，不朽的艺术价值，反映了古代中国劳动人民的智慧和艺术造诣。

唐三彩在中国文化中占有重要的历史地位，也在中国的陶瓷史上留下了浓墨重彩的一笔。唐三彩诞生于唐代是有其文化渊源的。第一，成熟的陶瓷技术是唐三彩诞生的物质基础；第二，唐代盛极一时的厚葬之风是促成其诞生的直接导向；第三，唐代各个领域的发展是孕育其最好的艺术养料。唐三彩的诞生也是三彩釉装饰工艺的诞生，是釉彩装饰和胎体装饰结合的过程。辉煌璀璨的唐三彩，其绚丽斑斓的艺术效果在雕塑精美、造型生动的俑上得到了淋漓尽致的展现。

*来源：https://baike.so.com/doc/6001368-6214344.html

*创作：

开头语：
主　题：

结束语：

Ⅲ. 景德镇瓷器（政务团）

＊资料

景德镇瓷器，江西省景德镇市特产，中国国家地理标志产品。

瓷器是中国劳动人民的重要发明之一，是其智慧和力量的结晶。景德镇陶瓷始于汉代，五代时的景德镇以南方最早烧造白瓷之地和其白瓷的较高成就奠定了自己的地位，从而打破了青瓷在南方的垄断局面，并形成了“南青北白”的格局，对于宋代青白瓷的制作和元、明、清时期瓷业的发展有着极为重要的作用。景德镇陶瓷大量系艺术陶瓷、生活用瓷和陈设用瓷，以白瓷著称，素有“白如玉，明如镜，薄如纸，声如磬”之称，品种齐全，曾达三千多种，且瓷质优良，造型轻巧，装饰多样。在装饰方面有青花、釉里红、古彩、粉彩、斗彩、新彩、釉下五彩、青花玲珑等，其中尤以青花、粉彩产品为大宗，颜色釉为有名产品，釉色品种很多，有青、蓝、红、黄、黑等类。

2005 年 4 月 15 日，原国家质量监督检验检疫总局批准对“景德镇瓷器”实施原产地域产品保护。

＊来源：https://baike.baidu.com/item/%E6%99%AF%E5%BE%B7%E9%95%87%E9%99%B6%E7%93%B7

＊创作：

开头语：
主　题：
结束语：

Ⅳ. 北京景泰蓝（留学生团）

＊资料

景泰蓝又称“铜胎掐丝珐琅”，距今已有 600 多年的历史，是最具民族特色的北京手工艺术品之一，它采用金、银、铜及多种天然矿物质为原材料，集美术、工艺、雕刻、镶嵌、玻璃熔炼、冶金等专业技术于一体。其古朴典雅，精美华贵，具有鲜明的民族风格和深刻的文化内涵，被称为国宝“京”粹，2006 年入选首批国家级非物质文化遗产名录。其适用于鉴赏收藏、商务礼品、日常用品、室内外建筑工程装饰等。

明清时期的景泰蓝制品，大都是供皇宫御用，直到清朝后期才作为商品出现在市场上。据有关史料记载，景泰蓝从道光年间开始出口。1904 年，在美国芝加哥世界博览会上，景泰蓝“宝鼎炉”获得一等奖，后又在 1915 年巴拿马万国博览会上再获一等奖。由此景泰蓝在国际上声名大振。

多年来，北京市珐琅厂以其产品的研发优势、上乘的质量和浓厚的文化艺术品味享誉国内外市场，并形成知名的“京珐”等品牌，并先后培养了国家级和市级工艺美术大师、高级工艺美术师、工艺师、工程师、高级技师等众多的专业技术人才，形成了一支具有优秀的设计、过硬的制作和专业的管理的队伍，汇聚了全国景泰蓝行业三分之二的国家级大师和高级技师。雄厚的专业技术实力，使“京珐”牌景泰蓝在继承明、清两代优秀传统技法基础上有了飞跃的发展，极大丰富了产品的造型、纹样、色彩，使产品的工艺质量、艺术水平超过了任何一个历史时期，引领着全国景泰蓝艺术的发展方向和潮流，代表了当代中国景泰蓝发展的最高水平，深受国内外景泰蓝爱好者、收藏者的喜爱和业内人士的好评。

*来源：https://baike.so.com/doc/6969344-7192030.html

*创作：

开头语：
主　题：
结束语：

3）漆器雕刻类工艺导游词创作

请从下面 3 个备选的材料中选择 1 题作答，共 100 分。

答题要求：

（1）请根据以下提供的景观信息选择一个（含团型），撰写一篇在语言、形式上符合要求的导游词；

（2）请将字数控制在 500~700 字；

（3）请依据景观信息材料中提到的信息，突出漆器雕刻景观创作中的历史用途、主要制作技巧、艺术分类、特色以及使用保养等方面的内容，进行必要的筛选、扩充与想象，不能照搬某一景点现成的导游词；

(4)在选材、角度、结构、表达等方面要有一定的创新性。

Ⅰ.福建脱胎漆器(老年团)

*资料

福建脱胎漆器是具有独特民族风格和浓郁地方特色的传统艺术珍品,与北京的景泰蓝、江西的景德镇瓷器并称为中国传统工艺的“三宝”,享誉国内外。它质地坚固轻巧、造型别致,装饰技法丰富多样,色彩明丽和谐,可谓集众美于一体,具有非凡的艺术魅力。

其制作方法分为脱胎和木胎两种。脱胎是以泥土、石膏、木模等为胚胎,用夏布或绸布和生漆逐层裱褙在胚胎上,待阴干后,敲碎或脱下原胎,留下漆布器形,上灰地、打磨、髹漆研磨,施以各种装饰纹样。木胎主要是用楠木、樟木、榉木等坚硬木材为坯,直接涂髹,工序与脱胎布胚相同。

每件工艺品的完成前后须经数十道甚至上百道工序。其装饰技法有黑推光、色推光、锦纹、薄色料、晕金漆画、仿古铜、嵌螺、嵌银上彩等10多种。后来又发展了宝石闪光、堆漆浮雕、仿彩窑变、仿青铜、仿唐三彩和锦纹技法、暗花等工艺,并与玉雕、石雕、牙雕、木雕、角雕等结合起来,使表面装饰更加丰富多彩。磨漆画则是新发展的艺术种类,平滑光亮,立体感强,瑰丽神奇,韵味无穷。

*来源:https://baike.so.com/doc/1095739-1159382.html

*创作:

开头语:
主　题:
结束语:

Ⅱ.昌化鸡血石(雕刻)(度假团)

*资料

昌化鸡血石是中国特有的珍贵宝石,具有鸡血般的鲜红色彩和美玉般的质地,历来与珠宝翡翠一样受人珍视,以“国宝”之誉驰名中外。清乾隆年所修《浙江通志》曾记载:“昌化县产图章石,红点若朱砂,亦有青紫如玳瑁,良可爱玩,近则罕得矣。”

昌化鸡血石产于浙江省杭州市临安区昌化西北的“浙西大峡谷”源头的玉岩山。

昌化的鸡血石是中国特有的名贵石种之一,具有艳丽、鲜红如鸡血般的色彩和亮晶如美玉般的光泽,是中国四大名石之一。

昌化鸡血石的发现和开采有1000多年历史,广泛利用和兴盛于明、清时期。明代昌化鸡血石工艺品已成为皇宫的珍藏品。清代康熙、雍正、乾隆、嘉庆、咸丰、同治、宣统等历代皇帝与后妃均选昌化鸡血石作为玉玺。

*来源:https://baike.so.com/doc/6209985-6423255.html

*创作:

开头语:
主　题:
结束语:

Ⅲ.东阳木雕(华侨团)

*资料

东阳木雕是中国民间雕刻艺术之一,因产于浙江东阳而得名,“东阳木雕”与“青田石雕”“黄杨木雕”并称“浙江三雕”,被誉为中国木雕之乡的浙江东阳,有千余年的木雕历史,北京故宫及苏、杭、皖等地,都有精美的东阳木雕留世。

东阳木雕是以平面浮雕为主的雕刻艺术。其多层次浮雕、散点透视构图、保留平面的装饰,形成了自己鲜明的特色。其又因色泽清淡,保留原木天然纹理色泽,格调高雅,又称“白木雕”(保留木材的天然色泽,不同于彩绘),自唐至今已有千余年的历史,是中华民族最优秀的民间工艺之一,被誉为“国之瑰宝”。2006年5月20日,东阳木雕经国务院批准被列入第一批国家级非物质文化遗产名录。

传统的东阳木雕属于装饰性雕刻,以平面浮雕为主,有薄浮雕、浅浮雕、深浮雕、高浮雕、多层叠雕、透空双面雕、锯空雕、满地雕、彩木镶嵌雕、圆木浮雕等类型,层次丰富而又不失平面装饰的基本特点。

*来源:https://baike.so.com/doc/5404551-5642270.html

*创作:

开头语:
主　题:

结束语：

4）书画美术导游词创作

请从下面3个备选的材料中选择1题作答，共100分。

答题要求：

（1）请根据以下提供的景观信息选择一个（含团型），撰写一篇在语言、形式上符合要求的导游词；

（2）请将字数控制在500~800字；

（3）请依据景观信息材料中提到的信息，突出书画美术景观创作中的创作背景、作品分类、艺术价值以及国家关于书画美术等工艺美术的保护政策内容，进行必要的筛选、扩充与想象，不能照搬某一景点现成的导游词；

（4）在选材、角度、结构、表达等方面要有一定的创新性。

Ⅰ. 文房四宝（养生团）

＊资料

中国的用具，不少独具一格，既表现了中华民族的风俗，又为世界文化的进步和发展做出了贡献。其中最典型的是被称为“文房四宝”的书写工具：纸、笔、墨、砚。

纸是中国的一个伟大发明，世界上纸的品种虽然以千万计，但“宣纸”仍然是供毛笔书画用的独特的手工纸。宣纸在国际上享有“纸寿千年”的声誉。

毛笔是古代中国与西方民族用羽毛书写风采迥异的独具特色的书写、绘画工具。据传毛笔为蒙恬所创，所以至今被誉为毛笔之乡的河北省衡水市侯店每逢农历三月初三，如同过年，家家包饺子，饮酒庆贺，纪念蒙恬创毛笔。自元代以来，浙江省湖州市生产的具有“尖、圆、健”特点的“湖笔”成为全国最著名的毛笔品种。

墨是书写、绘画的色料。唐代制墨名匠奚超、奚廷父子制的好墨，受南唐后主李煜的赏识，全家赐国姓“李氏”，从此“李墨”名满天下。宋时李墨的产地歙县改名徽州，“李墨”改名为“徽墨”。

砚，俗称砚台，是中国书写、绘画研磨色料的工具。汉代时砚已流行，宋代则已普遍使用，明、清两代品种繁多，出现了被人们称为“四大名砚”的洮砚、端砚、歙砚和澄泥砚。古代中国文人对砚十分重视，不仅终日相随，而且死后还用之殉葬。

今天，中国正处在向现代化迈进的新时期。了解优秀的传统文化，正是为了创造未来的新文化。这对于提高民族自尊心，增强民族凝聚力，有着极为重要的意义。

＊来源：https://baike.so.com/doc/1107668-1172014.html

＊创作：

开头语：
主　题：

结束语:

Ⅱ.年画艺术(作家采风团)

*资料

年画是中国画的一种,始于古代的“门神画”,是中国民间艺术之一,亦是常见的民间工艺品之一。清光绪年间,正式称为年画,是中国特有的一种绘画题材,也是中国农村老百姓喜闻乐见的艺术形式。大都用于新年时张贴,装饰环境,含有祝福新年吉祥喜庆之意,故名年画。传统民间年画多用木版水印制作。

年画的艺术风格与文化内涵的完美结合,表达了民众的审美取向和文化祈求,是年画艺术根深叶茂、长久不衰的重要原因。

年画作为一个独立的画种存在并得以不断发展,是因为它的受众之多、社会需求量之大、内容之丰富、形式之多样是其他任何画种所无法比拟的。年画的表现形式和造型手法都具有鲜明的民族特色及审美价值。其艺术特色的形成是建立在社会的伦理道德、文化教养、民俗生活基础之上的,真实地反映了各个历史时期的社会形态、政治事件、生活情趣。

*来源:https://baike.so.com/doc/1045720-1106070.html

*创作:

开头语:
主　题:
结束语:

Ⅲ.唐卡(摄影团)

*资料:

唐卡也叫唐嘎、唐喀,系藏文音译,指用彩缎装裱后悬挂供奉的宗教卷轴画。唐卡是藏族文化中一种独具特色的绘画艺术形式,题材内容涉及藏族的历史、政治、文化和社会生活等诸多领域。

唐卡是藏族文化中一种独具特色的绘画艺术形式,具有鲜明的民族特点、浓郁的宗教色彩和独特的艺术风格,所用色彩明亮;颜料传统上全部采用金、银、珍珠、玛瑙、珊瑚、松石、孔雀石、朱砂等珍贵的矿物宝石和藏红花、大黄、蓝靛等植物，以示其神圣。这些天然原料保证了所绘制的唐卡色泽鲜艳、璀璨夺目，虽经几百年的岁月，仍是色泽艳丽明亮。因此，唐卡被誉为中国民族绘画艺术的珍品，被称为藏族的“百科全书”，它也是中华民族民间艺术中弥足珍贵的非物质文化遗产。

传统唐卡的绘制要求严苛，程序极为复杂和严格，包括绘前仪式、制作画布、构图起稿、着色染色、勾线定型、铺金描银、开眼、缝裱开光等一整套工艺程序。制作一幅唐卡用时较长，短则半年，长则需要十余年。

＊来源：https://baike.so.com/doc/4575052-4786231.html

＊创作：

开头语：
主　题：
结束语：

4. 创作成果展示

1）云锦（写生团）

各位朋友，大家好！中国的传统工艺美术作品数不胜数，今天我们参观的是云锦。

云锦色泽绚丽灿烂，美如天上云霞，是中国传统的丝制工艺品，南京是云锦的生产地，所以有南京云锦之说。东晋义熙十三年（417年），东晋在建康设立专门管理织锦的官署——锦署，被看作是南京云锦正式诞生的标志，至今已有1600年历史。元代开始，云锦一直为皇家服饰专用品。

“江南好，机杼夺天工，孔雀妆花云锦烂，冰蚕吐凤雾绡空，新样小团龙。”清朝诗人吴梅村曾这样作诗赞美云锦。云锦的“锦”字，是“金”字和“帛”字的组合，《释名·彩帛》中说锦是豪华贵重的丝帛，在古代只有达官贵人才能穿得起，有“寸锦寸金”之称。云锦一词，来源于清代道光年间南京的“云锦织所”。

云锦用料考究、织造精细、图案精美、锦纹绚丽、格调高雅，代表了中国丝织工艺的最高成就，浓缩了中国丝织技艺的精华，是中国丝绸文化的璀璨结晶。而南京云锦则集历代织锦工艺艺术之大成，名列中国四大名锦之首（提问：大家知道其他三大名锦吗？它们分别是成都蜀锦、苏州宋锦、广西壮锦），元、明、清三朝均为皇家御用贡品，因其丰富的文化和内涵，被专家称作是中国古代织锦工艺史上最后一座里程碑，公认为“东方瑰宝”“中华一绝”，也是中华民族和全世界珍贵的历史文化遗产。

如今只有云锦还保留着传统的提花木机织造工艺，这种靠人记忆编织的传统手工织造技艺作为中国古老的织锦技艺最高水平的代表，于2006年被列入首批国家级非物质文化遗产名录。2009年8月《地理标志产品云锦》国家标准在南京通过国家级专家评审，同年9月成功入选联合国《人类非物质文化遗产代表作名录》。

我的介绍就到这里。谢谢大家！

（撰稿：廖广莉）

2）洛阳唐三彩（商务团）

各位朋友，大家好，欢迎来到洛阳参观了解唐三彩！

唐三彩，顾名思义，是唐代低温彩釉陶器的总称。就是在同一器物上，黄、绿、白或黄、绿、蓝、褐、黑等基本釉色同时交错使用，形成绚丽多彩的艺术效果。其中，“三彩”是多彩的意思，并不专指三种颜色。因唐三彩最早、最多出土于洛阳，故有“洛阳唐三彩”之称。

下面我主要为大家介绍唐三彩的功能、分类和特色。唐三彩的功能主要是用作陪葬用器，有俑像类和生活器皿类。其中，俑像类主要有人物俑和动物俑。人物俑题材广泛，主要有妇女俑、文吏俑、武士俑与天王俑、镇墓兽等。这些俑神形兼备，以其题材刻画出其不同的性格和特征。贵妇则面部胖圆，肌肉丰满，梳各式发髻，着彩缬服装。文官则彬彬有礼，武士则勇猛英俊，胡俑则高鼻深目，天王则怒目凶狠。制作这些人物俑时，为了增强人物形象的质感，采取了“开相”工艺，就是对人物的头部多不施釉，仅涂以白粉；在唇和面颊上，添加朱红；对眼眸、眉睫、胡须、巾帽或花钿等，用墨或彩色来描画，以增强写实效果。唐三彩的特色不仅表现在雕塑艺术上，更突出的是色彩绚丽灿烂，在釉彩上使用了我国独有的流串工艺，煅烧过程中，制陶艺人利用铅釉流动性强、烧制时往下流淌的特点，把施釉技巧和装饰手法互相结合，造成色泽典雅富丽的艺术效果。

唐三彩吸取了中国国画、雕塑等工艺美术的特点，是一种具有中国独特风格的传统工艺品，其不朽的艺术价值是凝聚了古代中国劳动人民智慧和艺术的结晶。

我的讲解就到这里，接下来请大家慢慢欣赏，谢谢大家！

（撰稿：廖广莉）

3）福建脱胎漆器（老年团）

老年朋友们，大家好！有一件工艺品，它与北京的景泰蓝、江西的景德镇瓷器并称为中国传统工艺的“三宝”，享誉国内外。它质地坚固轻巧、造型别致，装饰技法丰富多样，色彩明丽和谐，可谓集众美于一体，具有非凡的艺术魅力。它被誉为“真正的中国民间艺术”，被称为“珍贵黑宝石”“东方珍品”。那么，这究竟是一项什么样的工艺美术品呢？我们一起去看看。

它就是福建脱胎漆器，这种漆器产于福建省福州市，采用的是脱胎即漆器制成后去掉器胎的方法。脱胎是以泥土、石膏、木模等为胚胎，用夏布或绸布和生漆逐层裱褙在胚胎上，等阴干后，敲碎或脱下原胎，留下漆布器形，上灰地、打磨、髹漆研磨，施以各种装饰纹样。每件工艺品前后须经数十道甚至上百道工序。主要装饰技法有黑推光、色推光、锦纹、薄色料、晕金漆画、仿古铜、嵌螺、嵌银上彩等10多种。

脱胎漆器产品大致分为实用和欣赏两大类，大家看这些大花瓶、大屏风、各种磨漆画以及茶具、咖啡具、文具、餐具，这儿有300多个规格的3000多个品种。除轻巧、美观、耐用外，还有耐热、耐酸、耐碱、绝缘的优点。

那么，福建脱胎漆器的历史源头到底怎样呢？它源于明代的雕漆。清乾隆年间（1736—1795年），由制漆艺人沈绍安（1767—1835年）始创，是脱胎技艺与髹漆艺术相结合的产物。清宣统二年（1910年）以来，曾参加美国圣路易斯博览会、意大利觉兰多博览会、德国柏林卫生展览会、英国伦敦博览会和在美国芝加哥、日本东京以及菲律宾、比利时、巴拿马等地举行的国际博览会，多次荣获特等金牌奖、头等金牌奖和最优奖等多种荣誉。

相信大家对福建脱胎漆器有了大致的了解，如果想了解更多，就请大家再细细参观和品鉴。谢谢大家！

（撰稿：廖广莉）

4）文房四宝（养生团）

各位朋友，大家好！当我一说文房四宝，各位脑海中马上会浮现笔、墨、纸、砚这四样东西。在古代，文人们天天相伴的大概也是这几样宝贝，所以才有"文房四宝"之称。文房即书房，四宝就是这四种文具的品类。"文房四宝"之名，起源于南北朝时期。

首先我们来了解笔的历史。根据甲骨文字判断，商时期就已经有原始的笔了。秦始皇统一全国以后，"笔"就成了定名，一直沿用至今。传说，我们现在使用的毛笔是由战国时期的秦国大将蒙恬发明的。

接下来，我们了解墨的历史。墨是古代书写中必不可缺的用品。汉代终于出现了人工墨品。这种墨原料取自松烟，最初是用手捏合而成，后来用模制。

再者就是纸的发明。大家都知道蔡伦造纸的故事。造纸术也是中国古代四大发明之一，东汉元兴元年（105年）蔡伦改进了造纸术。他用树皮、麻头及敝布、渔网等原料，经过挫、捣、炒、烘等工艺制造的纸，是现代纸的渊源。为纪念蔡伦的功绩，后人把这种纸称作"蔡侯纸"。

最后是砚。砚也称砚台，古人誉为"文房四宝之首"。因为墨须加水发墨才能调用，而发墨之石就是砚。砚台讲究的是质地细腻，润泽净纯，晶莹平滑，纹理色秀，容易发墨而不吸水。

随着现代技术的普遍使用，我们几乎很少再用到文房四宝了。但作为中国传统文化符号之一的文房四宝，凝聚着传统文化的精髓，闪耀着独特的艺术光芒。它多侧面地反映了古代中国文人的思想抱负与审美情趣。这些古代文具既是几千年来中国文人的情结所在，同时又作为一种艺术而精彩纷呈，因此成为中国传统文化的一种象征。

为传承中华文化，大家仍然可以使用文房四宝挥毫泼墨来陶冶性情。我的介绍就到这里，谢谢大家！

（撰稿：廖广莉）

五、传统民间技艺导游词创作

1. 模拟情境

在学校的全国技能大赛导游服务赛项选拔赛中，你班选手分别抽取到了传统民间技艺中的口技（教师团）、变脸（摄影团）、剪纸（亲子团）、皮影（老年团），30 分钟内需创作好该景点导游词。

2. 创作思路

1）传统民间技艺导游词创作要点分析

Ⅰ. 概念界定

中国传统民间技艺是中华民俗文化的重要组成部分，是民间传承下来的技艺，每一门技艺都烙着民族的印记。传统民间技艺包括剪纸、陶艺、年画、皮影，还有变脸、刺绣、泥塑、木刻、木雕、舞龙、戏曲等。如剪纸是中国最普及的民间传统装饰艺术之一，有着悠久的历史。因其材料易得、成本低廉、效果立见、适应面广、样式千姿百态、形象生动而广受欢迎。中国传统民间技艺是炎黄子孙沟通情感的纽带，是彼此认同的标志，是规范行为的准绳，是维系群体团结的黏合剂，是世世代代锤炼和传承的文化传统，在民俗中凝聚着民族的性格、民族的精神、民族的文化创造、民族的真善美。

Ⅱ. 提炼文化特色

我国的传统民间技艺种类繁多，各类技艺的表现形式和手法各不相同，导游词创作侧重点也不尽相同。因此，要注重挖掘传统民间技艺所体现的深层的民俗文化内涵，重点介绍传统民间技艺的历史渊源、传承发展、流派特征、表现形式（手法）、艺术特色、传承艺人与流行区域等元素。近年来，我国在传统民间技艺的传承方面也存在失传的危险，所以很有必要对传统民间技艺的保护与发展状况进行介绍。

Ⅲ. 分析团型特点

进行导游词创作时要考虑不同团型成员的不同需求，如果欣赏川剧变脸的是中学生研学团，导游词创作要结合中学生的特点，讲解的内容要侧重变脸类别、人物特点与经典剧目等；如果是老年团，导游词创作要突出历史起源、主要类别、技艺特点与表现手法等。

2）传统民间技艺导游词创作思路

传统民间技艺景观呈现的是民俗文化的内容，如果参赛，按主题进行创作比较好。导游词由开头语、主题讲解、结束语三部分组成。

（1）开头语，包括简短自我介绍、欢迎词、点明讲解的类别。

（2）主题讲解。突出主题的传统民间技艺导游词的创作，主要以弘扬和传承民间技艺为线索，不同的传统民间技艺所呈现的方式不尽相同。因此，在导游词的创作中，侧重点也不尽相同。例如在介绍变脸技艺时，要突出变脸艺术主要流行的区域、历史起源、技艺特点、变脸类别、表现手法、人物特点与经典剧目等；在介绍口技技艺时，要重点介绍口技的溯源、发展、代表人物与代表作品等；在介绍皮影戏时，则要突出皮影戏的表演形式、艺术流派与艺术特色等。

（3）结束语，用一两句话表达感谢、欢迎再来之意。

3. 创作训练

请从下面 4 个备选的材料中选择 1 题作答，共 100 分。

答题要求：

（1）请根据以下提供的景观信息选择一个（含团型），撰写一篇在语言、形式上符合要求的导游词；

（2）请将字数控制在 500~700 字；

（3）请依据景观信息材料中提到的信息，撰写传统民间技艺导游词，要注重挖掘其所体现的深层的民俗文化内涵，重点介绍传统民间技艺的历史渊源、传承发展、流派特征、表现形式（手法）、艺术特色、传承艺人与流行区域等元素，进行必要的筛选、扩充与想象，不能照搬某一景点现成的导游词；

（4）在选材、角度、结构、表达等方面要有一定的创新性。

Ⅰ. 口技（教师团）

＊资料

口技是优秀的民间表演技艺，是杂技的一种，起源上古时期，人们用于狩猎，通过模仿动物的声音来骗取猎物从而获得食物。据历史文字资料记载，战国时期《孟尝君夜闯函谷关》的故事中，“鸡鸣狗盗”最早将口技运用到军事中。到了宋代，口技已成为相当成熟的表演艺术，俗称“隔壁戏”。从宋代到民国时期，口技在杭州广为流行，表演者用口、齿、唇、舌、喉、鼻等发声器官模仿大自然各种声音，如飞禽猛兽、风雨雷电等，能使听的人感到身临其境。这种技艺，清代属“百戏”之一种。2011 年 5 月 23 日，口技经国务院批准列入第三批国家级非物质文化遗产名录。

口技作为表演艺术不晚于宋代。宋人《杂记》中说在京城的游艺场里，有“学乡谈”和“百鸟鸣”，可能都是口技。宋、元代戏剧中的“犬吠”“鸡叫”之类的舞台效果，大多是表演口技的人在后台完成的。口技传承的代表人物之一——方浩然，为牛玉亮之徒，多年来对口技抱着学习与实践的态度，在探索、研究中坚持继承传统，严谨创作出新，结合现代科技，系统地总结口技教学理论，编写口技教程，首次将中学语文课本中的《口技》一文复原表演。并在国内为国家领导人及来访的 30 多个国家的大使表演，多次赴东南亚、欧洲等地表演口技，受到各界的高度评价与赞誉。

＊来源：https://baike.baidu.com/item/%E5%8F%A3%E6%8A%80/72634）

＊创作：

开头语：
主　题：
结束语：

Ⅰ.变脸(摄影团)

＊资料

变脸是运用在川剧艺术中塑造人物的一种特技，是揭示剧中人物内心思想感情的一种浪漫主义手法。变脸，原指戏曲中的情绪化妆，后来指一种瞬间多次变换脸部妆容的表演特技。这种表演许多剧种都有，以川剧最为著名。

相传“变脸”是古代人类面对凶猛的野兽，为了生存把自己的脸部用不同的方式勾画出不同的形态，以吓唬入侵的野兽。川剧把“变脸”搬上舞台，用绝妙的技巧使它成为一门独特的艺术文化。

变脸最先用于神怪角色，明代已有。明杂剧《灌口二郎斩健蛟》中就有“变化青脸”的记载。当时的变脸是演员进入后台改扮。后世则演变为当场变脸，成为一项表演特技。变脸有大变脸和小变脸之分。大变脸系全脸都变，有3变、5变乃至9变；小变脸则为局部变脸。变脸的主要手法有三种：抹暴眼、吹粉、扯脸。前两种属涂面化妆，主要用于剧中人物惊恐、绝望、愤怒等情绪的突然变化。

＊来源：https://baike.baidu.com/item/%E5%8F%98%E8%84%B8/946

＊创作：

开头语：
主　题：
结束语：

Ⅲ. 剪纸（亲子团）

＊资料

剪纸是一种用剪刀或刻刀在纸上剪刻花纹，用于装点生活或配合其他民俗活动的民间艺术。在中国，剪纸具有广泛的群众基础，交融于各族人民的社会生活中，是各种民俗活动的重要组成部分。其丰富的视觉形象和造型样式，蕴涵了丰富的文化历史信息，表达了广大民众的社会认知、道德观念、实践经验、生活理想和审美情趣，具有认知、教化、表意、抒情、娱乐、交往等多重社会价值。

2006 年 5 月 20 日，剪纸艺术经国务院批准被列入第一批国家级非物质文化遗产名录。2009 年 9 月 28 日至 10 月 2 日举行的联合国教科文组织保护非物质文化遗产政府间委员会第四次会议上，中国申报的中国剪纸项目入选《人类非物质文化遗产代表作名录》。

剪纸艺术自诞生以来，就没有中断过。它充实于各种民俗活动中，是中国民间历史文化内涵较为丰富的艺术形态之一。民间剪纸善于把多种形象组合在一起，并产生出理想中的美好结果。无论用一个或多个形象组合，皆是由“以象寓意”“以意构象”来造型，而不是根据客观的自然形态来造型；同时，又善于用比兴的手法创造出多种吉祥物，把约定俗成的形象组合起来表达自己的心理。

＊来源：https://baike.baidu.com/item/%E4%B8%AD%E5%9B%BD%E5%89%AA%E7%BA%B8/397259?fromtitle=%E5%89%AA%E7%BA%B8&fromid=28949&fr=aladdin#7

＊创作：

开头语：
主　题：
结束语：

Ⅳ. 皮影戏（老年团）

＊资料

皮影戏，旧称“影子戏”或“灯影戏”，是一种用蜡烛或燃烧的酒精等光源照射兽皮或纸板做成的人物剪影以表演故事的民间戏剧。表演时，艺人们在白色幕布后面，一边操纵戏曲人物，一边用当地流行的曲调唱述故事（有时用方言），同时配以打击乐器和弦乐，有浓厚的乡土气息。在河南、山西、陕西、甘肃天水等地农村，这种拙朴的汉族民间艺术形式很受人们的欢迎。

“皮影”是对皮影戏和皮影戏人物（包括场面景物道具）制品的通用称谓。皮影戏中的平面人偶以及场面景物，通常是民间艺人用手工、刀雕、彩绘制成的皮制品，故称之为皮影。在过去还没有电影、电视的年代，皮影戏曾是十分受欢迎的民间娱乐活动之一。

皮影戏是中国民间古老的传统艺术，老北京人都叫它“驴皮影”。据史书记载，皮影戏始于西汉，兴于唐朝，盛于清代，元代时期传至西亚和欧洲，可谓历史悠久、源远流长。2011年，中国皮影戏入选《人类非物质文化遗产代表作名录》。

由于皮影戏在中国流传地域广阔，在不同区域的长期演化过程中，形成了不同流派。各地皮影的音乐唱腔风格与韵律都吸收了各自地方戏曲、曲艺、民歌小调、音乐体系的精华，从而形成了溢彩纷呈的众多流派。

河北、北京、东北、山东一带的各路皮影唱腔，虽同源于冀东滦州的乐亭影调，但各自的唱腔分别在京剧、落子、大鼓、梆子和民间歌调的滋润之下，又形成了不同的流派。流畅的平调、华丽的花调、凄哀的悲调不一而足，而其中唐、滦地区的掐嗓唱法十分独特。

＊来源：https：//baike.baidu.com/item/%E7%9A%AE%E5%BD%B1%E6%88%8F/23224?fr=aladdin

＊创作：

开头语：
主　题：
结束语：

4. 创作成果展示

1）口技（教师团）

老师们，你们好！大家可能还清晰地记得语文课本上的《口技》这篇文章，其中有一句描述：“口技人坐屏障中，一桌、一椅、一扇、一抚尺而已”，但却演绎出了精彩而激烈的画面。那么，口技到底是一种怎样的技艺？它需要什么样的功底？现在我们一起去了解一下。

口技起源很早，可以追溯至上古时代，那时的人们为了狩猎，要模仿鸟兽的叫声来欺骗并引诱它们，或以恐吓的吼叫声驱赶围猎野兽，以利捕之。就相当于我们今天的口哨、学鸟叫之类。据史书记载。在前298年的战国时期就有《孟尝君夜闯函谷关》，战国孟尝君的门客学鸡鸣使孟尝君脱险出函谷关的故事是关于口技的最早历史记录，可以说口技起源于战国，至今已有2300多年的历史，但那时的口技还没有用于演出。口技作为表演技艺不晚于宋代。唐朝时期就有了专门培养口技人才的社会组织，叫“学像声社”。到了清代，口技从单纯模拟某一种声音,发展到能同时用各种声音串组成一个故事,被列为“百戏”之一,即“口戏”。民国时期有百鸟张,善学《百鸟争鸣》;尹士林表演的《推小车》《纺棉花》《鸟鸣》成为一绝,给后人留下了宝贵的文化遗产。近现代的孙泰、周志成、牛玉亮、牛玉明、方浩然等继承发展了这一传统技艺。口技表演者用口、齿、唇、舌、喉、鼻等发声器官模仿大自然各种声音,如飞禽猛兽、风雨雷电等,能使听的人感到身临其境。

作为一项传统技艺,传承和发展是其首要任务,由于学习口技有苛刻的先天条件的制约,一些学习口技的人因小小的失误而半途而废。因此,能够传承下来的人很少,随着有成就的口技艺人相继退休和辞世,优秀的传承人和优秀的传统节目抢救问题亟待解决,否则将会有失传危险。

我的讲解就到这里,谢谢大家!

（撰稿:廖广莉）

2)变脸(摄影团)

各位朋友,大家好！我们经常用镜头来演绎百态人生,今天咱们通过川剧变脸来体味人生百态。

川剧变脸是运用在川剧艺术中塑造人物的一种特技,是揭示剧中人物内心思想感情的一种浪漫主义手法。相传“变脸”是古代人类面对凶猛的野兽,为了生存把自己的脸部用不同的方式勾画出不同的形态,以吓唬入侵的野兽。川剧把“变脸”搬上舞台,用绝妙的技巧使它成为一门独特的艺术。

变脸的手法大体上分为三种:抹脸、吹脸、扯脸。此外,还有一种运气变脸,就是运用气功而使脸由红变白,再由白转青。其中,抹脸是将化妆油彩涂在脸的某一特定部位上,到时用手往脸上一抹,便可变成另外一种脸色;吹脸只适合于粉末状的化妆品,如金粉、墨粉、银粉等;扯脸是比较复杂的一种变脸方法,它是事前将脸谱画在一张一张的绸子上,并剪好,每张脸谱上都系一把丝线,再一张一张地贴在脸上,丝线则系在衣服的某一个顺手而又不引人注目的地方(如腰带上之类),随着剧情的进展,在舞蹈动作的掩护下,一张一张地将它扯下来。

变脸的技艺成形要归属于20世纪。在这期间,变脸在戏班的对台戏中不断摸索、演变、精化,渐渐成为川剧的一大特色。川剧中凡是情感波折、内心激变之处,变脸都有用武之地,它以其怪诞狰狞的面相变化表现出人物内心不可名状的律动,作为一种对人物内心非常独特的表现手法,无疑大大增加了川剧本身的表现力。

我们在惊叹于变脸这一技艺的精湛的同时,还要注意传承与保护。川剧变脸为国家二级机密,若不加以保护,则有可能会像宣纸那样,被日本人注册成专利。

（撰稿:廖广莉）

3)剪纸(亲子团)

各位家长、小朋友们,大家好！大家看看我手上是什么？对,是剪刀和红纸。今天我们将要了解的是中国最古老的民间艺术之一，那就是剪纸。剪纸又叫刻纸，是一种镂空艺术。

剪纸艺术历史很悠久，早在还没出现纸时就已流行，那时的人用薄片材料，通过镂空雕刻的技法制成工艺品，以雕、镂、剔、刻、剪的技法在金箔、皮革、绢帛，甚至在树叶上剪刻纹样。《史记》中的“剪桐封弟”记述了西周初期周成王用梧桐叶剪成“圭”赐其弟，封姬虞到唐为侯。南北朝时期《木兰辞》中有“对镜贴花黄”的诗句。在新疆吐鲁番火焰山附近出土的北朝时期（386年—581年）五幅团花剪纸是目前发现的中国最早的剪纸作品。明、清时期剪纸手工艺术走向成熟，并达到鼎盛时期。现在的剪纸艺术更是得到了高速发展，可以说剪纸艺术自诞生以来，在中国历史上就没有中断过。

说剪纸艺术流传甚广，是因为它充实在各种民俗活动中。另外，它的用途很广，我们来数数看它可以用在什么地方？一是张贴用，即直接张贴于门窗、墙壁、灯彩、彩扎之上作为装饰。二是摆衬用，即用于点缀礼品、嫁妆、祭品、供品，如喜花、供花、礼花、烛台花、斗香花、重阳旗。三是刺绣底样，用于衣饰、鞋帽、枕头，如鞋花、枕头花、帽花、围涎花、衣袖花、背带花。四是印染用，即作为蓝印花布的印版，用于衣料、被面、门帘、包袱、围兜、头巾等。

为什么剪纸有这么多用途呢？纳福迎祥的表现功能是主要原因。民间剪纸的表现语言不是简单的平铺直叙，而是托物寄语，借用那些约定俗成的观念化形象，来寄托人们对美好生活的向往和对吉祥幸福的期盼。

希望这一传统民间技艺能继续发扬光大，也希望各位小朋友们能喜欢上剪纸，最后谢谢大家！

（撰稿：廖广莉）

4）皮影戏（老年团）

各位老年朋友，大家好！相传两千多年前，汉武帝爱妃李夫人染疾病故去了，汉武帝思念心切、神情恍惚，终日不理朝政。大臣李少翁一日出门，路遇孩童手拿布娃娃玩耍，影子倒映在地栩栩如生。李少翁心中一动，用棉帛裁成李夫人影像，涂上色彩，并在手脚处装上木杆，入夜围方帷、张灯烛，恭请皇帝端坐帐中观看。汉武帝看罢龙颜大悦，就此爱不释手。这个载入《汉书》的爱情故事，被认为是皮影戏最早的起源。

皮影戏最早诞生在两千多年前的西汉，又称羊皮戏，俗称人头戏、影子戏、驴皮影，发源于中国陕西，极盛于清代的河北。皮影戏是一种用灯光照射兽皮或纸板做成的人物剪影以表演故事的民间戏剧。表演时，艺人们在白色幕布后面，一边操纵剧中人物，一边用当地流行的曲调唱述故事，同时配以打击乐器和弦乐，有浓厚的乡土气息。在河南、山西、陕西、甘肃天水等地农村，这种拙朴的民间艺术形式很受人们的欢迎。

皮影戏是中国民间的一门古老传统艺术，它不仅属于傀儡艺术，还是一种地道的工艺品。它是用牛皮、驴皮、马皮、骡皮，经过选料、雕刻、上色、缝缀、涂漆等几道工序做成的。皮影制作考究、工艺精湛，表演起来生趣盎然、活灵活现。受到外在环境以及兽皮材料质地上的差异等种种因素影响，皮影戏偶造型风格各地不同。

演皮影戏的操耍技巧和唱功，是皮影戏班水平高低的关键。而操耍和演唱都是经师父口授心传和长期勤学苦练而成的。在演出时,武打场面紧锣密鼓,影人枪来剑往、上下翻腾,热闹非凡;而文场的音乐与唱腔却又是音韵缭绕、优美动听。或激昂或缠绵,有喜有悲,声情并茂,动人心弦。

希望大家好好欣赏这一传统民间技艺。我的讲解就到这里,谢谢大家!

(撰稿:廖广莉)

六、表演艺术导游词创作

1. 模拟情境

在学校的全国技能大赛导游服务赛项选拔赛中,你班选手分别抽取到了表演艺术中的昆曲(中学生研学团)、京剧(老年团)、蒙古族长调民歌(作家采风团)、贵州侗族大歌(摄影团),30 分钟内需创作好该景点导游词。

2. 创作思路

1)表演艺术导游词创作要点分析

Ⅰ. 概念界定

中国是一个多民族的文明古国,历史悠久,文化灿烂。几千年来,各族人民在长期的劳动和斗争中,创造了几百种丰富多彩的表演艺术形式,每种艺术形式又有很多不同的流派和风格,千姿百态,色彩迥异,是一座绚丽夺目的艺术大宝库。中国戏曲、木偶戏、皮影戏、杂技表演、中国民乐、中国曲艺以及少数民族的舞蹈和戏剧等都是中国传统表演艺术中的精品。中国主要的传统表演艺术有昆曲、京剧、川剧、粤剧等,此外各少数民族也都保留着自己的民族传统表演艺术,如维吾尔族木卡姆艺术、蒙古族长调民歌、贵州侗族大歌、藏戏等。所有这些丰富多彩的表演艺术形式,都是我国同外国进行艺术交流取之不竭的源泉。

Ⅱ. 提炼文化特色

戏曲是中国传统的表演艺术形式,是由文学、音乐、舞蹈、美术、武术、杂技以及表演艺术各种因素综合而成的。它历史悠久,早在原始社会歌舞已有萌芽,在漫长发展的过程中,经过八百多年不断地丰富、革新与发展,才逐渐形成比较完整的戏曲表演艺术体系。虽说它的渊源来自民间歌舞、说唱、滑稽戏三种不同艺术形式,但一个剧种所显示的最大特色,首先仍表现在它来自不同声腔系统的音乐唱腔。这些音乐唱腔是以所产生地区的语言、民歌、民间音乐为依据,并兼收其他地区音乐而产生的。各个剧种的剧中人物大部分由生、旦、净、丑等不同脸变化的角色行当充任。表演上着重运用以生活为基础提炼而成的程式性动作和虚拟性的空间处理。讲究唱、念、做、打等艺术,表演富于舞蹈性,技术性很高,构成区别于其他戏剧,而成为完整的戏曲艺术体系。而像新疆维吾尔木卡姆艺术、蒙古族长调民歌、贵州侗族大歌、藏戏等主要是各少数民族自己的传统表演艺术,带有鲜明的本民族特色,创作导游词时就要突出该少数民族的表演特点、表现形式、艺术背景以及历史发展等。

Ⅲ.分析团型特点

进行导游词创作时要考虑不同团型成员的不同需求,如果欣赏京剧的是老年团,导游词创作要挖掘较深的文化内涵,讲解的内容侧重历史背景、欣赏技巧;如果是摄影团,导游词创作要挖掘民族艺术特点,讲解的内容侧重表演形式、艺术特色、服饰造型等。

2)表演艺术导游词创作思路

表演艺术可以通过具体的表演服饰、表演技巧、艺术创作背景等表现出来,按主题进行创作比较好。

导游词由开头语、主题讲解、结束语三部分组成。

(1)开头语,包括简短的自我介绍、欢迎词、点明讲解的主题。

(2)主题讲解,突出主题的传统表演艺术导游词的创作,主要以弘扬和传承表演艺术为线索,不同的传统表演艺术所呈现的方式不尽相同。因此,在导游词的创作中,侧重点也不尽相同。例如在介绍昆曲时,要突出其历史悠久、文化深厚、艺术特点鲜明、中华文化传承等;在介绍京剧时,要重点介绍历史地位、演绎道具、流派代表与著名作品等;在介绍蒙古长调民歌时,要突出其民族特性、历史渊源、艺术特色、代表作品和传承意义等;在介绍贵州侗族大歌时,要突出其历史起源、演唱方式、歌曲特点、发展现状、保护情况等。

(3)结束语,用一两句话表达感谢、欢迎再来之意。

3.创作训练

1)中国传统表演艺术导游词创作

请根据下面4个备选的材料中选择2题作答,共100分。

答题要求:

(1)请根据以下提供的景观信息选择一个(含团型),撰写一篇在语言、形式上符合要求的导游词;

(2)请将字数控制在500~700字;

(3)请依据信息材料中提到的信息,突出中国传统表演艺术导游词创作中的表演服饰、表演技巧、艺术创作背景、欣赏技巧、艺术表现内涵等内容,进行必要的筛选、扩充与想象,不能照搬某一景点现成的导游词;

(4)在选材、角度、结构、表达等方面要有一定的创新性。

Ⅰ.京剧(老年团)

*资料

京剧,曾称平剧,是中国五大戏曲剧种之一,场景布置注重写意,腔调以西皮、二黄为主,用胡琴和锣鼓等伴奏,被视为中国国粹,中国戏曲三鼎甲"榜首"。

徽剧是京剧的前身。清代乾隆五十五年(1790年)起,原在南方演出的三庆、四喜、春台、和春四大徽班陆续进入北京,他们与来自湖北的汉调艺人合作,同时又结合了昆曲、秦腔的部分剧目、曲调和表演方法，吸收了一些地方民间曲调，通过不断的交流、融合，最终形成京剧。京剧形成后在清朝宫廷内开始快速发展，直至民国得到空前的繁荣。

京剧表演的四种艺术手法，即唱、念、做、打，也是京剧表演的四项基本功。唱指歌唱，念指具有音乐性的念白，二者相辅相成，构成歌舞化的京剧表演艺术两大要素之一的“歌”，做指舞蹈化的形体动作，打指武打和翻跌的技艺，二者相互结合，构成歌舞化的京剧表演艺术两大要素之一的“舞”。

京剧的流派习惯上以创始人的姓来命名，例如旦角有梅派（梅兰芳）、程派（程砚秋）；老生有谭派（谭鑫培）、汪派（汪桂芬）；武生有俞派（俞菊笙）、李派（李春来）等。

京剧传遍世界各地，分布地以北京为中心，遍及中国，成为介绍、传播中国传统艺术文化的重要媒介。2010 年 11 月 16 日，京剧被列入《人类非物质文化遗产代表作名录》。

＊来源：https://baike.baidu.com/item/%E4%BA%AC%E5%89%A7/75719

＊创作：

开头语：
主　题：
结束语：

Ⅱ.昆曲（中学生研学团）

＊资料

昆曲，又称昆剧、昆腔、昆山腔，是中国现存最古老的剧种，也是中国传统文化艺术中的珍品。明代汉族音乐以戏曲音乐为主，明代人称南戏为“传奇”。明代以后，杂剧逐渐衰落，“传奇”音乐独主剧坛，兼收杂剧音乐，改名“昆曲”。

昆曲早在元朝末期（14 世纪中叶）即产生于苏州昆山一带，发源于苏州太仓南码头，后经魏良辅等人的改良而走向全国。昆曲与起源于浙江的海盐腔、余姚腔和起源于江西的弋阳腔，被称为明代四大声腔，同属南戏系统。

昆曲是明朝中叶至清代中叶戏曲中影响最大的声腔剧种，很多剧种都是在昆剧的基础上发展起来的，被称为“百戏之祖”“百戏之师”，有“中国戏曲之母”的雅称。

昆曲在 2001 年被联合国教科文组织列为“人类口述和非物质遗产代表作”。推荐理由有：一、昆曲有极高的技巧，戏曲的表现手段为唱、念、做、打（舞）之综合，这四个方面及其综合在昆曲中要求最高，昆曲演员必须在这几个方面兼备，舞台呈现亦最为完美与出色，其他剧种演员为提高技艺都要学昆曲；二、昆曲是“活化石”，全国戏曲自形成以来一直在舞台上流传，随着时代的变化，从剧本到声腔、表演不断变革，昆曲则变化较少，对戏曲传统特点保留较多,剧目又极为丰富,被称为“活化石”;三、昆曲属“濒危物种”, 18 世纪后期,地方戏兴起,昆曲由于过于文雅和繁难,便呈衰落趋势。

*来源:https://baike.baidu.com/item/%E6%98%86%E6%9B%B2/216928

*创作:

开头语:
主　题:
结束语:

Ⅲ.川剧(度假团)

*资料

川剧俗称川戏,主要流行于中国西南地区川、渝、云、贵几省、市的汉族地区,是融汇高腔、昆曲、胡琴(即皮黄)、弹戏(即梆子)和四川民间灯戏五种声腔艺术而成的传统剧种。

川剧是中国传统戏曲剧种之一,流行于四川东中部、重庆及贵州、云南部分地区。川剧脸谱是川剧表演艺术中重要的组成部分,是历代川剧艺人共同创造并传承下来的艺术瑰宝。川剧音乐博采众长、兼收并蓄,囊括吸收了全国戏曲各大声腔体系的营养,与四川的地方语言、声韵、音乐融汇结合,衍变形成形式多样、曲牌丰富、结构严谨、风格迥异的地方戏曲音乐。

川剧分小生、须生、旦、花脸、丑角 5 个行当,各行当均有自成体系的功法程序,尤以小生、丑角、旦的表演最具特色,在戏剧表现手法、表演技法方面多有卓越创造,能充分体现中国戏曲虚实相生、移形写意的美学特色。

2006 年 5 月 20 日,川剧经国务院批准被列入第一批国家级非物质文化遗产名录。

*来源:https://baike.baidu.com/item/%E5%B7%9D%E5%89%A7/294200

*创作:

开头语:
主　题:

结束语：

Ⅳ. 粤剧（华侨团）

＊资料

粤剧，又称“广东大戏”或者“大戏”，是广东传统戏曲之一，源自南戏，流行于广东、广西两省和港、澳地区，在国外使用粤语的华裔聚居区也时有演出。粤剧自明朝嘉靖年间开始在广东、广西出现，粤剧是糅合唱念做打、乐师配乐、戏台服饰、抽象形体的表演艺术。粤剧的每一个行当都有各自独特的服饰打扮。

粤剧演员的表演工艺分为四大基本类别，即唱、做、念、打。戏剧内的角色，在粤剧及中国戏曲中被称为行当。粤剧的行当原为一末（老生）、二净（花面）、三正生（中年男角）、四正旦（青衣）、五正丑（男女导角）、六员外（大花面反派）、七小（小生，小武）、八贴（二帮花旦）、九夫（老旦）、十杂（手下、龙套之类），合称十大行当。后来被精简为六柱制，即文武生、小生、正印花旦、二帮花旦、丑生、武生。这都是根据角色的年龄、性别、性格、外形等特征来分类的。“末”代表年老角色，“生”代表男性角色，“旦”代表女性角色，“净”就是性格刚强暴躁的男性角色，“丑”就是滑稽角色。

粤剧名列于2006年5月20日公布的第一批518项国家级非物质文化遗产名录之内。2009年9月30日，粤剧获联合国教科文组织肯定，列入世界非物质文化遗产名录。

＊来源：https://baike.baidu.com/item/%E7%B2%A4%E5%89%A7

＊创作：

开头语：
主　题：
结束语：

2）少数民族传统表演艺术导游词创作

请根据下面4个备选的材料中选择2题作答，共100分。

答题要求：

（1）请根据以下提供的景观信息选择一个（含团型），撰写一篇在语言、形式上符合要求的导游词；

（2）请将字数控制在500~700字；

（3）请依据景观信息材料中提到的信息，突出我国少数民族表演艺术导游词创作中的表演服饰、表演技巧、艺术创作背景、欣赏技巧、艺术表现内涵等内容，进行必要的筛选、扩充与想象，不能照搬某一景点现成的导游词；

（4）在选材、角度、结构、表达等方面要有一定的创新性。

Ⅰ.新疆维吾尔族木卡姆艺术（宗教朝圣团）

*资料

新疆维吾尔族木卡姆艺术是一种集歌、舞、乐于一体的大型综合古典音乐艺术形式，是流传于新疆各维吾尔族聚居区的“十二木卡姆”和“刀郎木卡姆”“吐鲁番木卡姆”“哈密木卡姆”的总称，主要分布在南疆、北疆、东疆各维吾尔族聚居区，在乌鲁木齐的大、中、小城镇中也广为流传。特别是“十二木卡姆”，它是维吾尔族木卡姆的主要代表，广泛流传于南疆地区和北疆的伊犁地区。

在现代维吾尔语中，木卡姆除大型套曲的意思外，还具有法则、规范、曲调等多种含义，它由十二部木卡姆组成，每一部又由大乃格曼（大曲）、达斯坦（叙事诗）和麦西热甫（民间歌舞）三大部分组成，含歌、乐曲20至30首，长度约2小时。全部演唱完十二木卡姆需20多个小时。木卡姆体裁多样，节奏错综复杂，曲调极为丰富。生动的音乐形象和音乐语言，深沉缓慢的古典叙述歌曲，热烈欢快的民间舞蹈音乐，流畅优美的叙事组歌，在艺术成就上是无与伦比的。“十二木卡姆”是维吾尔族音乐的脊梁，是打开维吾尔族文化的金钥匙。

*来源：https://baike.baidu.com/item/%E6%96%B0%E7%96%86%E7%BB%B4%E5%90%BE%E5%B0%94%E6%9C%A8%E5%8D%A1%E5%A7%86%E8%89%BA%E6%9C%AF

*创作：

开头语：
主　题：
结束语：

Ⅱ.蒙古族长调民歌（作家采风团）

*资料

蒙古族长调在蒙古语中称“乌日图道”，意即长歌，它的特点为字少腔长、高亢悠远、舒缓自由，宜于叙事，又长于抒情；歌词一般为上、下各两句，内容绝大多数是描写草原、骏马、骆驼、牛羊、蓝天、白云、江河、湖泊等。

蒙古族长调民歌是一种具有鲜明游牧文化和地域文化特征的独特演唱形式，它以草原人特有的语言叙述蒙古民族对历史文化、人文习俗、道德、哲学和艺术的感悟，所以被称为“草原音乐活化石”。

长调是一种靠口头传承的民间艺术，因地域的不同和演唱者的差异，形成了众多的风格。所以，长调常"附着"在传承人的身上。可近十几年来，随着一些著名长调演唱艺人相继离世和"马背民族"走下马背，长调诞生的原生自然环境发生了改变，马背上的千年绝唱及一些独特的演唱方式和方法濒临失传。蒙古族长调民歌大师哈扎布是唯一掌握所有长调技术的歌手，是草原传统声乐流派的杰出代表。他创造性地继承和发扬了蒙古族长调歌曲的演唱方法，创立了独具特色的蒙古族草原声乐学派，被乌兰夫称赞为"人民的歌唱家"。

2005 年 11 月 25 日，联合国教科文组织在巴黎总部宣布了第三批"人类口头和非物质遗产代表作"，中国、蒙古国联合申报的"蒙古族长调民歌"荣列榜中。

＊来源：https://baike.baidu.com/item/%E8%92%99%E5%8F%A4%E6%97%8F%E9%95%BF%E8%B0%83%E6%B0%91%E6%AD%8C

＊创作：

开头语：
主　题：
结束语：

Ⅲ. 贵州侗族大歌（摄影团）

＊资料

贵州侗族大歌在侗语中俗称"嘎老"，"嘎"就是歌，"老"具有宏大和古老之意。它是一种"众低独高"的音乐，必须由三人以上来进行演唱。多声部、无指挥、无伴奏是其主要特点。模拟鸟叫虫鸣、高山流水等大自然之音，是其编创的一大特色，是产生声音大歌的自然根源。它的主要内容是歌唱自然、劳动、爱情以及人间友谊，是人与自然、人与人之间的一种和谐，因此凡是有大歌流行的侗族村寨，很少出现打架、骂人、偷盗等行为，人们甚至是夜不闭户、路不拾遗，就像陶渊明笔下的"桃花源"一样。

侗族人民素有"歌养心、饭养身"之说，由于以前没有自己的文字，侗族许多优秀的文化、生活习俗、社交礼仪等都靠优美的歌声代代相传。侗族大歌作为侗歌中最精华的组成部分，它的演唱内容、表现形式，无不与侗族人的生活习俗、性格、心理以及生活环境息息相关，是对侗族历史的真实记录，侗族大歌不仅是一种音乐艺术形式，对于侗族人民文化及其精神的传承和凝聚都起着非常重大的作用，是侗族文化的直接体现。

黔东南地区逐步建立起一系列大歌文化自我发展的良性循环机制：研究和制定侗族大歌歌手、歌师的奖励及命名政策，将侗族大歌纳入学校的音乐教育体系之中，发掘、抢救和整理濒临失传的大歌作品，进行文字记载、制作出版物等工作。

＊来源：https://baike.baidu.com/item/%E8%B4%B5%E5%B7%9E%E4%BE%97%E6%97%8F%E5%A4%A7%E6%AD%8C

＊创作：

开头语：
主　题：
结束语：

Ⅳ.藏戏(华侨团)

＊资料

藏戏是藏族戏剧的泛称。藏戏是一个非常庞大的剧种系统,由于青藏高原各地自然条件、生活习俗、文化传统、方言语音的不同,使它拥有众多的艺术品种和流派。藏戏大约起源于距今600多年以前,比被誉为国粹的京剧还早400多年,被誉为藏文化的“活化石”。西藏藏戏是藏戏艺术的母体,它通过僧侣和朝圣的群众远播青海、甘肃、四川、云南四省的藏语地区,形成青海的黄南藏戏、甘肃的甘南藏戏、四川的色达藏戏等分支。印度、不丹等国的藏族聚居地也有藏戏流传。

藏戏种类繁多,但主流是蓝面具藏戏。其演出一般分为三个部分,第一部分为“顿”,主要是开场表演祭神歌舞;第二部分为“雄”,主要表演正戏传奇;第三部分称为“扎西”,意为祝福迎祥。藏戏的服装从头到尾只有一套,演员不化妆,主要是戴面具表演。藏戏有白面具戏、蓝面具戏之分。蓝面具戏在流传过程中因地域不同而形成觉木隆藏戏、迥巴藏戏、香巴藏戏、江嘎尔藏戏四大流派。

藏戏的传统剧目相传有“十三大本”,经常上演的是《文成公主》《诺桑法王》《朗萨雯蚌》《卓娃桑姆》《苏吉尼玛》《白玛文巴》《顿月顿珠》《智美更登》等“八大藏戏”,此外还有《日琼娃》《云乘王子》《敬巴钦保》《德巴登巴》《绥白旺曲》等。

＊来源:https://baike.baidu.com/item/%E8%97%8F%E6%88%8F/1350776

＊创作：

开头语：
主　题：

结束语:

4. 创作成果展示

1)京剧(老年团)

各位长辈朋友,你们好!被誉为“国粹”的表演艺术是什么?相信大家都知道,没错,它就是京剧。京剧,曾称平剧,是中国五大戏曲剧种之一,场景布置注重写意,腔调以西皮、二黄为主,用胡琴和锣鼓等伴奏,被视为中国国粹,中国戏曲三鼎甲“榜首”。

一说到京剧,我们都听说过徽班进京的事情。这徽班进京,就是京剧的起源和发展。清代乾隆五十五年(1790年)起,原在南方演出的三庆、四喜、春台、和春四大徽班陆续进入北京,他们与来自湖北的汉调艺人合作,同时又结合了昆曲、秦腔的部分剧目、曲调和表演方法,吸收了一些地方民间曲调,通过不断的交流、融合,最终形成京剧。京剧形成后在清朝宫廷内开始快速发展,直至民国得到空前的繁荣。京剧界四大徽班各有所长,有“三庆的轴子,四喜的曲子,和春的把子,春台的孩子”的说法,轴子指以连演整本大戏著称,曲子指擅长演唱昆曲,把子指以武戏取胜,孩子指以童伶见长。

1917年以来,京剧优秀演员大量涌现,呈现出流派纷呈的繁盛局面,由成熟期发展到鼎盛期,这一时期的代表人物有杨小楼、梅兰芳、余叔岩。

京剧表演的四种艺术手法,即唱、念、做、打,也是京剧表演的四项基本功。把舞台上的角色划分成为生、旦、净、丑四种类型,这四种类型在京剧里的专门名词称为“行当”。

2010年11月16日京剧被列入《人类非物质文化遗产代表作名录》。

(撰稿:廖广莉)

2)昆曲(中学生研学团)

各位同学,你们好!大家先猜猜:中国现存最古老的剧种是哪种?很多人立马会回答是“京剧”。其实不然,是昆曲。

昆曲,原名“昆山腔”“昆腔”,是中国古老的戏曲声腔、剧种,清代以来被称为“昆曲”,现又被称为“昆剧”。

昆曲发源于14世纪中国的苏州太仓南码头,后经魏良辅等人的改良而走向全国,自明代中叶起独领中国剧坛近300年。昆曲糅合了唱、念、做、打、舞蹈及武术等,以曲词典雅、行腔婉转、表演细腻著称,被誉为“百戏之祖”。

昆剧表演的最大特点是抒情性强、动作细腻,歌唱与舞蹈的身段结合得巧妙而和谐。昆剧是一种歌、舞、介、白各种表演手段相互配合的综合艺术,在长期的演剧历史中形成了载歌载舞的表演特色,尤其体现在各类角色的表演身段上,其舞蹈身段大体可以分成两种:一种是说话时的辅助姿态和由手势发展起来的着重写意的舞蹈；另一种是配合唱词的抒情舞蹈，既是精湛的舞蹈动作，又是表达人物性格心灵和曲辞意义的有效手段。

昆曲也是中国传统文化艺术中的珍品，2001年被联合国教科文组织列为“人类口述和非物质遗产代表作”，入选理由表现在昆曲有极高的唱、念、做、打（舞）之综合技巧。昆曲是“活化石”，昆曲属“濒危物种”。现在全国各地成立了不少的昆剧团，咱们郴州也有湖南省昆剧团，它经常推出新的昆剧剧种，现在咱们就去欣赏吧！

（撰稿：廖广莉）

3）蒙古族长调民歌（作家采风团）

作家朋友们，你们好！一曲《辽阔的草原》一定会让您的思绪飞向蒙古大草原，这就是蒙古族长调民歌的音乐感染力哦！

蒙古族长调在蒙古语中称“乌日图道”，意思就是长歌，它的特点为字少腔长、高亢悠远、舒缓自由，宜于叙事，又长于抒情；歌词一般为上、下各两句，内容绝大多数是描写草原、骏马、骆驼、牛羊、蓝天、白云、江河、湖泊等。蒙古族长调以鲜明的游牧文化特征和独特的演唱形式讲述蒙古民族对历史文化、人文习俗、道德、哲学和艺术的感悟，所以被称为“草原音乐活化石”。

长调是流淌在蒙古人血液里的音乐，是民族识别的标志。你可以不懂蒙语，却无法不为蒙古族长调所动容，因为那是一种心灵对心灵的直接倾诉。中国著名音乐理论家赵宋光认为，蒙古族长调最大的魅力在于，它是离自然最近的一种音乐，或者说它本身就是一幅美丽的自然画卷。

2005年11月25日，联合国教科文组织在巴黎总部宣布了第三批“人类口头和非物质遗产代表作”，中国申报的“中国新疆维吾尔木卡姆艺术”和中国、蒙古国联合申报的“蒙古族长调民歌”荣列榜中。2006年5月20日，蒙古族长调民歌经国务院批准被列入第一批国家级非物质文化遗产名录。2007年10月24日，我国的首颗绕月卫星“嫦娥一号”搭载了三十余首歌曲奔赴太空，其中一首就是蒙古族长调民歌《富饶辽阔的阿拉善》。

下面我们就静静欣赏伴随马头琴悠扬而起的蒙古族长调民歌吧，谢谢大家！

（撰稿：廖广莉）

4）贵州侗族大歌（摄影团）

各位摄影朋友，你们好！有种多声部、无指挥、无伴奏、自然合声的民间合唱，它被誉为“清泉般闪光的音乐，掠过古梦边缘的旋律”，那么它是怎样的一种曲调呢？欢迎大家来贵州欣赏著名的侗族大歌。

侗族大歌，起源于春秋战国时期，至今已有2500多年的历史，是中国侗族地区一种民间合唱形式，是最具特色的中国民间音乐艺术。2009年，侗族大歌被列入世界人类非物质文化遗产代表作名录。

侗族之所以能创造出震惊世界的艺术瑰宝——侗族大歌，这和侗族丰富多彩的民俗文化是分不开的。侗族是一个爱好和平、团结的民族,他们的各种民俗活动都以集体为主,这些充分体现了侗族人民的友谊、团结、爱美和群体意识较强的文化精神,也是侗族审美观的一种外在表现形态,同时也展现出侗族人民对人生的执着、热爱和追求。这些民俗和民俗精神就是侗族大歌生存的良好土壤。

侗歌讲究押韵,曲调优美,歌词多采用比兴手法,意蕴深刻。侗族大歌一般由若干句构成一段,若干段组成一首,每首歌开始有一个独立段落,称为序歌,中间部分由若干句组成,然后有一个尾声部分,形成首尾呼应的结构。多声部、无指挥、无伴奏是其主要特点。模拟鸟叫虫鸣、高山流水等自然之音,是大歌编创的一大特色,也是产生声音大歌的自然根源。它的主要内容是歌唱自然、劳动、爱情以及人间友谊,是人与自然、人与人之间的一种和谐之声。

现在我们就来欣赏《天赋侗听》这一最佳民族专辑中的大歌吧!

(撰稿:廖广莉)

七、饮食文化导游词创作

1. 模拟情境

在学校的全国技能大赛导游服务赛项选拔赛中,你班 6 名选手分别抽取到了饮食文化中的绍兴女儿红、川菜、云南过桥米线、粤菜、兰州拉面、西安牛羊肉泡馍, 30 分钟内需创作好相关导游词。

2. 创作思路

1)饮食文化导游词创作要点分析

Ⅰ. 概念界定

中国饮食文化是一种广视野、深层次、多角度、高品位的悠久区域文化,换句话说,就是“吃”文化。中国幅员辽阔、地大物博,各地气候、物产、风俗习惯都存在差异,长期以来,在饮食上也就形成了许多风味。中国饮食文化可以分为主要菜系(如八大菜系)、酒文化(黄酒、白酒、红酒)、茶文化(绿茶、红茶、黑茶、白茶等),还有著名小吃(各地风味小吃)等。做菜有烹调技法,酿酒有独门秘籍,饮茶有茶德茶道,小吃有独特秘方。饮食文化导游词主要是针对主要菜系、酒文化、茶文化及著名小吃中规定的文化元素进行创作。

Ⅱ. 提炼文化特色

中国饮食文化是中华传统优秀文化的重要组成部分,其内容十分丰富,涉及历史传承、宗教祭祀、文化艺术、节礼习俗、养生保健、经济贸易等学科与行业,包含烹饪(或美食或养生)著作,饮食与诗词、歌舞 、小说、美术、婚礼、祭祀、宗教、楹联、谚语,炊事掌故、菜品发明故事、地方风味民俗等无数个方面。例如,中国饮食文化的菜系是指在一定区域内,由于气候、地理、历史、物产及饮食风俗的不同,经过漫长的历史演变而形成的一整套自成体系的烹饪技艺和风味,并被全国各地所承认的地方菜肴,其烹饪技法不同、菜品不同、选料不同,风味更是各具特色。酒文化中需要提炼中国源远流长的制酒历史、名酒特色、酒与文学艺术创作、文化娱乐、饮食烹饪、养生保健等内容及各方面的关联。茶文化则是中国制茶、饮茶的文化,唐代陆羽所著《茶经》系统地总结了唐代以及唐以前茶叶生产、饮用的经验,提出了精行俭德的茶道精神;《全唐诗》中流传至今的就有百余位诗人的四百余首茶诗。各地风味小吃能够突出反映当地的物质文化及社会生活风貌,是一个地区不可或缺的重要特色,更是离乡游子们对家乡思念的主要对象。

Ⅲ.分析团型特点

导游词创作时要考虑不同团型成员的不同需求,如果品饮西湖龙井的是华侨团,导游词创作要挖掘较深的文化内涵,讲解的内容侧重其历史、茶圣(陆羽)、最佳龙井的冲泡特色;如果是养生团,导游词创作要侧重说茶德、茶道(讲究五境之美,即茶叶、茶水、火候、茶具、环境)等。

2)饮食文化导游词创作思路

饮食文化呈现的是在中华传统文化大范畴内的关于饮食、烹饪及由此引申的饮食礼仪习俗等一系列独具特色的中国传统文化,如果参赛,按主题进行创作比较好。

导游词由开头语、主题讲解、结束语三部分组成。

(1)开头语,包括简短的自我介绍、欢迎词,点明讲解的类别。

(2)主题讲解。突出主题的饮食文化导游词的创作,主要以弘扬和传承饮食文化为线索,不同的饮食文化所呈现的方式不尽相同。因此,在导游词的创作中,侧重点也不尽相同。例如在介绍菜系时,要突出菜系主要流行的区域、历史起源、烹饪技法特点;在介绍食物单品时,要重点介绍这一品种的溯源(发明人、推广人、传承人等)或其发展历程,有何涉及此品种的代表性人物或代表作品,如东坡肉等;在介绍茶文化时,要重点介绍我国茶饮区别于世界各种饮料的区别及特色,还有茶叶本身各品种香型的特征差异、制作技艺的区别及如何品鉴等。

(3)结束语,用一两句话表达依依不舍、欢迎再来之意。

3. 创作训练

1)主要菜系导游词创作

请从下面4个备选的材料中选择1题作答,共100分。

答题要求:

(1)请根据以下提供的信息选择一个(含团型),撰写一篇在语言、形式上符合要求的导游词;

(2)请将字数控制在500~700字;

(3)请依据饮食文化相关材料中提到的信息,撰写菜系导游词,要注重挖掘其所体现的深层的饮食文化内涵，重点介绍菜系的历史渊源、传承发展、流派特征、特色、相关名人等元素，并进行必要的筛选、扩充与想象，不能照搬网络上现成的导游词、介绍词；

（4）在选材、角度、结构、表达等方面要有一定的创新性。

Ⅰ.鲁菜（度假团）

*资料

鲁菜是起源于山东的齐鲁风味，是中国传统四大菜系（也有八大菜系说法）中唯一的自发型菜系（相对于淮扬、川、粤等影响型菜系而言），是历史最悠久、技法最丰富、难度最大、最见功力的菜系。

鲁菜讲究原料质地优良，以盐提鲜，以汤壮鲜，调味讲求咸鲜纯正，突出本味。其突出烹调方法为爆、扒、拔丝，尤其是爆、扒为世人所称道。爆，分为油爆、酱爆、芫爆、葱爆、汤爆、火爆等，“烹饪之道，如火中取宝。不及则生，稍过则老，争之于俄顷，失之于须臾”。爆的技法充分体现了鲁菜在用火上的功夫。因此，世人称之为“食在中国，火在山东”。

鲁菜以汤为百鲜之源，讲究“清汤”“奶汤”的调制，清浊分明，取其清鲜。对海珍品和小海味的烹制堪称一绝。此外，山东民风朴实、待客豪爽，在饮食上大盘大碗、丰盛实惠，注重质量，受孔子礼食思想的影响，讲求排场和饮食礼仪。

*来源：https://baike.baidu.com/item/%E9%B2%81%E8%8F%9C/458122? fr=aladdin#2

*创作：

开头语：
主　题：
结束语：

Ⅱ.苏菜（养生团）

*资料

苏菜是中国八大菜系之一，由于苏菜和浙菜相近，因此和浙菜统称为江浙菜系。

苏菜起源于南北朝、唐宋时期，当时经济的发展，推动了饮食业的繁荣发展，苏菜成为“南食”两大台柱之一。江苏菜是由苏州、淮安、南京、镇江四大菜为代表而构成的。其特点是浓中带淡，鲜香酥烂，原汁原汤浓而不腻，口味平和，咸中带甜。其烹调技艺以炖、焖、烧、煨、炒而著称。烹调时用料严谨，注重配色，讲究造型，四季有别。苏州菜口味偏甜，配色和谐；淮安菜清淡适口，主料突出，刀工精细，醇厚入味；南京、镇江菜口味和醇，玲珑细巧，尤以鸭制的菜肴负有盛名。著名的菜肴品种有“清汤火方”“鸭包鱼翅”“松鼠鳜鱼”“西瓜鸡”“盐水鸭”等。

一般认为苏菜内部分为四大派系。

金陵菜，来源于南京，制作精细，口味平和，善用蔬菜，以“金陵三草”（菊花涝、枸杞头、马兰头）和“早春四野”（荠菜、马兰头、芦篙、野蒜）闻名。

淮扬菜，“淮”指以淮安一带为代表的淮河流域，“扬”指以扬州一带为代表的长江流域，淮扬菜讲究选料和刀工，擅长制汤。

苏锡菜，来源于苏州、无锡和常熟，常用酒糟调味，擅长各类水产的烹制。

徐海菜，来源于徐州和连云港，擅长海产和蔬菜的烹制。

＊来源：https://baike.baidu.com/item/%E8%8B%8F%E8%8F%9C/1138373? fr=aladdin

＊创作：

开头语：
主　题：
结束语：

Ⅲ. 川菜（作家采风团）

＊资料

川菜即四川菜肴，是中国特色传统的四大菜系之一、中国八大菜系之一、中华料理集大成者。

川菜三派的划分，在已有定论的上河帮、小河帮、下河帮的基础上，规范化完整表述为：上河帮川菜即以川西成都、乐山为中心地区的蓉派川菜；小河帮川菜即以川南自贡为中心的盐帮菜，同时包括宜宾菜、泸州菜和内江菜；下河帮川菜即以重庆江湖菜、万州大碗菜为代表的重庆菜。三者共同组成川菜三大主流地方风味流派分支菜系，代表川菜发展最高艺术水平。2017 年 9 月 28 日，眉山被中国烹饪协会授予“川厨之乡”的称号，眉山菜成为川菜的代表。

川菜取材广泛，调味多变，菜式多样，口味清鲜、醇浓并重，以善用麻辣调味著称，并以其别具一格的烹调方法和浓郁的地方风味，融汇了东南西北各方的特点，博采众家之长，善于吸收，善于创新，享誉中外。四川省会成都市被联合国教科文组织授予“世界美食之都”的荣誉称号。

川菜擅长炒、滑、熘、爆、煸、炸、煮、煨等，尤为小煎、小炒、干煸和干烧有其独到之处，从高级筵席“三蒸九扣”到大众便餐、民间小吃、家常风味等，菜品繁多，花式新颖，做工精细。川菜烹调讲究品种丰富、味多味美，受到人们的喜爱和推崇，这与其讲究烹饪技术、制作工艺精细、操作要求严格分不开。川菜烹调有四个特点：一是选料认真，二是刀工精细，三是合理搭配,四是精心烹调。在“炒”的方面有其独到之处。它的很多菜式都采用“小炒”的方法,特点是时间短、火候急、汁水少、口味鲜嫩,合乎营养卫生要求。菜肴烹饪看似简单,实际上包含着高度的科学性、技术性和艺术性,显示出劳动人民的无穷智慧和创造能力。

＊来源:https://baike.baidu.com/item/%E5%B7%9D%E8%8F%9C/26409? fr=aladdin#6

＊创作:

开头语:
主　题:
结束语:

Ⅳ.粤菜(女性团)

＊资料

粤菜即广东菜,是中国传统四大菜系、八大菜系之一,发源于岭南。粤菜由广州菜(也称广府菜)、潮州菜(也称潮汕菜)、东江菜(一说客家菜)三种地方风味组成,三种风味各具特色。在世界各地,粤菜与法国大餐齐名,由于广东的海外华侨数量占全国华侨六成,因此世界各国的中菜馆多数是以粤菜为主。

粤菜用量精而细,配料多而巧,装饰美而艳,而且善于在模仿中创新,品种繁多,1965年“广州名菜美点展览会”介绍的粤菜就有5457种之多。

粤菜注重质和味,口味比较清淡,力求清中鲜、淡中美。而且随季节时令的变化而变化,夏秋偏重清淡,冬春偏重浓郁,追求色、香、味、形,且以味鲜为主体。

粤菜用料十分广泛,不仅主料丰富,而且配料和调料亦十分丰富。为了显出主料的风味,粤菜选择配料和调料十分讲究,配料不会杂,调料是为调出主料的原味,两者均以清新为本。粤菜用料中飞禽走兽、山珍海味、中外食品无所不有,可谓全国之冠。粤菜可选原料多,自然也就精细,且讲究原料的季节性,“不时不吃”。

＊来源:https://baike.baidu.com/item/%E7%B2%A4%E8%8F%9C/306654? fr=aladdin#2_1

＊创作:

开头语:
主　题:

结束语:

2)酒文化导游词创作

请从下面4个备选的材料中选择1题作答,共100分。

答题要求:

(1)请根据以下提供的信息选择一个(含团型),撰写一篇在语言、形式上符合要求的导游词;

(2)请将字数控制在500~700字;

(3)请依据酒文化相关材料中提到的信息,撰写酒文化导游词,要注重挖掘其所体现的深层的酒文化内涵,重点介绍中国制酒的悠久历史渊源、各色名酒的特色、酒故事等元素,并进行必要的筛选、扩充与想象,不能照搬网络上现成的导游词、介绍词;

(4)在选材、角度、结构、表达等方面要有一定的创新性。

Ⅰ.茅台酒(留学生团)

*资料

茅台酒,贵州省遵义市仁怀市茅台镇特产,中国国家地理标志产品。

茅台酒是中国的传统特产酒,是与苏格兰威士忌、法国科涅克白兰地齐名的世界三大蒸馏名酒之一,同时还是中国三大名酒"茅五剑"之一,也是大曲酱香型白酒的鼻祖,更是中国的国酒,已有800多年的历史。

贵州茅台酒的风格质量特点是"酱香突出、幽雅细腻、酒体醇厚、回味悠长、空杯留香持久",其特殊的风格来自历经岁月积淀而形成的独特传统酿造技艺,酿造方法与其赤水河流域的农业生产相结合,受环境的影响,季节性生产,端午踩曲,重阳投料,保留了当地一些原始的生活痕迹。

茅台酒液纯净透明、醇馥幽郁,是由酱香、窖底香、醇甜三大特殊风味融合而成。它的酒精度数一直稳定在52°~54°,曾长期是全国名白酒中度数最低的,具有喉咙不痛也不上头,且能消除疲劳、安定精神等特点。

1996年,茅台酒酿造工艺被确定为国家机密加以保护。2001年,茅台酒传统酿造工艺列入国家级首批物质文化遗产。2006年,国务院又批准将"茅台酒传统酿造工艺"列入首批国家级非物质文化遗产名录,并申报世界非物质文化遗产。

*来源:https://baike.baidu.com/item/%E8%8C%85%E5%8F%B0%E9%85%92/198987?fromtitle=%E8%8C%85%E5%8F%B0&fromid=107887&fr=aladdin

*创作:

开头语:
主　题:

结束语:

Ⅱ.汾酒(养生团)

＊资料

汾酒,中国传统名酒,属于清香型白酒的典型代表。因产于山西省汾阳市杏花村,又称“杏花村酒”。

汾酒酿造工艺精湛,酿造历史源远流长,素以入口绵、落口甜、饮后余香、回味悠长而著称,在国内外消费者中享有较高的知名度、美誉度和忠诚度。

汾酒饮后回味悠长,酒力强劲而无刺激性,使人心旷神怡。汾酒享誉千载而盛名不衰,是与其酿酒的水纯、工艺精巧分不开的。名酒产地,必有佳泉。跑马神泉和古井泉水都流传有美丽的民间传说,被人们称为“神泉”。酿造汾酒选用晋中平原的“一把抓高粱”为原料,用大麦、豌豆制成糖化发酵剂,采用“清蒸二次清”的独特酿造工艺。所酿成的杏花村酒,酒液莹澈透明、清香馥郁,入口香绵、甜润、醇厚、爽冽。酿酒师傅的悟性在酿造过程中起着至关重要的作用,像制曲、发酵、蒸馏等就都是经验性极强的技能。千百年来,这种技能以口传心领、师徒相延的方式代代传承,并不断得到创新、发展,在现代汾酒酿造的流程中,它仍起着不可替代的关键作用。

＊来源:https://baike.baidu.com/item/%E6%B1%BE%E9%85%92/281857? fr=aladdin

＊创作:

开头语:
主　题:
结束语:

Ⅲ.绍兴女儿红(华侨团)

＊资料

绍兴女儿红又名“花雕酒”“女儿酒”,其来历有故事流传。中国晋代上虞人稽含在《南方草木状》记载:“女儿酒为旧时富家生女、嫁女必备之物。”

从前，绍兴有个裁缝师傅，取了妻子就想要儿子。一天，他的妻子怀孕了。他高兴极了，兴冲冲地赶回家去，酿了几坛酒，准备得子时款待亲朋好友。不料，妻子生了个女儿。当时，社会上的人都重男轻女，裁缝师傅也不例外，他气恼万分，就将几坛酒埋在后院桂花树底下了。光阴似箭，女儿长大成人，生得聪明伶俐，居然把裁缝师傅的手艺都学得非常精通，还习得一手好刺绣手艺，裁缝店的生意也因此越来越好。裁缝师傅一看，生个女儿还当真不错嘛！于是决定把她嫁给自己最得意的徒弟，高高兴兴地给女儿办婚事。成亲之日摆酒请客，裁缝师傅喝酒喝得很高兴，忽然想起了十几年前埋在桂花树底下的几坛酒，便挖出来请客，结果，一打开酒坛，香气扑鼻，色浓味醇，极为好喝。于是，大家就把这种酒叫为“女儿红酒”，又称“女儿酒”。此后，隔壁邻居、远远近近的人家生了女儿时，就酿酒埋藏，嫁女时就掘酒请客，从而形成了风俗。后来，连生男孩子时，也酿酒、埋酒，盼儿子中状元时庆贺饮用，所以这酒又叫“状元红”。“女儿红”“状元红”都是经过长期储藏的陈年老酒。这酒实在太香太好喝了，因此人们都把这种酒当名贵的礼品来赠送。

女儿红酒是一种集甜、酸、苦、辛、鲜、涩6味于一体的丰满酒体，加上有高出其他酒的营养价值，因而形成了澄、香、醇、柔、绵、爽兼备的综合风格。

色：女儿红酒主要呈琥珀色，即橙色，透明澄澈，纯净可爱，使人赏心悦目。

香：女儿红酒有诱人的馥郁芳香，而且往往随着时间的久远而更为浓烈。

*来源：https://baike.baidu.com/item/%E7%BB%8D%E5%85%B4%E5%A5%B3%E5%84%BF%E7%BA%A2%E9%BB%84%E9%85%92/1476273? fr=aladdin

*创作：

开头语：
主　题：
结束语：

Ⅳ. 张裕葡萄酒（养生团）

*资料

张裕葡萄酒是张裕集团出品的葡萄酒，张裕集团的前身是“张裕酿酒公司”，1892年由著名爱国华侨实业家张弼士投资300万两白银创办，是中国第一个工业化生产葡萄酒的厂家，1994年组建成立了烟台张裕集团有限公司。

张裕公司创始人为张弼士，他与葡萄酒的不解之缘始于1871年。当时他在雅加达应邀出席法国领事馆的一个酒会，一位法国领事讲起，咸丰年间他曾随英法军队到过烟台，发现那里漫山遍野长着野生葡萄。驻扎期间，士兵们采摘葡萄后用随身携带的小型制酒机榨汁、酿制,造好的葡萄酒口味相当不错。说者无意,听者有心,张弼士暗暗记下了烟台的这段典故。1891 年,张弼士实地考察了烟台的葡萄种植和土壤水文状况,认定烟台确为葡萄生长的天然良园,于是向政府要员提出要在烟台办葡萄酒厂。1892 年,张弼士拿出三百万两白银,创办了中国历史上第一个葡萄酿酒公司,公司名称取“张裕”二字。从此,中国葡萄酒工业化生产的序幕揭开了。真正让中国葡萄酒蜚声国际的是 1915 年巴拿马万国博览会。在这次博览会上,张裕产品一举夺得四枚金质奖章,这是中国葡萄酒首次在国际大展上获得大奖。

＊来源:https://baike.baidu.com/item/%E5%BC%A0%E8%A3%95%E8%91%A1%E8%90%84%E9%85%92

＊创作:

开头语:
主　题:
结束语:

3)茶文化导游词创作

请从下面 5 个备选的材料中选择 1 题作答,共 100 分。

答题要求:

(1)请根据以下提供的信息选择一个(含团型),撰写一篇在语言、形式上符合要求的导游词;

(2)请将字数控制在 500~700 字;

(3)请依据茶文化相关材料中提到的信息,撰写茶文化导游词,要注重挖掘其所体现的深层的茶文化内涵,重点介绍茶的历史渊源、制茶技艺、茶道、茶诗等元素,并进行必要的筛选、扩充与想象,不能照搬网络上现成的导游词、介绍词;

(4)在选材、角度、结构、表达等方面要有一定的创新性。

Ⅰ.西湖龙井(华侨团)

＊资料

西湖龙井,属绿茶类,是中国十大名茶之一,产于浙江省杭州市西湖龙井村周围群山,并因此得名西湖龙井茶,具有 1200 多年历史。清乾隆皇帝游览杭州西湖时,盛赞西湖龙井茶,把狮峰山下胡公庙前的十八棵茶树封为“御茶”。

西湖龙井茶,外形扁平挺秀、色泽绿翠,内质清香味醇,泡在杯中,芽叶色绿,素以“色绿、香郁、味甘、形美”四绝称著。

西湖龙井茶素有“绿茶皇后”之称，其原因之一主要得益于西湖龙井茶的功效及作用。西湖龙井茶是未经发酵而制成的寒性茶，故龙井茶的功效中较为显著的一点即清热、利尿。龙井茶可以提神、生津止渴、降低血液中的中性脂肪和胆固醇，具有抗氧化、抗突然异变、抗肿瘤、降低血液中胆固醇及低密度脂蛋白含量、抑制血压上升和血小板凝集、抗菌、抗产物过敏等功效。

西湖龙井按外形和内质的优次分 1~8 级。

鉴别西湖龙井有四大招数。

一摸：判别茶叶的干燥程度。随意挑选一片干茶，放在拇指与食指之间用力捻即成粉末，则干燥度足够；若为小碎粒，则干燥度不足，或者茶叶已吸潮。干燥度不足的茶叶，比较难储存，同时香气也不高。

二看：看干茶是否符合龙井茶的基本特征，包括外形、色泽、匀净度等。

三嗅：嗅闻干茶香气的高低和香型，并辨别是否有烟、焦、酸、馊、霉等气味和各种夹杂的不良气味。

四尝：当干茶的含水量、外形、色泽、香气均符合要求后，进行开汤审评。取 3~4 克龙井茶置于杯碗中，冲入沸水 150~200 毫升，5 分钟后先嗅香气，再看汤色，细尝滋味，后评叶底。这个环节更为重要。

西湖龙井茶与西湖一样，是人、自然、文化三者的完美结晶，是西湖地域文化的重要载体。

＊来源：https://baike.baidu.com/item/%E8%A5%BF%E6%B9%96%E9%BE%99%E4%BA%95/412851？fr=aladdin#4

＊创作：

开头语：
主　题：
结束语：

Ⅱ. 洞庭碧螺春（老年团）

＊资料

碧螺春是中国传统名茶，中国十大名茶之一，属于绿茶类，已有 1000 多年历史。碧螺春产于江苏省原苏州市吴县（1995 年撤销）太湖的东洞庭山及西洞庭山（今苏州吴中区）一带，所以又称“洞庭碧螺春”。

唐朝时碧螺春就被列为贡品，古人又称碧螺春为“工夫茶”“新血茶”。高级的碧螺春，茶芽之细嫩程度达到 0.5 千克干茶需要茶芽 6~7 万个。炒成后的干茶条索紧结，白毫显露，色泽银绿，翠碧诱人，卷曲成螺，产于春季，故名“碧螺春”。此茶冲泡后杯中白云翻滚，清香袭人，是中国的名茶。其主要工序为杀青、揉捻、搓团显毫、烘干。

品鉴方法有两种。一是看外观色泽。没有加色素的碧螺春色泽比较柔和自然，加色素的碧螺春看上去颜色鲜艳、发绿，有明显着色感。二是看茶汤色泽。把碧螺春用开水冲泡后，没有加色素的汤色看上去比较清澈柔和、青黄明亮，加色素的茶汤看上去颜色比较鲜艳，明显发绿。

可从比较中看出碧螺春的特色。碧螺春为洞庭山产，太湖水面，水气升腾，雾气悠悠，空气湿润，土壤呈微酸性或酸性，质地疏松，极宜于茶树生长，由于茶树与果树间种，所以碧螺春茶叶具有特殊的花朵香味。

*来源：https://baike.baidu.com/item/%E7%A2%A7%E8%9E%BA%E6%98%A5/2682?fromtitle=%E6%B4%9E%E5%BA%AD%E7%A2%A7%E8%9E%BA%E6%98%A5&fromid=876471&fr=aladdin#4

*创作：

开头语：
主　题：
结束语：

Ⅲ. 祁门红茶（摄影团）

*资料

祁门红茶简称祁红，茶叶原料选用当地的中叶、中生种茶树“楮叶种”（又名祁门种）制作，以茶树芽、叶、嫩茎为原料，经过萎凋、揉捻、发酵、干燥等工艺制成初制茶后，再经过三个流程十二道工序制作分级拼配而成，以外形条索紧细均直、色泽乌润为主要特征的工夫红茶，是中国历史名茶，著名红茶精品。

祁门红茶是红茶中的极品，享有盛誉，是英国女王和王室的至爱饮品，高香美誉，香名远播，有“群芳最”“红茶皇后”的美称。

鉴别祁门红茶是一项技术性的活，主要从以下几个方面来评定。外形：条索紧细、匀齐度好的质量好；反之，条索粗松、匀齐度差的质量次。叶底：叶底明亮的，质量好；叶底花青的为次；叶底深暗多乌条的为劣。色泽：色泽乌润，富有光泽，质量好；反之，色泽不一致，有死灰枯暗的，则质量次。汤色：汤色红艳，在评茶杯内茶汤边缘形成金黄圈的为优；汤色欠明的为次；汤色深浊的为劣。滋味：滋味醇厚的为优，滋味苦涩的为次，滋味粗淡的为劣。香气：

香气馥郁的质量好;香气不纯,带有青草气味的,质量次;香气低闷的为劣。祁门红茶颜色为棕红色,味道浓厚、强烈醇和、鲜爽。假茶一般带有人工色素,味苦涩、淡薄,条叶形状不齐。品类:祁门红茶分传统工夫、祁红香螺、祁红毛峰三个品类,一般是从外形和工艺来辨别。

*来源: https://baike.baidu.com/item/%E7%A5%81%E9%97%A8%E7%BA%A2%E8%8C%B6/411266? fr=aladdin#4

*创作:

开头语:
主　题:
结束语:

Ⅳ. 台湾高山乌龙(教师团)

*资料

台湾高山茶是指海拔 1000 米以上茶园所产制的半球形包种茶,主要产地为台湾嘉义县、南投县内海拔 1000~1300 米新兴茶区。

高山气候冷凉,早晚云雾笼罩,平均日照短,致茶树芽叶所含儿茶素等类苦涩成分降低,茶氨酸及可溶氮等对甘味有贡献的成分含量提高,芽叶柔软,叶肉厚,果胶质含量高,色泽翠绿鲜活,滋味甘醇滑软,厚重带活性,香气淡雅,水色蜜绿显黄,且耐冲泡。

台湾高山茶的品质点评如下。

阿里山茶区:主要产区为台湾嘉义县阿里山山脉,海拔 1000~2000 米,另外,阿里山、玉山、梅山的日出云海,各有特色,闻名世界,也投射出此地区所产的茶叶有其一定的质量与内涵。阿里山山区,早晚云雾笼罩,平均日照短,茶香气味脱俗,甘醇,甜美,茶汤碧绿透明,质如味美,喉韵生津,口齿留香,视为茶中上品。

杉林溪茶区:杉林溪茶区位于溪头风景区及杉林溪风景区,海拔 1700~2300 米,其特点在于茶园皆种植于原始杉木林区,茶区昼夜温差大,土壤有机层非常肥沃,终年云雾缭绕,茶叶经雨雾滋养,香气高雅,余韵浑厚,茶汤色泽翠绿清澈,因在原始杉木林中孕育,特有杉味喉韵,高山气味,非常特殊。

梨山地区:主要产地为台湾台中县梨山地区,海拔 1700~2650 米。因海拔高,长年温度低,早晚温差大,山间长年云雾笼罩,气候寒冷,是标准的高山茶生存条件,又因梨山地区盛产高山蔬果,梨山地区茶园多分布于果树中,吸收天然梨果香,叶肉鲜嫩,香气浓郁,滋味甘甜,茶汤水色蜜绿显金黄,耐泡,厚重带性,香气淡雅,有甜梨果香。

*来源: https://baike.baidu.com/item/%E5%8F%B0%E6%B9%BE%E9%AB%98%E5%B

1%B1%E8%8C%B6/2237184? fr=aladdin#3

＊创作：

开头语：
主　题：
结束语：

V.白毫银针（女性团）

＊资料

白毫银针，创制于1796年，中国六大茶类之一的白茶，原产地福建，主要产区为福鼎、政和、松溪、建阳等地，有中国十大名茶的称号，素有茶中“美女”“茶王”之美称。其外观挺直似针，满披白毫，如银似雪。

由于鲜叶原料全部是茶芽，白毫银针制成成品茶后，形状似针，白毫密披，色白如银，因此命名为白毫银针。其针状成品茶，长约3厘米。

白毫银针芽头肥壮，遍披白毫，挺直如针，色白似银。福鼎所产茶，芽茸毛厚，色白富光泽，汤色浅杏黄，味清鲜爽口，政和所产茶，汤味醇厚，香气清芬。

白毫银针性寒，有退热、降火、解毒之功效。

白毫银针的形、色、质、趣是名茶中绝无仅有的，实为茶中珍品，品尝泡饮，别有风味。品选银针，寸许芽心，银光闪烁；冲泡杯中，条条挺立，如陈枪列戟。冲泡过后的白毫银针就像细长的针一样直直地立于水中，由于它的芽头满是白色茸毛，配上绿色的芽叶让人赏心悦目。

＊来源：https://baike.baidu.com/item/%E7%99%BD%E6%AF%AB%E9%93%B6%E9%92%88/651934? fr=aladdin#3

＊创作：

开头语：
主　题：

结束语：

4）著名小吃导游词创作

请从下面5个备选的材料中选择1题作答，共100分。

答题要求：

（1）请根据以下提供的信息选择一个（含团型），撰写一篇在语言、形式上符合要求的导游词；

（2）请将字数控制在500~700字；

（3）请依据风味小吃文化相关材料中提到的信息，撰写风味小吃导游词，要注重挖掘其所体现的深层的饮食文化内涵，重点介绍小吃的发展历史、风味特色、地方风俗等元素，并进行必要的筛选、扩充与想象，不能照搬网络上现成的导游词、介绍词；

（4）在选材、角度、结构、表达等方面要有一定的创新性。

Ⅰ.西安羊肉泡馍（亲子团）

*资料

羊肉泡馍简称羊肉泡、煮馍，制作原料主要有羊肉、葱末、粉丝（或粉条）、糖蒜等，古称“羊羹”，陕西美馔，尤以西安最享盛名。它烹制精细，料重味醇，肉烂汤浓，肥而不腻，营养丰富，香气四溢，诱人食欲，食后回味无穷。

羊肉泡馍已成为陕西名食的“总代表”。羊肉泡馍的传统做法有四种：单走、干拔、口汤、水围城。所谓“单走”，馍与汤分端上桌，把馍（饼）掰到汤中吃，食后单喝一碗鲜汤，曰“各是各味”。“干拔”有人称“干泡”，煮好碗中不见汤，能戳住筷子。所谓“口汤”，泡馍吃完以后，就剩一口汤。“水围城”，顾名思义，宽汤，像大水围城。

*来源：https://baike.baidu.com/item/%E7%BE%8A%E8%82%89%E6%B3%A1%E9%A6%8D/635061？fr=aladdin

*创作：

开头语：
主　题：
结束语：

Ⅱ.兰州拉面（宗教朝圣团）

*资料

兰州拉面又称兰州清汤牛肉面，是中国十大面条之一，是甘肃省兰州地区的风味小吃。它以“汤镜者清，肉烂者香，面细者精”的独特风味和“一清二白三红四绿五黄”（一清即汤清，二白即萝卜白，三红即辣椒油红，四绿即香菜、蒜苗绿，五黄即面条黄亮）赢得了国内乃至全世界食客的好评，并被中国烹饪协会评为三大中式快餐之一，得到“中华第一面”的美誉。

兰州牛肉拉面作为兰州人生活中不可缺少的一部分，已经不能单纯地用“小吃”加以定义。对于某些人来说，牛肉面是每日的必需，是一天的开始。根据官方公布的一项统计，兰州市区近900多家面馆平均每天要卖出800多碗面，其中早餐占到一大半。按这个数字计算，兰州城区250多万居民加流动人口中，每4人当中就有1人每天要吃一碗面。大部分面馆每日早上6:30分开门，到上午10:00是每天的上座高峰，一个不大的面馆每天的接待量可能达到几百人。

＊来源：https://baike.baidu.com/item/%E5%85%B0%E5%B7%9E%E7%89%9B%E8%82%89%E6%8B%89%E9%9D%A2/2935423? fromtitle=%E5%85%B0%E5%B7%9E%E6%8B%89%E9%9D%A2&fromid=302904&fr=aladdin

＊创作：

开头语：
主　题：
结束语：

Ⅲ.海南竹筒饭（作家采风团）

＊资料

竹筒饭是海南黎族的传统美食，是用新鲜的竹筒装大米及味料烤熟的饭食。现今的竹筒饭经烹调师在传统基础上改进和提高，使之摆上宴席餐桌，声誉甚高，成为海南著名风味美食。

黎家竹筒饭竹节青翠，米饭酱黄，香气飘逸，柔韧透口。吃时，饮一口黎家山兰酒，吃一小口竹筒饭，慢品细嚼，趣味盎然。

竹筒饭主要做法：山兰米洗后，浸泡半小时，捞起，加精盐、味精拌匀；瘦猪肉切成0.3厘米厚的片，用老抽、生抽、五香粉腌制，热锅过油，将肉片翻炒至熟，出锅，待凉后切成0.3厘米的肉粒待用；取新鲜青竹（节距较长为好），每节锯开一端，洗净晾干，用精猪油抹拭竹筒内壁，将调好味的山兰米同肉粒拌匀，分两等份加进两节竹筒里，再加入适量清水（每筒约250克），然后用干净的布条捆扎封堵竹筒口，放进200℃的电烤炉中 烤约半小时至熟，关电源继续在炉中焗干;取出熟的竹筒饭,解除布条,锯成若干小段(每段长6厘米),摆放盘中上席。

＊来源:https://baike.baidu.com/item/%E6%B5%B7%E5%8D%97%E9%BB%8E%E5%AE%B6%E7%AB%B9%E7%AD%92%E9%A5%AD/3361810

＊创作:

开头语:
主　题:
结束语:

Ⅳ.四川龙抄手(中学生研学团)

＊资料

龙抄手是四川著名小吃,也是中国传统小吃,在广州称为云吞,在江西称为清汤,而在中国其他地方主要称为馄饨。馄饨早在两千多年前就已在中国出现,在很多地区都十分盛行,但名称、吃法不尽相同,除煮食外,煎、炸均有,风味各异,非常美味,深受人民喜爱。

抄手是四川人对馄饨的特殊叫法。红油抄手是成都著名的传统小吃。烹饪方法是将肉末用精盐、料酒调匀,用抄手皮分别包成抄手;把辣椒油、酱油、香油、味精分别装在4个碗内,撒入葱末;锅中放水适量烧开,抄手下锅煮至浮起时捞起,分别装入碗内即可食用。此种小吃味道柔嫩鲜美,汤汁微辣浓香。

＊来源:https://baike.baidu.com/item/%E9%BE%99%E6%8A%84%E6%89%8B/840553?fr=aladdin

＊创作:

开头语:
主　题:
结束语:

V. 云南过桥米线(亲子团)

＊资料

过桥米线是云南滇南地区特有的小吃,属滇菜系,起源于蒙自地区,已有百余年历史,五十多年前传至昆明。

过桥米线由四部分组成:一是汤料覆盖有一层滚油;二是佐料,有油辣子、味精、胡椒、盐;三是主料和辅料,主料有生的猪里脊肉片、鸡脯肉片、乌鱼片以及用水过五成熟的猪腰片、肚头片、水发鱿鱼片,辅料有豌豆尖、韭菜以及香菜、葱丝、草芽丝、姜丝、玉兰片、氽过的豆腐皮;四是主食,即用水略烫过的米线。由鹅油封面,汤汁滚烫,但不冒热气。

食用方法:米线以细白、有韧性者为好,吃时用一只大瓷碗,先放熟鹅油、味精、胡椒面,然后将鸡、鸭、鹅、排骨、猪筒子骨等熬出的汤舀入碗内端上桌备用。此时,滚汤被厚厚的一层油盖住不冒气,但食客千万不可先喝汤,以免烫伤。要先把鸽蛋磕入碗内,接着把生鱼片、生肉片、鸡肉、猪肝、腰花、鱿鱼、海参、肚片等生的肉食依次放入,并用筷子轻轻拨动,好让生肉烫熟;然后放入香料、叉烧等熟肉,再加入豌豆尖、嫩韭菜、菠菜、豆腐皮、米线,最后加入酱油、辣子油。

＊来源: https: //baike.baidu.com/item/%E8%BF%87%E6%A1%A5%E7%B1%B3%E7%BA%BF/120893? fr=aladdin

＊创作:

开头语:
主　题:
结束语:

4. 创作成果展示

1) 鲁菜(度假团)

各位朋友,大家好! 今天我为大家讲解的是鲁菜。顾名思义,鲁菜就是指山东的齐鲁风味菜系,鲁菜是中国传统四大菜系(也是八大菜系)中唯一的自发型菜系(相对于淮扬、川、粤等影响型菜系而言),是历史最悠久、技法最丰富、难度最大、最见功力的菜系。

鲁菜的风味特色表现在咸鲜为主、火候精湛、精于制汤、善烹海味、注重礼仪等方面。咸鲜为主,是因为鲁菜以盐提鲜、以汤壮鲜,调味讲求咸鲜纯正、突出本味,葱香为佳,海鲜量多质优。火候精湛指的是鲁菜的突出烹调方法为爆、扒、拔丝,尤以爆、扒为世人所称道。世人称之为“食在中国,火在山东”。精于制汤是指鲁菜以汤为百鲜之源,讲究清汤、奶汤的调制,清浊分明,取其清鲜。善烹海味是指山东靠海,海产品多,山东人对海珍品和小海味的烹制堪称一绝。山东民风朴实,待客豪爽,在饮食上大盘大碗、丰盛实惠,注重质量,受孔子礼食思想的影响,讲究排场和饮食礼仪。

鲁菜的饮食哲学讲究饮食有序、以食喻礼、口味清淡、中和五味、五味调和、食不厌精、脍不厌细、同嗜、知味等。比如饮食有序, 2500 多年前的管仲在其著作《管子·弟子职》中就说过,先生就餐,弟子跪坐在一边侍候先生;摆放陈列各种饭食酱料时,上菜及摆桌顺序不可违反礼仪规定;添酒添饭也有规矩。《左传·昭公·昭公二十年》记载了前 522 年,晏子以烹调之道中的五味调和比喻君臣政治,主张允许存在不同的看法和意见,在彼此充分发表各自意见的基础上达成“和”,才是国家政治应有的状态和理想的境界。这段著名的论述也反映了春秋时期鲁菜的烹调技艺,用水、火、醋、酱、盐、梅子来烹调鱼和肉(指羊肉)的汤,非常重视不同味道的融合与和谐,五味调和之“和”被赋予了政治哲学的深度。

中华饮食文化博大精深 、源远流长, 2 500 年前山东的儒家学派奠定了中国饮食注重精细、中和、健康的审美取向, 更形成了鲁菜雍容华贵、中正大气、平和养生的风格特点。

谢谢大家!

(撰稿:廖广莉)

2)茅台酒(留学生团)

各位朋友,大家好! 说到茅台,大家都非常熟知。独产于中国的贵州省遵义市仁怀市茅台镇的茅台酒,是与苏格兰威士忌、法国科涅克白兰地齐名的三大蒸馏酒之一。1915 年至今,贵州茅台酒共获得 15 次国际金奖,有“国酒”之称,是中国最高端白酒之一。

今天我为大家主要讲解茅台酒的酿造方法以及茅台酒的品鉴。

在清道光年间《遵义府志》里精确地描写了当年茅台酒的品牌、酒质、制造工艺及生产范围。茅台酒以优质高粱为原料,用小麦制成高温曲,而用曲量多于原料。酿制茅台酒要经过两次加生沙(生粮)、八次发酵、九次蒸馏,生产周期长达八九个月,再陈储三年以上,勾兑调配,然后再储存一年,使酒质更加协调醇香、绵软柔和,方准装瓶出厂,整个生产进程近五年之久。

那么,该如何品鉴茅台酒呢? 茅台酒一开,先给人一种莫名的激动,随之便是“奇香溢满室,异芳举座惊”。闻香之后,再荡香入杯,细观其色,微黄显透明,纯净无沉淀。举杯轻摇,对着日光或月光,则可看到细细的酒花沿杯而生,又复归于灭。有人将茅台酒品鉴归纳为开封验其真、荡香观其色、咂香品其味、空杯嗅其香等四部曲。茅台酒的独特感官指标是酒液无色透明,饮时醇香回甜,没有悬浮物及沉淀,酒香突出,幽雅细腻,酒体醇厚,回味悠长,空杯留香持久,经久不散。品茅台酒,有三式,一为抿、二为咂、三为呵。抿,是将酒杯送到唇边,轻巧地、缓缓地呷一小口,在嘴里细细抿品。咂,是轻咂嘴巴,于慢慢品评中将酒咽下,自然发出咂或嗒之声。呵,是在咂的基础上迅速哈气,让酒气从鼻腔喷香而出。空杯留香是茅台酒区别于其他名酒的又一特点,不仅毫不逊于口感,对不善饮者而言,甚至胜于口感。空杯嗅香与咂香品味，相得益彰，而又各有其趣。

你了解了吗？接下来就请大家来品鉴品鉴吧。

（撰稿：廖广莉）

3）西湖龙井（华侨团）

各位朋友，你们好！欢迎大家来品西湖龙井。在大家品茶的过程中，我为大家讲一讲西湖龙井的特性和逸闻趣事。

西湖龙井属绿茶类，是中国十大名茶之一，产于浙江省杭州市西湖龙井村周围群山，并因此得名。西湖龙井历史悠久，最早可追溯到中国唐代，当时著名的茶圣陆羽，在所撰写的世界上第一部茶叶专著《茶经》中，就有杭州天竺、灵隐二寺产茶的记载，距今有1200多年的历史。西湖龙井茶之名始于宋、闻于元、扬于明、盛于清。清代乾隆皇帝游览杭州西湖时，盛赞西湖龙井茶，把狮峰山下胡公庙前的十八棵茶树封为“御茶”。

西湖龙井中有几个有名的品类，如狮峰龙井、梅坞龙井、云栖龙井、虎跑龙井等。其中，狮峰龙井产于龙井村、狮子峰、翁家山一带，色泽略黄，素称糙米色；梅坞龙井产于云栖、梅家坞一带，外形挺秀、扁平、光滑，色泽翠绿。西湖龙井按外形和内质的优次分1~8级。春茶中的特级西湖龙井，扁平、光滑、挺直，色泽嫩绿光润，香气鲜嫩清高，滋味鲜爽甘醇，叶底细嫩呈朵，泡在杯中，芽叶色绿，素以“色绿、香郁、味甘、形美”四绝称著。其余各级龙井茶随着级别的下降，外形色泽由嫩绿到青绿到墨绿，茶身由小到大，茶条由光滑至粗糙，香味由嫩爽转向浓粗。

清明节前采制的龙井茶简称明前龙井，美称女儿红，有“院外风荷西子笑，明前龙井女儿红”。鉴别西湖龙井有四招：一摸即判别茶叶的干燥程度；二看，即看干茶是否符合龙井茶的基本特征，包括外形、色泽、匀净度等；三嗅，即嗅闻干茶香气的高低和香型，并辨别是否有烟、焦、酸、馊、霉等气味和各种夹杂的不良气味；四尝，取3至4克龙井茶置于杯碗中，冲入沸水150~200毫升，5分钟后先嗅香气，再看汤色，细尝滋味，后评叶底，这个环节最为重要。

西湖龙井茶与西湖一样，是人、自然、文化三者的完美结晶，是西湖地域文化的重要载体。大家感受到了吗？

（撰稿：廖广莉）

4）西安羊肉泡馍（亲子团）

各位朋友，你们好！欢迎大家来西安品尝这里有名的小吃——羊肉泡馍。

说起西安羊肉泡馍，还有一段来历。隋唐时期，长安地区多吃饼，因此出现了一种面食，做法是先将面饼切成条形、方形不等再下锅，而那时人又普遍吃羊肉，就又把羊肉和其他辅材放一块烹煮，以后逐渐演变成羊肉泡馍。北宋诗人苏轼吃过羊肉泡馍之后，随即感叹“陇馔有熊腊，秦烹唯羊羹”，可见其美味。现在羊肉泡馍已成为陕西名食的“总代表”。

那么它有什么样的特色呢？又是怎样做出来的呢？我来为大家揭开谜底。羊肉泡馍简称羊肉泡、煮馍,制作原料主要有羊肉、葱末、粉丝、糖蒜等,古称“羊羹”,西安羊肉泡馍烹制精细,料重味醇,肉烂汤浓,肥而不腻,营养丰富,香气四溢,诱人食欲,食后回味无穷。羊肉泡馍的传统做法有四种:单走、干拔、口汤、水围城。所谓“单走”,馍与汤分端上桌,把馍(饼)掰到汤中吃,食后单喝一碗鲜汤,曰“各是各味”。“干拔”也称“干泡”,煮好碗中不见汤,能戳住筷子。所谓“口汤”,泡馍吃完以后,就剩一口汤。“水围城”,顾名思义,宽汤,像大水围城。泡馍的掰法讲究,馍是特制的,馍大小是和煮法统一的,干拔、口汤、水围城,馍的大小依次如黄豆、花生、蚕豆即可。

朋友们需要品尝哪一种呢?大家想好了就可以点餐了!祝您吃得开心!谢谢!

(撰稿:廖广莉)

八、宗教文化导游词创作

1. 模拟情境

在学校的全国技能大赛导游服务赛项选拔赛中,你班 4 名选手分别抽取到了宗教文化景观中的五台山(宗教朝圣团)、三清山(摄影团)、敦煌莫高窟(写生团)、上海城隍庙(教师团),30 分钟内需创作好各景点导游词。

2. 创作思路

1)宗教文化导游词创作要点分析

Ⅰ. 概念界定

宗教既是一种特定形态的思想信仰,同时又是人类一种普遍的文化现象,包含丰富的文化内涵。它与文化一样,给人类提供了一整套生活方式。所以,从广义上讲,宗教的历史就是一部人类文化史,宗教是社会的文化现象。宗教文化通过对哲学思想、伦理道德、法律、教育、生活习俗、文学艺术、音乐、建筑、绘画、雕塑、旅游、诗歌等方面进行渗透,成为中国传统文化的一个重要组成部分,在中国传统文化中具有十分重要的地位和社会历史价值。全国技能大赛导游服务赛项中的宗教文化导游词创作主要包含宗教圣地与宗教建筑两大模块导游词的创作。

Ⅱ. 提炼文化特色

宗教文化导游词创作要注重展现宗教文化的内涵,体现宗教文化景观的特征、实用价值、美学价值与艺术价值。例如在介绍宗教圣地景观时,要突出宗教圣地在某一宗教中的特殊地位、该宗教的起源、传播与发展、代表性景观和艺术价值等;在介绍宗教建筑景观时,要重点介绍宗教建筑的总体布局、主要供奉对象、供奉对象的位置和名称、宗教建筑所蕴含的深意等。

Ⅲ. 分析团型特点

导游词创作时要考虑不同团型成员的不同需求,如果游览五台山的是宗教朝圣团,导游词创作要挖掘较深的宗教文化内涵，讲解的内容要侧重该宗教发展的历史成因、社会背景、代表性景观和艺术价值；如果是写生团，导游词创作要突出宗教建筑整体布局及建筑风格特色等。

2）宗教文化景观导游词创作思路

宗教文化景观呈现的是文化的内容，如果参赛，按主题进行创作比较好。

导游词由开头语，主题讲解，结束语三部分组成。

（1）开头语，包括简短的自我介绍、欢迎词，点明讲解的类别。

（2）主题讲解。突出主题进行宗教文化景观导游词创作，条理性很重要。如果是宗教建筑导游词写作，基本结构一般是先对宗教建筑进行整体介绍，然后以游踪为线索，对各景点逐一进行介绍。例如在佛教建筑的导游词创作中，佛教建筑的整体部分一般包括佛教寺庙的总体布局、历史渊源、宗教文化特色和特殊意义。在寺庙各景观介绍方面，则主要以空间为序，以游览路线为线索逐一介绍佛教建筑的各个组成部分，一般包括山门（三门）、钟楼和鼓楼、天王殿、大雄宝殿和各偏殿等场所。

（3）结束语。用一两句话表达感谢、欢迎再来之意。

3. 创作训练

1）宗教圣地导游词创作

请从下面3个备选的材料中选择1题作答，共100分。

答题要求：

（1）请根据以下提供的景观信息选择一个（含团型），撰写一篇在语言、形式上符合要求的导游词；

（2）请将字数控制在500~700字；

（3）请依据景观信息材料中提到的信息，撰写宗教圣地导游词，要突出宗教圣地在某一宗教中的特殊地位、该宗教的起源、传播与发展、代表性景观和艺术价值等内容，并进行必要的筛选、扩充与想象，不能照搬某一景点现成的导游词；

（4）在选材、角度、结构、表达等方面要有一定的创新性。

Ⅰ. 五台山（宗教朝圣团）

＊资料

五台山，国家5A级旅游景区，国家重点风景名胜区，国家地质公园，国家自然与文化双重遗产，中华十大名山之一，中国佛教四大名山之一，世界五大佛教圣地之一，位于山西省忻州市，北纬38° 50'~39° 05'、东经113° 29'~113° 44'，总面积592.88平方千米。五台山位居中国佛教四大名山之首，称为“金五台”，为佛教中文殊菩萨的道场。五台山并非一座山，它是坐落于“华北屋脊”之上的一系列山峰群，景区总面积达2837平方千米，最高海拔3061米。五座山峰（东台望海峰、南台锦绣峰、中台翠岩峰、西台挂月峰、北台叶斗峰）环抱整片区域，顶无林木而平坦宽阔，犹如垒土之台，故而得名。据传五台山有寺庙128座，现存寺院共47处，台内39处，台外8处，其中多敕建寺院，曾有多朝皇帝前来参拜。著名的寺院有显通寺、塔院寺、菩萨顶、南山寺、黛螺顶、广济寺、万佛阁等。其中，有国家重点文物保护单位6处：南禅寺、佛光寺、显通寺、广济寺、岩山寺（繁峙县）、洪福寺（定襄县）。

＊来源：https：//baike.baidu.com/item/%E4%BA%94%E5%8F%B0%E5%B1%B1/2678?fr=aladdin

＊创作：

开头语：
主　题：
结束语：

Ⅱ.武当山（商务团）

＊资料

武当山，中国道教圣地，又名太和山、谢罗山、参上山、仙室山，古有"太岳""玄岳""大岳"之称，位于湖北省西北部十堰市丹江口市境内，东接古城襄阳，西靠车城十堰，南望原始森林神农架，北临高峡平湖丹江口水库。明代，武当山被皇帝封为"大岳""治世玄岳"，被尊为"皇室家庙"。武当山以"四大名山皆拱揖，五方仙岳共朝宗"的"五岳之冠"地位闻名于世。

1994年12月，武当山古建筑群入选《世界遗产名录》，2006年被整体列为全国重点文物保护单位。2007年，武当山和长城、丽江、周庄等景区一起入选"欧洲人最喜爱的中国十大景区"。2010–2013年，武当山分别被评为国家5A级旅游景区、国家森林公园、中国十大避暑名山、海峡两岸交流基地，并入选最美"国家地质公园"。

截至2013年统计，武当山有古建筑53处，建筑面积2.7万平方米，建筑遗址9处，占地面积20多万平方米，全山保存各类文物5035件。武当山是道教名山和武当武术的发源地，被称为"亘古无双胜境，天下第一仙山"。武当武术是中华武术的重要流派。元末明初，道士张三丰集其大成，开创武当派。

＊来源：https：//baike.baidu.com/item/%E6%AD%A6%E5%BD%93%E5%B1%B1/84549?fr=aladdin#5_1

＊创作：

开头语：

主　题：
结束语：

Ⅲ.崂山（作家采风团）

＊资料

崂山，位于青岛市东部，古代又曾称牢山、劳山、鳌山等。它是山东半岛的主要山脉，最高峰名为巨峰，又称崂顶，地处北纬36° 10′、东经120° 37′，海拔1132.7米，峰顶面积约1.5平方千米，为崂山的主峰，是中国海岸线第一高峰，有着“海上第一名山”之称。当地有一句古语：“泰山虽云高，不如东海崂”。

崂山是道教名山。自春秋战国至秦汉时期，就有方士、巫师在崂山修炼，唐、宋两代崂山道教肇兴，元、明两代达到鼎盛，至清代不衰。

崂山还拥有底蕴深厚的佛教文化，西晋时期佛教传入崂山地区。崂山之佛教始于魏晋，盛于隋唐，明代又迭起高潮，清代后期渐衰。崂山佛教寺院有名可循的有32座，建于隋代之前的有6座，建于唐代的有4座，建于宋代的有1座，建于明代的有16座，建于清代的有5座。

＊来源：https://baike.baidu.com/item/%E5%B4%82%E5%B1%B1/125288? fr=aladdin#7_2

＊创作：

开头语：
主　题：
结束语：

2）宗教建筑导游词创作

请从下面3个备选的材料中选择1题作答，共100分。

答题要求：

（1）请根据以下提供的景观信息选择一个（含团型），撰写一篇在语言、形式上符合要求的导游词；

（2）请将字数控制在500~700字；

（3）请依据景观信息材料中提到的信息，撰写宗教建筑导游词，要突出宗教建筑的总体布局、主要供奉对象、供奉对象的位置和名称、宗教建筑所蕴含的深意等内容，并进行必要的筛选、扩充与想象，不能照搬某一景点现成的导游词；

（4）在选材、角度、结构、表达等方面要有一定的创新性。

Ⅰ. 布达拉宫（摄影团）

*资料

布达拉宫，坐落于中国西藏自治区的首府拉萨市区西北玛布日山上，是世界上海拔最高，且集宫殿、城堡和寺院于一体的宏伟建筑，也是西藏最庞大、最完整的古代宫堡式建筑群。布达拉宫依山垒砌，群楼重叠，殿宇嵯峨，气势雄伟，是藏式古建筑的杰出代表（据说源于桑珠孜宗堡），是古建筑的精华之作，是第五套人民币50元纸币背面的风景图案。其主体建筑分为白宫和红宫两部分。宫殿高200余米，外观13层，内为9层。布达拉宫前辟有布达拉宫广场，是世界上海拔最高的城市广场。

布达拉宫最初为吐蕃王朝赞普松赞干布为迎娶尺尊公主和文成公主而兴建。1645年（清顺治二年）清朝属国和硕特汗国时期护法王固始汗和格鲁派摄政者索南群培重建布达拉宫之后，成为历代达赖喇嘛冬宫居所以及重大宗教和政治仪式举办地，也是供奉历世达赖喇嘛灵塔之地，旧时与驻藏大臣衙门共为统治中心。

每年至布达拉宫的朝圣者及旅游观光客不计其数。

*来源：https://baike.baidu.com/item/%E5%B8%83%E8%BE%BE%E6%8B%89%E5%AE%AB/113399? fr=aladdin#3_1

*创作：

开头语：
主　题：
结束语：

Ⅱ. 敦煌莫高窟（写生团）

*资料

敦煌莫高窟是甘肃省敦煌市境内的莫高窟、西千佛洞的总称，是我国著名的四大石窟之一，也是世界上现存规模最宏大、保存最完好的佛教艺术宝库。

莫高窟位于敦煌市东南25千米处，开凿在鸣沙山东麓断崖上，南北长约1600多米，上下排列五层，高低错落有致、鳞次栉比，形如蜂房鸽舍，壮观异常。它是我国现存规模最大、内容最丰富的古典文化艺术宝库，也是举世闻名的佛教艺术中心。1987 年 12 月被联合国教科文组织列为世界文化遗产，在 2018 中国西北旅游营销大会暨旅游装备展上，入围"神奇西北 100 景"榜单。

莫高窟是古建筑、雕塑、壁画三者相结合的艺术宫殿，尤以丰富多彩的壁画著称于世。莫高窟是一座伟大的艺术宫殿，是一部形象的百科全书。莫高窟 1961 年被国务院列为首批全国重点文物保护单位；1987 年被联合国教科文组织列入世界文化遗产保护项目，并于 1991 年授予"世界文化遗产"证书。

外国的旅游者对莫高窟的评价是：

"看了敦煌莫高窟，就等于看到了全世界的古代文明。"

"莫高窟是世界上最长、规模最大、内容最丰富的画廊。"

"它是世界现存佛教艺术最伟大的宝库"。

＊来源：https://baike.baidu.com/item/%E6%95%A6%E7%85%8C%E8%8E%AB%E9%AB%98%E7%AA%9F/165739?fr=aladdin#1_1

＊创作：

开头语：
主　题：
结束语：

Ⅲ. 上海城隍庙（教师团）

＊资料

上海城隍庙位于上海市黄浦区方浜中路，为"长江三大庙"之一。城隍，又称城隍神、城隍爷，是中国宗教文化中普遍崇祀的重要神祇之一，由有功于地方民众的名臣、英雄充当，是中国民间和道教信奉守护城池之神。

上海城隍庙传说是三国时吴主孙皓所建，明永乐年间，改建为城隍庙。前殿祭祀金山神汉大将军博陆侯霍光神主，正殿供诰封四品显佑伯城隍神明待制秦裕伯御史，后殿乃寝宫。现门前存有 1535 年所建的牌坊，戏台为 1865 年所建。

风雨沧桑，朝代更迭，上海城隍庙也历经了各朝各代的兴衰。

＊来源：https://baike.baidu.com/item/%E5%9F%8E%E9%9A%8D%E5%BA%99/2764713?fromtitle=%E4%B8%8A%E6%B5%B7%E5%9F%8E%E9%9A%8D%E5%BA%99&fromid=1749003&fr=aladdin

*创作：

开头语：
主　题：
结束语：

4. 创作成果展示

1）五台山（宗教朝圣团）

各位朋友，大家好！欢迎来到中国佛教四大名山之首，称为“金五台”的文殊菩萨的道场五台山参观游览。今天我为大家主要介绍五台山的地理位置以及人文历史。

五台山位于中国山西省东北部忻州市五台县东北隅，它是坐落于“华北屋脊”之上的一系列山峰群，景区总面积达2837平方千米，最高海拔3061米。五座山峰（东台望海峰、南台锦绣峰、中台翠岩峰、西台挂月峰、北台叶斗峰）环抱整片区域，顶无林木而平坦宽阔，犹如垒土之台，所以得名。五台据说代表着文殊菩萨的五种智慧：大圆镜智、妙观察智、平等性智、成所作智、法界体性智。

五台山是中国最早产生佛教寺庙建筑的地方之一，据传拥有寺庙128座，现存寺院共47处，台内39处，台外8处，曾有多朝皇帝前来参拜。著名的寺院有显通寺、塔院寺、菩萨顶、南山寺、黛螺顶、广济寺、万佛阁等。五台山寺庙始建于汉明帝时期，自东汉永平（58—75年）年间起，历代修建的寺庙鳞次栉比，佛塔摩天，殿宇巍峨，金碧辉煌，是中国历代佛教建筑荟萃之地。雕塑、石刻、壁画、书法遍及各寺，均具有很高的艺术价值。历史上，印度、尼泊尔、朝鲜、日本、蒙古国、斯里兰卡等国的佛教信徒，来此朝圣求法的甚多。2009年6月26日，在西班牙塞维利亚举行的第33届世界遗产大会上五台山被正式列入《世界遗产名录》。

作为宗教名山，大家来到此地，一定注意佛教中的风俗禁忌和宗教礼仪等。

好了，我的介绍就到这里。谢谢大家！

（撰稿：廖广莉）

2）武当山（商务团）

各位朋友，大家好！欢迎来到道教圣地武当山参观游览。

世界遗产委员会评价：武当山古建筑中的宫阙庙宇集中体现了中国元、明、清三代世俗和宗教建筑的建筑学和艺术成就。武当山古建筑群坐落在沟壑纵横、风景如画的湖北省武当山麓,在明代期间逐渐形成规模,其中的道教建筑可以追溯到7世纪,这些建筑代表了近千年的中国艺术和建筑的最高水平。武当山古建筑群于1994年12月15日根据世界文化遗产遴选标准入选《世界遗产名录》。

那么,今天我们就去解开武当山神秘的面纱吧。

武当山古建筑群的兴建,源于明代皇帝朱棣在扩展外交的同时,对内大力推崇道教,灌输"皇权神授"思想,以巩固其内部统治。武当山古建筑群中的主要遗产有太和拱、南岩宫、紫云宫、复真观和"治世玄岳"石坊等。此外,在全山各宫观中还保存着铜、铁、木、石各类造像1486件,其中明代以前制品近千件,宋、元、明、清碑刻、磨岩409通,法器、供器682件,以及图书、经卷、典籍等,均是珍贵的文化遗产。

"武当"之名最早出现在《汉书》中,汉末至魏晋隋唐时期,其是求仙学道者的栖隐之地。至宋代,道经开始将传说中的真武神与武当山联系起来,将武当山附会成真武神的出生地和飞升处,为它以后的显荣尊贵打下了基础。明代以后,由于统治者对真武神的尊崇,武当山被封为太岳、玄岳,成为"天下第一名山"。清代以后,武当山的地位大为下降。另外,武当武术是中华武术的重要流派。元末明初,道士张三丰集其大成,开创武当派,并影响至今。

武当山不仅拥有奇特绚丽的自然景观,而且拥有丰富多彩的人文景观,因此被誉为"亘古无双胜境,天下第一仙山"。

我的讲解就到这里,谢谢大家!

(撰稿:廖广莉)

3)布达拉宫(摄影团)

各位朋友,大家好!欢迎来到布达拉宫参观游览!

布达拉宫坐落于中国西藏自治区的首府拉萨市区西北玛布日山上,是世界上海拔最高,且集宫殿、城堡和寺院于一体的宏伟建筑,也是西藏最庞大、最完整的古代宫堡式建筑群。可以说,布达拉宫是"西藏历史的博物馆"。

我们首先领略它的建筑美。布达拉宫的建筑艺术是数以千计的藏传佛教寺庙与宫殿相结合的建筑类型中最杰出的代表。现存布达拉宫的设计、布局、材料、工艺、装饰等都保存了自7世纪始建以来,历次重大增扩建和重建的历史原状,真实性很高。其由白宫、红宫两大部分和与之相配合的各种建筑所组成。主楼13层,高115.7米,由寝宫、佛殿、灵塔殿、僧舍等组成。白宫横贯两翼,为达赖喇嘛生活起居地。布达拉宫有各种殿堂长廊。红宫居中,供奉佛像、松赞干布像、文成公主和尼泊尔尺尊公主像数千尊以及历代达赖喇嘛灵塔,黄金珍宝嵌间,配以彩色壁画,金碧辉煌。整个建筑群占地10余万平方米,房屋数千间,布局严谨,错落有致,体现了西藏建筑工匠的高超技艺。

接下来我们感受它的文化魅力。布达拉宫收藏和保存了极为丰富的历史文物,如释迦牟尼的舍利子,108函2500余卷经书,金字缮写的甘珠尔、天竺等地的《贝叶经》,明、清以来中央政府关于西藏的各种封敕达赖喇嘛的金册、玉册、金印和乾隆皇帝御赐为挑选达赖转世灵童而设的金本巴瓶等。它也是中华各民族团结和国家统一的铁证。7世纪初,松赞干布迁都拉萨后,为迎娶唐朝的文成公主,特别在红山之上修建了共一千间宫殿的三座九层楼宇,取名为布达拉宫。布达拉宫有着重大的历史意义和宗教意义。

我的讲解就到这里,请大家接着参观游览。谢谢!

(撰稿:廖广莉)

4)敦煌莫高窟(写生团)

各位朋友,大家好!坐落在河西走廊西端的敦煌莫高窟,俗称千佛洞,它始建于中国古代十六国的前秦时期,历经十六国、北朝、隋、唐、五代、西夏、元等历代的兴建,形成了巨大的规模,有洞窟735个、壁画4.5万平方米、泥质彩塑2415尊,距今2000余年,是世界上现存规模最大、内容最丰富的佛教艺术圣地。1987年,莫高窟被评为世界文化遗产。

今天我为大家讲解的是莫高窟的价值。

首先是它的历史价值。敦煌石窟有成千上万个供养人画像,其中有一千多条还保存着题名结衔,能够了解许多历史状况和历史线索。敦煌石窟的彩塑和壁画大都是佛教内容,可帮助我们了解古代敦煌以及河西走廊的佛教思想、宗派、信仰、传播,佛教与中国传统文化的融合,佛教中国化的过程等。另外,里面的资料还可帮助我们了解古代经济、军事生活的状况。

其次是它的艺术价值。在敦煌石窟营建的一千年历程中,时值中国历史上由两汉以后长期分裂割据,走向民族融合、南北统一,臻于大唐之鼎盛,又由巅峰而式微的重要发展时期。在此期间,正是中国艺术的程序、流派、门类、理论的形成与发展时期,也是佛教美术艺术成为中国美术艺术的重要门类,最终完成了中国化的时期。敦煌石窟壁画中的人物画、山水画、动物画、装饰图案画都有千年历史,自成体系,数量众多。敦煌壁画中有音乐题材洞窟达200多个。敦煌石窟大多数洞窟的壁画中几乎都有舞蹈形象,还有十分丰富的建筑史资料。

第三是它的科技价值。敦煌作为中西方交通的枢纽,在壁画上不仅留下了商旅交往的活动情景,还留下了宝贵的交通工具形象资料,特别是保存了中国为世界交通工具做出独有贡献的独轮车、马套挽具(胸戴挽具和肩套挽具)、马镫、马蹄钉掌等珍贵的图像数据。

请大家继续参观。谢谢!

(撰稿:廖广莉)

课后延伸

1. 熟悉全国职业院校技能大赛导游服务赛项规程。
2. 会即时创作2分钟内的中国著名旅游文化元素导游词。

项目三　导游资格考试导游词创作

学习目标

1. 知识目标：了解全国导游资格考试科目五“导游服务能力”中湖南省现场导游考试中对景点讲解导游词的要求，掌握配合视频进行导游词创作的相关技巧。

2. 能力目标：能结合景点讲解视频创作或优化湖南省必考景点导游词。

3. 素质目标：提升导游人员资格准入所需的素质、知识与能力。

学习重难点

1. 重点：结合必考景点视频创作或优化导游词。

2. 难点：结合必考景点视频创作有深度、有创意的导游词。

情境设计（湖南省现场导游考证情境）

湖南省某高校旅游专业学生拟考取全国导游资格证，备考科目五“导游服务能力”景区（点）讲解环节时，需以必考景点参考视频的内容为基础，创作有深度、有创意且适合口语化讲解的导游词。

理论教学

一、导游资格考试导游词界定

导游资格考试导游词是指导游证考试中的科目五“导游服务能力”中需讲解的景点导游词。《2018 年全国导游资格考试大纲》规定科目五总的要求是中文类考生导游词讲解每人不少于 15 分钟，备考旅游景区不少于 12 个。考试成绩采用百分制，中文导游分值比例为礼貌礼仪占 5%，语言表达占 20%，景点讲解占 45%，导游服务规范占 10%，应变能力占 10%，综合知识占 10%，其中景点讲解占比最高。各省、自治区、直辖市都规定了本地区的考核景点，以湖南省为例，要求考生重点掌握湖南概况和湖南省具有代表性的 12 个景区（点）的基本概况及相关知识，并能运用导游语言和导游讲解技巧，对湖南概况、景区（点）进行有重点、有条理的生动讲解。湖南省的 12 个景区（点）是指岳麓书院、湖南省博物馆马王堆西汉古墓陈列、韶山毛泽东同志故居、岳阳楼景区、天子山旅游区、天门山旅游区、凤凰古城旅游区、南岳衡山旅游区、崀山旅游区、花明楼景区、东江湖旅游区、老司城景区。景区（点）讲解环节，以参考视频的内容为基础，鼓励有深度、有创意的导游词。

二、湖南概况创作技巧

湖南概况讲解是 2018 年新增的一个讲解内容，该讲解环节无参考视频，但有讲解时间限定，讲解时间为 2 分钟。2 分钟的讲解需创作 500 字左右的导游词。

湖南概况导游词创作要素主要包括湖南地理环境、面积、人口、行政区划、历史沿革、湖湘文化、湖湘精神、湖南名人、经济发展、民风民俗、湖南特产、烹饪文化、主要旅游资源等。考生可以从以上某一种要素或多种要素切入，自创导游词，无须面面俱到，但鼓励有深度、有创意的导游词。

有深度、有创意的导游词创作技巧体现在三方面：一是选准角度，找好切入点；二是突出主题，体现湖南特色；三是组织好语言，说来上口，听来悦耳。其中可适当引用相关诗文、小故事等，以体现特色。

三、导游资格考试人文景观导游词创作技巧

根据导游证考试中的科目五“导游服务能力”要求，各省、自治区、直辖市都规定了必考景点的范围。湖南省导游证考试必考景点为 12 个，按照景区内容可分为人文景观 8 个和自然景观 4 个。

8 个人文景观基本为景区，视频中体现了一定的旅游线路，导游词创作宜按旅游线路进行。创作技巧表现在以下三方面。

1. 结合视频提示的旅游线路进行

可按开头语（概括地理位置、历史背景、景点地位、名人评论）、游览线路上的具体景观介绍（突出景观特色、功能和价值）、结束语的思路进行设计和创作。

2. 创作过程中突出旅游线路上景观的人文特色

主要是将景点的历史背景、景点用途（或功能）、景点地位、景点价值（历史价值、文物价值、旅游价值、欣赏价值）以及名人评论等文化内涵巧妙融入进去，切忌走马观花。

3. 运用适当的表达技巧

运用本体阐释揭示景观本体所蕴含的知识；采用史料、典故、诗文等材料加以佐证；借助神话传说、民间故事、风土人情等衍释发挥。

四、导游资格考试自然景观导游词创作技巧

自然景观是指以山水为主体的景点。湖南省导游证考试中的 4 个自然景观为三山一水，即崀山旅游区、天子山旅游区、天门山旅游区、东江湖景区。4 个自然景观全部为景区，视频中体现了一定的旅游线路，导游词创作最好按旅游线路进行。创作技巧表现在以下四方面。

1. 结合视频提示的旅游线路进行

自然景观导游词主要包括总体概说（含欢迎词）和分说两部分，最后再加上结束语。总说部分是对自然景观作总体介绍，主要告诉游客要游览的自然景观的概况、内容及价值；分说部分是按旅游线路先后顺序，对各个景点的风光特色进行具体描述。

2. 创作过程中突出旅游线路上景观的风光特色

主要突出自然风光的天赋性、差异性、地域性、科学性、综合性等特征，用自然科学知识说明其成因，掌握观景角度，突出其地貌特征、美学特征。

3. 创作中融入与景观有关的文学知识

主要描述该景点的著名山水诗、词、文、赋，增添景点的文学情趣，山水人文相融合，会使导游词增色不少。

4. 语言组织营造意境

自然景观创作语言要简洁明快，多用颜色词夸张饰美，多用比喻句进行联想映衬（但要避免用长句），多用口语词、指引词引导游客欣赏。

能力培养

一、人文景观导游词创作

（一）岳麓书院

1. 模拟情境

你作为湖南某高校的一名旅游专业考生，报考了全国导游资格考试，为此需准备湖南考点“导游服务能力”必考景点中的岳麓书院。

2. 创作思路

1）岳麓书院景点分析

岳麓书院位于湖南省长沙市湘江西岸的岳麓山东面山下，是中国古代传统书院建筑，是中国历史上著名的四大书院之一。1988 年，岳麓书院建筑群被国务院批准为第三批全国重点文物保护单位。

北宋开宝九年（976 年），潭州太守朱洞在僧人办学的基础上，由官府捐资兴建，正式创立岳麓书院。此后，历经宋、元、明、清各代，至清末光绪二十九年（1903 年）改为湖南高等学堂。

北宋祥符八年(1015年),宋真宗召见山长周式,并赐书“岳麓书院”四字门额。1926年正式定名为湖南大学。岳麓书院历经千年,弦歌不绝,故世称“千年学府”,现为湖南大学下属学院。

岳麓书院主要文物有建筑类和文化类两大类。建筑类包括:大门、二门、讲堂、教学斋(半学斋)、明伦堂等教学建筑,御书阁等藏书建筑,文庙、濂溪祠、崇道祠等祭祀建筑,麓山寺碑亭、碑廊等园林建筑,赫曦台等纪念建筑;文化类,如讲堂檐碑匾、麓山寺碑亭等碑匾文化,文物价值极高。书院的主要作用是讲学、藏书和祭祀。

(资料来源:https://baike.so.com/doc/5345882-5581328.html)

2)岳麓书院景点线路

结合导游证考试视频内容,岳麓书院景点创作依据视频中的线路进行。

概说(历史、地位)—平面图(格局、功能)—赫曦台[解释,由来(“朱张会讲”)]—大门(匾额,八字对联)—二门(匾额)—讲堂(三块匾来源、碑刻、岳麓书院记)—御书楼(地位,藏书)—文庙(祭祀,大成殿)—结束语。

3. 创作训练

(1)开头:概说岳麓书院这座千年学府的由来,平面布局体现其历史地位、三大功能等。

(2)呈现岳麓书院各景观特色。

①赫曦台:“赫曦”二字释义,该台建造的由来是“朱张会讲”(朱熹、张栻在岳麓书院讲学),有关赫曦台旁的“寿、福”二字的传说故事。

②大门:宋真宗赐匾“岳麓书院”,确定了其千年的历史;“惟楚有才,于斯为盛”八字对联的出处及意义,道出岳麓书院英才辈出的历史事实。

③二门:“名山檀席”的匾额释义;背后面“潇湘槐市”匾的意思。

④讲堂(重点):三块匾额的含义、由来,忠孝廉洁碑刻,《岳麓书院记》的作用,理学与儒学的关系,程门立雪的故事。

⑤御书楼:藏书功能;皇帝御赐,布局体现受尊重的地位。

⑥文庙:祭祀功能;大成殿在文庙中的地位,“大成”之意。

(3)结束语:表达结束、欢迎再来之意。

4. 创作成果展示

岳麓书院

视频导游词	**学生创作(优化)导游词**
各位朋友: 大家好!欢迎来到“千年学府”岳麓书院参观游览,岳麓书院起源于北宋开宝九年,为潭州太守朱洞所创建,历经宋、元、明、	各位游客: 大家好!欢迎大家来到“道僧三百众,岳麓一千徒”的潇湘洙泗的岳麓书院参观游览。

清四个朝代，到1903年改为湖南高等学堂，于1926年正式定名为湖南大学，现在是湖南大学的下属二级学院，距今已经有1000多年的历史，所以有着“千年学府”的美称。 请大家过来看岳麓书院的这幅平面示意图，我们可以发现书院主体采用中轴对称、纵深多进的建筑格局，这体现了我国儒家文化尊卑有序、等级有别、主次鲜明的社会伦理关系，岳麓书院古建筑分为讲学、藏书以及祭祀三大部分。 我们首先来到的是赫曦台，赫是红色的意思，曦指朝阳，赫曦即指红色的朝阳。南宋乾道三年朱熹应岳麓书院主教张栻的邀请，从福建来岳麓书院讲学，开创了不同学派间学者相互辩论交流的会讲形式，史称“朱张会讲”。据说当时张栻和朱熹经常相约一起登上岳麓山顶观日出，在观日出的地方建立了一座台子，取名为赫曦台。 沿着中轴线我们来到了岳麓书院的大门，现在我们看到的大门是清朝同治七年重建的。我们先看门上的岳麓书院这块匾额，宋真宗亲自赐匾后，岳麓书院从此名闻天下，前来求学者络绎不绝，成为北宋四大书院之首。大家再看，大门两旁悬挂有对联“惟楚有才，于斯为盛”，这副对联相信大家应该是耳熟能详了，上联出自《左传》，下联出自《论语》，整副对联道出了岳麓书院英才辈出的历史事实，大门之后是二门，请大家抬头看，二门上挂着“名山檀席”的匾额，这里的名山是指岳麓山，檀席则是一种古代教学方式，老师在讲台上坐着讲课，学生们则席地而坐听讲。 我们现在来到了讲堂，讲堂位于书院的中心位置，是书院的教学重地和举行重大活动的场所，讲堂外悬挂有“实事求是”匾。这块匾是民国初期湖南工专校长宾步程所撰，宾校长将其作为校训，旨在教育学生崇	岳麓书院是我国著名的“四大书院”之一。你知道另外三大书院吗？（分别是河南应天书院、嵩阳书院和江西白鹿书院）由古老的书院到今天湖南大学的二级学院，至今已有1000多年的历史，所以有“千年学府”的美称。 现在我们看到的是岳麓书院平面示意图，可以看出书院采取中轴对称、纵深多进的建筑布局，反映了我国儒家文化尊卑有序、等级有别、主次鲜明的社会伦理关系，这也与岳麓书院宣讲的理学思想相吻合。书院有讲学、藏书和祭祀三大功能。 我们现在来到的是赫曦台，它的由来与书院历史上一次有名的学术峰会有关。南宋年间，当时的山长张栻邀请当时的理学大师朱熹来学院讲学，开创了不同学派间学者相互辩论交流的会讲形式，史称“朱张会讲”。当时，二人每天早上登岳麓山看日出，每见旭日腾空，世间万物一派生机勃勃，就激动不已。为了纪念朱熹和张栻，修建了这座赫曦台。 沿着中轴线，我们来到了岳麓书院的大门。“岳麓书院”这块匾是宋真宗御赐的。大门两旁悬挂对联“惟楚有才，于斯为盛”，上联“惟楚有才”出自《左传》，下联“于斯为盛”出自《论语》，这副对联也道出了岳麓书院英才辈出的历史事实。 现在看到的是二门，大家请往上看，这块“名山檀席”的匾表明了岳麓书院的讲学方式，就是老师坐在台上讲，学生席地而坐听。 我们现在来到了讲堂。讲堂位于书院的中心位置，是书院的教学重地和举行重大活动的场所。讲堂外悬有“实事求是”匾，是民国初期湖南工专校长宾步程撰写的，宾校长写此匾旨在教育学生崇尚科学、追求真

尚科学、追求真理，1917至1918年毛主席两次入岳麓书院求学，“实事求是”对他的思想形成产生了重大的影响。 讲堂内左右墙壁上有朱熹手书，清代山长欧阳厚均刻的“忠孝廉洁”碑。讲堂又叫忠孝廉节堂，这四块碑石是国内现存最大的室内独字碑刻，讲堂上方悬挂两块木匾，第一块是“学达性天”，由清代康熙皇帝御赐，意思是学习所能达到的最高境界在于天人合一，旨在表彰书院对传承理学、培养人才的贡献。 第二块是“道南正脉”匾，由乾隆皇帝御赐，这块匾是真迹，与“程门立雪”的故事有关。理学的开山鼻祖是周敦颐，河南洛阳的程颐、程颢两兄弟是他的弟子。一名叫杨时的闽南学者去洛阳向“二程”学习理学，当杨时学成南归，向老师告别时，老师目送他说：“吾道南矣！”“道南正脉”实际上是清乾隆皇帝对岳麓书院传播理学的最高评价，表明了岳麓书院在中国理学传播史上的重要地位。 讲堂屏壁正面书有《岳麓书院记》，这是南宋乾道初年（1165年）由书院主教、著名理学家张栻所撰。《岳麓书院记》是岳麓书院培养人才的基本大纲，张栻主张读书的目的不是为了金钱和仕途，读书应有更伟大、更有意义的目标，就是传承优秀的历史文化、学以致用，他阐明了岳麓书院以反对科举利禄之学，培养传道济民的人才为目的的办学思想，对书院教育具有重大影响。 御书楼是书院藏书功能的体现，它是仿宋代风格建造的三层楼阁建筑，因其存放了大量皇帝御赐的图书而得名为“御书楼”。御书楼位于书院中轴线末端，是书院唯一一座三层建筑，表明其在书院备受尊重的地位。现在我们看到的这座御书楼是1986年重建的，“御书楼”三个字是集朱熹的字所成。	理。毛主席曾两次住在岳麓书院求学，“实事求是”对他的思想形成产生了重大的影响。在后来的革命实践中，他丰富和发展了“实事求是”的内涵，使其成为毛泽东思想的精髓。 讲堂内大家看到的“忠孝廉洁”四块碑，都是朱熹手书，由清代山长欧阳厚均刻写，所以讲堂又叫“忠孝廉节”堂。值得一提的还有讲堂上方悬挂的两块鎏金木匾。一块为“学达性天”，由康熙皇帝御赐，意思是学习所能达到的最高境界在于天人合一，旨在表彰书院对传承理学、培养人才方面所做出的贡献。另一块为“道南正脉”，由乾隆皇帝御赐，匾为原物。这块匾与“程门立雪”中的程颐、程颢、杨时有关，杨时师从“二程”学习理学，学成南归，老师目送他说了一句“吾道南矣！”“道南正脉”实际上是清乾隆皇帝为表彰岳麓书院在传播理学方面的功绩所赐，表明书院在中国理学传播史上的地位。 讲堂的屏壁上还有《岳麓书院记》，这是岳麓书院培养人才的大纲，当时的山长张栻主张读书应有更伟大的目标。岳麓书院在千年办学过程中，讲究的是培养经世致用之才，故而“经世务实”精神成为岳麓书院的显著特征。 御书楼是书院藏书功能的体现。这座宋代风格的三层楼阁建筑，因为存放了大量御赐的图书而闻名，是书院唯一一座三层建筑，表明其备受尊重的地位。“御书楼”三字也是集朱熹的字而成。现在我们看到的御书楼是1986年重建的。 最后我们来到的是位于书院左侧的文庙，这里是专门供奉儒家圣人孔子的地方，也是书院祭祀的主要场所。大成殿是文庙中最主要的建筑，“大成”二字表示了孔子的

最后我们来到的是位于书院左侧的文庙，这里是专门供奉儒家圣人孔子的地方，也是书院祭祀的主要场所。大成殿是文庙中最主要的建筑，“大成”二字表示了孔子的成就和地位。

好了，我们今天的游览也将要结束了，经过今天的参观，相信大家对岳麓书院这一千年学府的历史和文化已经有了一个大致的了解，谢谢大家！

成就和地位。

岳麓书院的楼阁砖瓦闪耀着千年凝聚的智慧，带给我们的远不止视觉与心灵上的震撼，这千年传承下来的文化传奇更会影响指引我们的一生！谢谢大家！

——旅（3）171班　李海力

指导创作老师　廖广莉

（二）岳阳楼

1. 模拟情境

你作为湖南某高校的一名旅游专业考生，报考了全国导游资格考试，为此需准备湖南省考点“导游服务能力”必考景点中的岳阳楼。准备的前提是按照对应视频中的景点进行。

2. 创作思路

1）岳阳楼景点分析

岳阳楼位于湖南省岳阳市古城西门城墙之上，下瞰洞庭，前望君山，自古就有“洞庭天下水，岳阳天下楼”之美誉，与湖北武汉黄鹤楼、江西南昌滕王阁并称为“江南三大名楼”。1988年1月被国务院确定为全国重点文物保护单位。

岳阳楼主楼高19.42米，进深14.54米，宽17.42米，为三层、四柱、飞檐、盔顶、纯木结构。楼中四根楠木金柱直贯楼顶，周围绕以廊、枋、椽、檩互相榫合，结为整体。

岳阳楼作为三大名楼中唯一保持原貌的古建筑，其独特的盔顶结构，更是体现了古代劳动人民的聪明智慧和能工巧匠的精巧设计与技能。北宋范仲淹脍炙人口的《岳阳楼记》更使岳阳楼闻名于世。

岳阳楼主要景点有三醉亭、仙梅亭、小乔墓等。保存的主要文物当推诗仙李白的对联“水天一色，风月无边”最为著名，其次要数清代书法家张照书写的《岳阳楼记》雕屏。该雕屏由12块巨大紫檀木拼成，文章、书法、刻工、木料全属珍品，人称“四绝”。此外，人们把范仲淹作记，滕子京重修岳阳楼，大书法家苏舜钦书写《岳阳楼记》和邵竦篆刻并称为“天下四绝”，并树立了“四绝碑”至今保存完好。

岳阳楼的审美价值主要体现在楼宇之美，即三层、飞檐，斗栱、盔顶，四柱、纯木；文化之美，即诗联、文赋、雕屏、书法等。

（资料来源：https://baike.so.com/doc/1465272-1549268.html）

2)岳阳楼景点线路

结合导游考证视频内容,岳阳楼景点创作依据视频中的线路进行。

概说(地位、历史)—五朝楼观(唐、宋、元、明、清,黄铜造微缩景观)—双公祠(范仲淹、滕子京,白墙青瓦)—牌坊(石结构,楹联左为张照书、右为何绍基书)—仙梅亭、三醉亭(吕洞宾)—岳阳楼(清代,匾,建筑特色、文物内涵)—结束语。

3. 创作训练

(1)开头:概说岳阳楼的地位、由来及其人文景观特色。

(2)呈现岳阳楼各景观特色。

①五朝楼观:黄铜造微缩景观,唐、宋、元、明、清五个朝代岳阳楼。

②双公祠:湘北明清祠堂式建筑风格,范仲淹和滕子京。

③牌坊:石结构,楹联左为张照书、右为何绍基所写。

④仙梅亭、三醉亭:仙梅亭两层三檐,纯木结构;吕洞宾与三醉亭的故事。

⑤岳阳楼:楼宇之美,美在三层、飞檐,斗拱、盔顶,四柱、纯木,美学、力学、建筑学和工艺学成就;文化之美,美在诗联、文赋、雕屏、书法,历代文人墨客抒发的"先天下之忧而忧、后天下之乐而乐"情怀。

(3)结束语:表达结束、欢迎再来之意。

4. 创作成果展示

岳阳楼

视频导游词	学生创作(优化)导游词
各位朋友,大家好!欢迎来到国家5A级旅游景区岳阳楼参观游览。 岳阳楼自古就有"洞庭天下水,岳阳天下楼"之美誉。它与湖北武昌黄鹤楼、江西南昌滕王阁并称为"江南三大名楼"。岳阳楼的前身为鲁肃修建的阅军楼,始建于东汉建安十九年(214年),唐肃宗乾元二年(759年)开始被称为岳阳楼。孟浩然、李白、杜甫、韩愈、白居易等都曾登临吟咏,留下来众多的名篇佳作,为岳阳楼积淀了深厚的文化底蕴。 前方映入大家眼帘的水池中有五座精致小楼,这个景点叫五朝楼观,它是一道微缩景观,展示了唐、宋、元、明、清五个朝代风	"昔闻洞庭水,今上岳阳楼。吴楚东南坼,乾坤日夜浮。亲朋无一字,老病有孤舟。戎马关山北,凭轩涕泗流。" 各位朋友,大家好。我们现在来到的是位于湖南省岳阳市的岳阳楼。一栋楼阁、一座亭子、一个墓碑、一缕青丝、一个雕屏,概括了岳阳楼的主要美景。岳阳楼以"洞庭天下水,岳阳天下楼"而享誉天下。它与湖北武昌黄鹤楼、江西南昌滕王阁并称为"江南三大名楼"。岳阳楼的前身为东汉末年名将鲁肃所修的阅军楼。两晋南北朝时称巴陵城楼,后称为岳阳楼。下面跟我一起走进这座美丽的建筑吧! 前方映入我们眼帘的便是五朝楼观,为

格各异的岳阳楼，用黄铜铸造，极具历史感和艺术感。 双公祠是为了纪念范仲淹和滕子京两位先贤而建，采用湘北明清祠堂式建筑风格，白墙青瓦，祠内还设有两个陈列厅，分别为“岳阳天下楼”和“双公忧乐情”。 大家看，岳阳楼前左右两侧各有一座石结构的牌坊，每座牌坊的中间石柱上均刻有楹联。左边牌坊刻有“南极潇湘千里月，北通巫峡万重山”，这是清代大书法家张照所撰。右边牌坊刻有“闲云野鹤自来往，沅芷澧兰无古今”，这是清代大书法家何绍基所撰，两座牌坊南北对峙，布局对称，使得岳阳楼更显古朴庄重。 岳阳楼南侧的这座亭子叫仙梅亭，始建于明崇祯年间，这座小亭子成六边形，两层三檐，檐角高翘，纯木结构，玲珑雅致。岳阳楼北侧则是三醉亭，因吕洞宾三醉岳阳楼的传说而得名，始建于清乾隆年间。 朋友们，现在各位面前的就是岳阳楼了，1983 年按照“整旧如旧”的原则对岳阳楼进行了一次落架大修，基本保持了清代原有的艺术风貌和建筑特色。楼顶所悬挂的“岳阳楼”三字横匾，是由我国现代著名历史学家郭沫若先生题写。岳阳楼为三层、四柱、飞檐、盔顶的纯木结构，主楼共三层，整个大楼由四根楠木大柱支撑，自楼底直贯楼顶。飞檐是汉族传统建筑的一种形式，指屋角的檐部向上翘起，挑出的飞檐由斗栱承托，其中承托飞檐的方木块称为“斗”，托着斗的木条称为“栱”。岳阳楼的三层建筑均有飞檐，四角翘起，形如飞鸟展翅，轻盈活泼。这种特殊处理和创造，不仅扩大了采光面，有利于排出雨水，而且增添了建筑物向上的动感，营造出壮观的气势。岳阳楼顶覆盖黄色琉璃瓦，宛如古代武士的头盔，所以	什么叫五朝楼观呢？因为水池中有五座精致小楼，这是一道微缩景观，展示了唐、宋、元、明、清这五个朝代风格各异的岳阳楼，全部用黄铜铸造，具有很强的历史感和艺术感。 双公祠是为纪念范仲淹和滕子京两位先贤而建的，建筑采用湘北明清祠堂式建筑风格，白墙青瓦。祠内还设有两个陈列厅，分别是“岳阳天下楼”和“双公忧乐情”。 大家请看，岳阳楼的左右两侧各有一座石结构的牌坊，每座牌坊的中间石柱上都刻有楹联。左边牌坊刻有“南极潇湘千里月，北通巫峡万重山”，这是由清代大书法家张照所撰。右边牌坊刻有“闲云野鹤自来往，沅芷澧兰无古今”，这是清代大书法家何绍基所撰。两座牌坊南北对峙，布局对称，使岳阳楼显得更古朴庄重。 岳阳楼南侧的这座亭子叫仙梅亭，始建于明崇祯年间，呈六边形，两层三檐，檐角高翘，纯木结构，上盖绿色琉璃瓦，状如出水绿荷。 岳阳楼北侧的这座亭子叫三醉亭，始建于清乾隆四十年（1775 年）。因吕洞宾三醉岳阳楼的传说故事而得名，为两层两檐，歇山顶式仿宋建筑。 好了，朋友们。现在展现在我们面前的就是岳阳楼。1983 年按“整旧如旧”的原则进行了一次大修，基本保持了清代原有的艺术风貌和建筑特色。请大家抬头看楼顶悬挂的“岳阳楼”三字横匾，这是由我国现代著名历史学家郭沫若先生题写。岳阳楼三层、四柱、飞檐、盔顶的纯木结构，中间以四根楠木巨柱从地到顶承载全楼大部分重量。飞檐是汉族传统建筑檐部形式，指尾角的檐部向上翘起，挑出的飞檐由斗栱承托。岳阳楼三层建筑均有飞檐，四角翘起，形如飞鸟

叫“盔顶”，盔顶是岳阳楼建筑的突出特色，岳阳楼也是现存最大的盔顶建筑，大家请看，它威武雄壮，配以飞檐，曲线流畅，给人势欲临空之感。大家再看盔顶下的如意斗拱，它形似蜂窝，层叠相衬，饰以龙头、凤头、云头纹饰，既承托盔顶重力，又使整个建筑更为精美、庄重、和谐。因此，岳阳楼的建筑在美学、力学、建筑学和工艺学方面都有着惊人的成就。

进入主楼，首先映入眼帘的是令大家神驰已久的《岳阳楼记》的雕屏。该雕屏由12块紫檀木组成，岳阳楼真正名扬天下是在北宋滕子京重修岳阳楼，范仲淹作《岳阳楼记》以后。北宋庆历四年（1044年），滕子京被贬为岳州知府，他上任后便重修岳阳楼，并请好友范仲淹写下了千古名篇《岳阳楼记》。这篇文章全文虽然仅368个字，但是内容博大，哲理精深，气势磅礴，语言铿锵，成为千古名篇。而“先天下之忧而忧，后天下之乐而乐”更成为传世名句，成为中华民族优秀知识分子崇高人格文化的积淀，《岳阳楼记》以其至高至上的思想内容和艺术魅力流传千古而不朽，滋养着人们的心灵。《岳阳楼记》的真迹悬挂在二楼。我们现在登上了岳阳楼的顶层三楼，三楼中间是毛泽东主席手书的杜甫的《登岳阳楼》。你看它布局严谨，笔意奔放，雄健挺拔，这是一件难得的艺术珍品，悬挂于此使岳阳楼更是锦上添花。请大家过来看，雕屏旁还有一副对联，仅仅八个字“水天一色，风月无边”，这是唐代诗仙李白所作，站在这里，凭窗远眺可以领略“衔远山、吞长江”的磅礴气势，欣赏“朝晖夕映、气象万千”的湖光山色，得到的感觉不正是“水天一色，风月无边”吗？

好了，岳阳楼的介绍我就给大家讲解到这里，欢迎大家下次再到岳阳来，谢谢大家！

展翅，轻盈活泼。这种处理方式不但扩大了采光面，还有利于排出雨水，增添了向上的动感，营造了壮观的气氛和轻快的韵味。楼顶覆盖黄色琉璃瓦，宛如古代武士的头盔，所以叫盔顶。岳阳楼是现存最大，最出名的盔顶建筑。大家再看盔顶下的如意斗拱，它形似蜂窝，层叠相衬，饰以龙头、凤头、云头纹饰，全楼纯由木料构成逗缝对榫，没用一钉一铆，一砖一石。

现在我们进入的是主楼，首先看见的便是大家向往已久的《岳阳楼记》雕屏，该雕屏由12块紫檀木组成，这篇文章全文368个字，但内容博大，哲理精深，气势磅礴，语言铿锵，可称为千古名篇。“先天下之忧而忧，后天下之乐而乐”成了众所周知的绝世佳句。《岳阳楼记》真迹雕屏，悬挂在二楼。

现在，我们登上了岳阳楼顶层三楼。三楼悬挂的是毛泽东主席所写杜甫的五言绝句《登岳阳楼》。其布局严谨，笔意奔放，雄健挺拔，是一件难得的艺术珍品，悬挂于此，无疑是为岳阳楼锦上添花。大家请看，雕屏旁有一副对联，仅八个字“水天一色，风月无边”。这是唐代诗仙李白所作，站在这里，凭窗远眺，可以领略“携远山、吞长江”的磅礴气势，欣赏“朝晖夕映、气象万千”的湖光山色。

“八月湖水平，涵虚混太清。气蒸云梦泽，波撼岳阳城。”好了，岳阳楼就给大家讲解到这里了。希望这个“洞庭天下水，岳阳天下楼”能给你带来美好的回忆，讲解有不足之处，望大家谅解，谢谢大家。

——旅管（3）161 谢蓓

指导老师 周小红

(三)凤凰古城

1. 模拟情境

你作为湖南省某高校的一名旅游专业考生,报考了全国导游资格考试,目前需准备湖南考点“导游服务能力”必考景点中的凤凰古城。准备的前提是按照对应视频中的景点进行。

2. 创作思路

1)凤凰古城景点分析

凤凰古城位于湖南省湘西土家族苗族自治州的西南部,土地总面积约 10 平方千米,2010 年底人口约有 5 万,由苗族、汉族、土家族等 28 个民族组成,为典型的少数民族聚居区。凤凰古城是国家历史文化名城,首批中国旅游强县,国家 4A 级景区,湖南省湘西土家族苗族自治州所辖八县市之一,建于清康熙四十三年(1704 年),2001 年被授予国家历史文化名城称号,湖南十大文化遗产之一,曾被新西兰著名作家路易·艾黎称赞为中国最美丽的小城,可与云南丽江古城、山西平遥古城相媲美,享有“北平遥,南凤凰”之美誉。

凤凰古城不仅山川秀美,而且人杰地灵。据不完全统计,从清道光二十年(1840 年)至清光绪元年(1875 年)短短的 36 年间,这里就出了提督 20 人、总兵 21 人、副将 43 人、参将 31 人。民国时,凤凰古城曾出中将 7 人、少将 27 人。当代以来,凤凰古城人才辈出,涌现出一批将军、高级领导干部、作家、书画家、工艺美术家。特别是随着民国第一任民选内阁总理、政治家、慈善家、教育家熊希龄,著名作家、历史学家沈从文,著名画家黄永玉的出现,凤凰古城不仅闻名全国,而且蜚声世界。

其主要人文景点有沈从文故居及墓地、熊希龄故居、北门城楼、东门城楼、连接两城楼的城墙、虹桥、万名塔、文昌阁等。古城现有文物古建筑 68 处,古遗址 116 处,明清时代特色民居 120 多栋,各种庙祠馆阁 30 多座,是中国西南现存文物建筑最多的县。城内还有古色古香的石板街道 200 多条。自然景观有国家森林公园南华山,有集奇、险、秀、峻于一体的奇梁洞,有凤凰八大景——东岭迎晖、南华叠翠、奇峰挺秀、溪桥夜月、龙潭渔火、梵阁回涛、山寺晨钟、兰径樵歌,还有美丽的沱江及风情万种的吊脚楼等。钱伟长曾称赞凤凰古城“满城风光、满城文物”。

(资料来源:https://baike.baidu.com/item/ 凤凰古城 /8138? fr=aladdin)

2)凤凰古城景点线路

概说(地位影响、民族)—沈从文故居(建筑时间、特色,人物及成就)—熊希龄故居(人物及影响,对联)—虹桥(建筑时间、特色)—沈从文墓地(手迹、铭文、座右铭,五彩石,影响)—结束语。

3. 创作训练

（1）开头：概说凤凰古城少数民族群居特色、主要景点及著名的人文景观特色。

（2）凤凰古城各景观特色呈现。

①沈从文故居：建筑时间，沈从文先生的生平事迹（可谈其写作成就、婚姻等），体现湘西特色的故居风格。

②熊希龄故居：熊希龄先生少年天才的表现（对联“栽数盆花，探春秋消息；凿一池水，窥天地盈虚”），人生经历，蔡元培挽联。

③虹桥：风雨楼，建筑时间及特色，相关传闻。

④沈从文墓地：手迹、铭文、座右铭的作者及内容，骨灰的分配，五彩石，沈从文的品格及影响。

（3）结束语：参观结束，表达欢迎再来之意。

4. 创作成果展示

凤凰古城

视频导游词	学生创作（优化）导游词
各位朋友，大家好！欢迎来到国家历史文化名城——凤凰古城参观游览，这里是典型的少数民族聚居区，居住着苗族、汉族、土家族等 28 个民族，城内的古代城楼、明清古院和石板小街现在风采依旧，城外的南华山国家森林公园、唐代修建的黄丝桥古城，至今仍保存完好。这里不但风景秀美，而且人杰地灵，民国第一任内阁总理熊希龄、著名作家沈从文和著名画家黄永玉都是凤凰人，《边城》《湘女潇潇》《湘西剿匪记》等十多部影视剧也曾在这里拍摄。 这里就是我国著名作家和考古学家沈从文先生的故居，沈从文的故居是他的祖父沈洪富于清朝同治元年所建，是一座典型的南方四合古院。1902 年，沈先生诞生在这里并在此度过了他的童年和少年时期。1919 年，沈先生到北京开始了艰苦的从文生涯，创作了《边城》《湘西》等一系列文学作品，蜚声中国文坛，并写出了惊世之作《中国古代服饰研究》，他的作品与人品表现出	各位朋友，大家好，我是你们这次的导游王可欣，大家可以叫我小王，在接下来的旅途中，我将尽全力为大家服务。 在介绍我们今天的景点之前，我想先问大家一个问题，有谁了解凤凰这一种动物吗？嗯，这位游客说得很对，它是人们心目中的瑞鸟，是天下太平的象征。古人认为时逢太平盛世，便有凤凰飞来。在我国湖南湘西，就有这么一处人杰地灵的地方，因背依的青山酷似一只展翅欲飞的凤凰而得名，这就是我国历史文化名城——凤凰古城。接下来，就让我们一起走进凤凰古城参观游览。 这里是我国著名作家和考古学家沈从文先生的故居。沈从文故居于清朝同治元年所建，是一所典型的南方四合院。1902 年，沈先生诞生于这里，他与小伙伴在这里游水嬉戏，也常常在河滩上看见被处决的犯人的尸体，这美与野蛮的奇异组合，都对沈从文后来的创作产生了强烈的影响。“我行

了强烈的一致——自然、厚朴、谦逊、勤奋、博大而凝重。

沈从文故居的小天井用红色方石板铺成，天井四周为砖木结构古屋，正屋三间，厢房四间，虽无雕龙画凤，但显得小巧别致、古色古香，特别是这种雕花木窗，很能体现湘西特色，格外引人注目。沈先生一生所创作的500多万字的作品，是世界文学的瑰宝，给后人研究旧中国和旧湘西留下了宝贵的历史资料。

这里是熊希龄先生的故居，熊先生担任过民国第一任内阁总理，虽时间不长，但名声赫赫。1870年，他出生在这里，15岁中秀才，22岁中举人，25岁中进士。晚清时期，熊先生积极主张维新变法，曾创办《湘报》、时务学堂和常德西路师范学校，后出任东三省财政监理官、热河都统、财政总长等职务，1913年就任民国第一任内阁总理，当时的这一届政府被舆论界称为“才子内阁”，后因熊先生反对袁世凯独裁被迫解散内阁，辞去总理职务，于1937年病故于香港。

大家看正屋门口的这副对联，这是蔡元培先生为熊先生写的挽联“宦海倦游还山小试慈幼院，鞠躬尽瘁救世惜无老子军”，赞扬了熊先生一生勤政爱民、关爱民生的高尚品德。熊希龄是中华民族的优秀儿子，他留给我们的财富，不仅是他聪明的才智，渊博的知识，勇于拼搏的毅力，更重要的是爱国为民、慈善救人的高尚美德、教民育才的宝贵精神。

现在大家看到的是虹桥，虹桥又称“风雨楼”，始建于明洪武七年（1374年），前后经过很多次维修，重新装修的虹桥，在原有建筑风格上更为完善，清幽雅致，古色古香。

这儿是沈从文的墓地，进入墓区，首先看到的是四个大字“兴废周知”，往上是黄过许多地方的桥，看过许多次云，喝过许多种类的酒，却只爱过一个正当年龄的人。”这是沈先生写给他的妻子张兆和的情话，以前的我不明白为什么这句话会被人评为民国最美情话。但此时此刻，身处在凤凰古城里的我突然明白了，在凤凰古城里成长的沈从文怎会缺少这种如小城般浪漫的气韵。沈从文先生一生创作了500多万字的作品，但真正奠定沈从文在文学史上地位的是《边城》这一类“牧歌”小说，它以湘西人情、自然、风俗为背景，向我们展示了淳朴的人性和理想的人生情态，也倾诉了沈先生对湘西的眷恋。

现在展示在我们眼前的是熊希龄先生的故居，熊先生的一生是忠于慈善教育的一生，是追求光明与进步的一生。熊先生担任过民国第一任内阁总理。因熊先生反对袁世凯独裁，被迫解散内阁，辞去总理职务，后因脑出血病故于香港。毛泽东同志曾这样评价熊先生：一个人为人民做好事，人民是不会忘记他的，熊希龄是做过许多好事的。熊希龄故居为四合院，系南方古式的木瓦结构，比较矮小但很精致，很富于苗族情调。大家请看正屋门口的这副对联，这是蔡元培先生特意为熊先生提写的挽联“宦海倦游还山小试慈幼院，鞠躬尽瘁救世惜无老子军”，赞扬了先生一生勤政爱民、关爱民生的高尚品德。两位伟人对熊希龄有这么高的评价，充分说明了熊希龄先生思想情操的伟大和爱国恤民精神的不凡。现在大家可以自行参观游览一下。

好了，参观完熊希龄故居以后，现在我们来到的是虹桥，这座桥建于明代洪武初年，我们现在看到的虹桥经过了很多次整修。重新整修的虹桥在原有基础上更为完善，清幽雅致，古色古香。

永玉先生为悼念沈先生题写的铭文:“一个士兵要不战死沙场,便是回到故乡。”沈从文先生墓地没有隆起的土堆,只有一块天然五彩石屹立山间,成为他与众不同的墓碑;这里没有雕栏玉砌的装饰物,只有一条放牧、打柴的石板小路横贯其间,象征沈从文先生永远与古城人民在一起。沈从文先生的骨灰一部分撒在沱江里,一部分留在北京八宝山,一部分留在凤凰县城的故居,还有一部分葬在五彩石下,他就像面前这条沱江,发源于大地,又回归大地。 五彩石墓碑的正面刻着沈从文的座右铭:“照我思索,能理解我;照我思索,可认识人。”正是这样的信念让沈从文舍弃在当时升官发财的从军道路,选择了清苦的从文生涯;也正是这样的信念使他挥动如椽巨笔,将湘西人介绍给了世界。墓碑的背面刻的是沈从文的妻妹张允和女士所写铭文:“不折不从,星斗其文,亦慈亦让,赤子其人。”这四句话的最后一个字连起来,实际上就是沈从文一生的写照:“从文让人。”也就是这样,最终他成为世界著名的乡土文学大师。 好了,我的讲解就到这儿了,希望凤凰古城能给大家留下一个美好的印象,有机会再相聚凤凰,谢谢大家!	现在我们来到沈从文先生的墓地,进入墓区,首先看到的是四个大字“兴废周知”,这儿没有隆起的土堆,没有雕栏玉砌的装饰物,只有一条放牧、打柴的石板小路横贯其间,象征沈从文永远与古城人民在一起。往上则是黄永玉先生为悼念沈先生题写的铭文:一个士兵要不战死沙场,便是回到故乡。墓碑的正面刻着沈老的座右铭:“照我思索,能理解我;照我思索,可认识人。”正是这样的信念,让沈从文舍弃在当时升官发财的从军道路,选择了清苦的从文生涯;也正是这样的信念,使他挥动如椽巨笔,将湘西人介绍给了世界。 墓碑的背面刻的是沈从文的妻妹张允和女士所写铭文:“不折不从,星斗其文,亦慈亦让,赤子其人。”这四句话正是沈老先生一生的写照。也就是这样,沈老最终成为世界著名的乡土文学大师。 “春有百花秋有月,夏有凉风冬有雪。若无闲事挂心头,便是人间好时节。”古城是《边城》里最温柔的一隅,也是让人静到了心底深处的地方。好了,今天的行程到这儿就结束了,希望凤凰古城能给大家留下一个好的印象,有机会再聚凤凰古城,谢谢大家! ——旅管(3)161　王可欣 指导老师　胡建英

(四)南岳衡山

1. 模拟情境

你作为湖南某高校的一名旅游专业考生,报考了全国导游资格考试,目前需准备湖南考点“导游服务能力”必考景点中的南岳衡山。准备的前提是按照对应视频中的景点进行。

2. 创作思路

1)南岳衡山景点分析

衡山,又名南岳、寿岳、南山,为中国“五岳”之一,位于中国湖南省中部偏东南部,绵亘于衡阳、湘潭两盆地间，主体部分位于衡阳市南岳区、衡山县和衡阳县东部。据战国时期《甘石星经》记载，因衡山位于二十八宿的轸星之翼，"变应玑衡""铨德钧物"，犹如衡器，可称天地，故名衡山。

衡山是中国著名的道教、佛教圣地，环山有寺、庙、庵、观 200 多处。衡山是上古时期君王唐尧、虞舜巡疆狩猎、祭祀社稷，夏禹杀马祭天地、求治洪方法之地。衡山山神是民间崇拜的火神祝融，他被黄帝委任镇守衡山，教民用火，化育万物，死后葬于衡山赤帝峰，被当地尊称南岳圣帝。道教"三十六洞天，七十二福地"，有四处位于衡山之中，佛祖释迦牟尼两颗真身舍利子藏于衡山南台寺金刚舍利塔中。

衡山主要山峰有回雁峰、祝融峰、紫盖峰、岳麓山等，最高峰祝融峰海拔 1300.2 米。衡山主体部分介于北纬 27° 4′ ~27° 20′，东经 112° 34′ ~112° 44′，呈东北—西南走向，北起衡山县福田铺乡，南迄衡阳县樟木乡，西起衡阳县界牌镇，东止衡阳市南岳区，长 38 千米，最宽处 17 千米，总面积 640 平方千米。

1982 年，衡山风景区被列入第一批国家级重点风景名胜区名单；2006 年 2 月，衡山入选首批国家自然与文化双遗产名录；2007 年 5 月，衡山风景区被评为首批国家 5A 级旅游景区；2007 年 8 月，衡山被列为国家级自然保护区。

其主要人文景观有南岳大庙、忠烈祠等。南岳大庙在南岳镇北街尽头，坐北朝南，后有赤帝峰，前有寿涧水，庙址呈长方形，总面积达 98500 平方米，是湖南省规模最大的一座古建筑物，有"江南小故宫"之称。正门叫棂星门，牌楼式建筑，由花岗石砌成，左右各有便门。南岳大庙是一座集儒、道、佛为一体的建筑，三种宗教文化积存一庙。而忠烈祠为纪念抗日英雄的大型陵园，现在为青少年爱国主义教育基地。

其主要传说有火神祝融、怀让磨镜、南岳夫人等。

（资料来源：https://baike.baidu.com/item/%E8%A1%A1%E5%B1%B1/253407? fr=aladdin）

2）南岳衡山景点线路

概况（五岳独秀，衡山四绝）—南岳大庙（建筑文化，九进四院，八寺八观）—正殿（72 柱、72 峰）—忠烈祠（五进，题字，地位，影响）—"七七"纪念塔、享堂（石制炮弹，张学良，爱国主义教育基地）—藏经殿（奇树，单檐、歇山顶宫殿式）—祝融峰（殿）（1 300 米；祝融火神；望月坛）—结束语。

3. 创作训练

（1）开头：概说南岳衡山的地理位置、特色及其地位影响。

（2）南岳衡山各景观特色呈现。

①南岳大庙：宫殿式古建筑群，建筑文化特色；儒、道、佛共存一庙，九进四院，八寺八观。

②正殿：大庙核心，72 柱、72 峰。

③忠烈祠（含"七七"纪念塔，享堂）：抗日战争纪念地，地位、影响，五部分；薛岳题字；石制炮弹（寓意），全民抗日；享堂结构，蒋介石真迹，爱国主义教育基地。

④藏经殿:古老奇树,单檐、歇山顶、宫殿式。

⑤祝融峰(殿):1300 米,祝融火神之意,望月坛。

(3)结束语:参观结束、表达欢迎再来之意。

4. 创作成果展示

南岳衡山

视频导游词	学生创作(优化)导游词
各位朋友,大家好!欢迎大家来南岳衡山做客。 衡山是我国著名的"五岳"之一,素有"五岳独秀""宗教圣地""中华寿岳"之称。衡山号称"五岳独秀",以"秀"为主要景观特色。大家可以看到,这里自然风光秀美,四时景色各异,春赏奇花,夏观云海,秋望日出,冬赏雪景。衡山的风景美不胜收、数不胜数。其中,最著名的当属衡山四绝:藏经殿之秀、方广寺之深、祝融峰之高、水帘洞之奇。 现在展现在我们面前的就是我国南方最大的宫殿式古建筑群——南岳大庙。南岳大庙集皇家祭祀、民间朝圣功能于一体,是道教宫观、佛教寺院有机统一的宫殿式古建筑群,现为国家级重点文物保护单位。南岳大庙的建筑文化博大精深,中轴线上为儒家建筑风格,主体建筑由棂星门、奎星阁、正南门、御碑亭、嘉应门、御书楼、正殿、寝宫和北后门九进四重院落组成,中轴线东边为 8 个道观,西边为 8 个佛寺,像这样儒、道、佛三教共存一庙,在全国乃至全世界都是绝无仅有的。 各位朋友,眼前这座与北京故宫太和殿相似的大殿,便是整个大庙的核心——正殿。整个正殿是处处有景、处处叫绝。正殿屹立在 2 米高的 16 级须弥台座之上,为重檐歇山式建筑,也是整个大庙乃至南岳古镇最高的建筑物,可见其至高无上的地位,正殿内外共有石柱 72 根,象征着南岳 72 峰。	各位朋友,大家好!欢迎来到衡山做客,我是本次旅行的导游张伟丽。 衡山南起衡阳,北至长沙,是我国著名的"五岳"之一,素有"五岳独秀""宗教圣地"和"中华寿岳"之称。南岳之秀,在于无山不绿,无山不树,四季常青,就像一个天然的庞大公园。在这里,春赏梨花,夏观云海,秋望日出,冬赏雪景。那为什么南岳会在天下名山中如此令人瞩目呢?原因就是它除了秀,还有绝,如藏经殿之秀、方广寺之深、祝融峰之高和水帘洞之奇。 各位朋友,衡山不仅是名扬中外的避暑胜地,还是历史悠久的文化佛法名山。现在我们来到的是有着"江南小故宫"之称的南岳大庙,它是一组集民间祠庙、佛教寺院、道教宫观和皇宫建筑于一体的建筑群,也是我国古代劳动人民聪明才智的艺术结晶。它的建筑文化博大精深,中轴线上为儒家建筑风格,主体建筑由棂星门、奎星阁、正南门、御碑亭、嘉应门、御书楼、正殿、寝宫和北后门九进四重院楼组成。中轴线的东边为 8 个道观,西边为 8 个佛寺,像这样儒、道、佛三教并存于一庙,在全国乃至全世界都是绝无仅有的。 朋友们,现在我们来到的是正殿,它是整个大庙的核心建筑。我们可以看到它外观金碧辉煌、布局严谨,是一座重檐歇山式建筑。走近正殿,我们可以看到它飞檐峭壁,还有斗栱装饰,这也是整个古庙乃至整

现在我们来到的是忠烈祠，忠烈祠是我国建筑时间最早、规模最大的抗日战争纪念地之一，也是纪念抗战烈士的大型陵园。忠烈祠是仿南京中山陵样式建造，坐南朝北，依山而筑，左右对称，层次分明。它沿轴线共分为牌坊、纪念碑、纪念堂、致敬碑和享堂五个部分。在这里长眠着国民党第九战区和第六战区的部分抗日阵亡将士，是国家重点文物保护单位。

朋友们，眼前这座牌坊，便是忠烈祠的正门，这是由花岗岩石砌成的，正上方汉白玉石匾上镶嵌着"南岳忠烈祠"五个鎏金大字。站在广场的中心，首先映入眼帘的便是这个造型奇特的雕塑，这便是"七七"纪念塔，它是由五颗倒立的石制炮弹组成的，炮弹为一大四小，代表着我国的五大民族汉、满、蒙、回、藏。雕塑的正面和左右两侧都嵌有汉白玉砌的"七七"两字，象征着从1937年7月7日卢沟桥事变后，中国人民同仇敌忾，掀起了全民抗日的民族怒潮。

拾级而上，就来到了忠烈祠最后也是最主要的建筑——享堂。享堂正门由三道双面浮雕的汉白玉拱门组成，上端是由六根花岗岩石柱稳稳托起朱红色的单檐歇山顶屋檐，悬挂着鎏金巨匾"忠烈祠"，这是蒋介石所书，烈士们英勇抗日的历史虽已过去，但忠烈们为中华民族献身的精神永存。忠烈祠是进行爱国主义教育的重要基地，同时告诫我们，要"警钟长鸣，勿忘国耻"。

"不到藏经殿，不知南岳秀"，作为南岳风光四绝之一的藏经殿不仅有连理枝、同根生、摇钱树等古老奇树，还有梳妆台、美人池等拥有哀怨动人传奇故事的优美景致。藏经殿的建筑规模宏大，殿宇建筑极具特色，它没有一般佛寺所具有的山门、天王殿、大雄宝殿等建筑物，只有一座单檐歇山顶宫殿

个古镇最高的建筑物，体现了它至高无上的地位。正殿内外共有72根石柱，象征着"南岳72峰"。

现在我们来到的是忠烈祠，它是我国建筑时间最早、规模最大的抗日战争纪念地之一，也是纪念抗日英雄的大型陵园。我们可以看到，它的两侧是翠绿的山峦，四周都是威严耸立的松柏，把整个建筑紧紧地环抱在山中。它沿中轴线共分为牌坊、纪念碑、纪念堂、致敬碑和享堂5部分，在这里埋葬着在抗日战场上牺牲的中国军人，相信大家来到这里也跟我一样，对抗日英雄更加地崇敬。

大家看，眼前的这块牌坊就是忠烈祠的正门，它是由花岗岩石砌成的，我们可以看到"南岳忠烈祠"5个鎏金大字。站在广场的中间，首先吸引我们的是这奇特的"七七"纪念塔。我们可以看到它是由1大4小的石制炮弹组成，这代表着我国汉、满、蒙、回、藏5大民族。有朋友知道"七七"的意义是什么吗？它是象征着从1937年7月7日卢沟桥事变后，中国人民同仇敌忾，掀起全民抗日的民族怒潮。

不知不觉就来到了享堂，它是忠烈祠最主要的建筑，也是以前祭祀活动的主要场所。正门是3道双面浮雕的汉白玉拱门，上面由6根石柱稳稳托起。大家看到的这块匾额就是当年蒋介石所写的，大家可以细细欣赏一下。朋友们，英雄虽然已逝，但是他们的献身精神却是永垂不朽的。他们这种爱国精神也是非常值得我们学习的。忠烈祠是进行爱国主义教育的重要基地，同时也告诫我们"警钟长鸣，勿忘国耻"。

"不到藏经殿，不知南岳秀。"作为南岳风光四绝之一的藏经殿，不仅有连理枝、同根生和摇钱树等古老奇树，还有梳妆台、美人

式建筑，面积达300多平方米，殿体由26根花岗岩石柱支撑，气势宏伟。 我们现在已经登上了衡山72峰最高峰——祝融峰，祝融峰主峰海拔1300米，是为纪念火神祝融而命名，被誉为南岳风光四绝之首。古语中“祝”是持久永远之意，“融”是光明之意，“祝融”即指永远光明。 祝融峰顶的祝融殿是为纪念火神祝融的功德而建。整个殿宇分为两进，全部由花岗岩石建成，殿宇的门额上刻着“祝融峰”三个大字，左右刻着“寅宾出日，峻极于天”的对联，意思是早晨四五点钟的时候，宾客们登上望日坛便可以看到日出，祝融峰的险峻及高度可与天相比。殿内正中供奉着南岳圣帝即祝融火神，也称南岳衡山之神。殿宇西侧是望月坛，此处为衡山制高点，山风袭人，远近山峦尽收眼底。 好了，参观完祝融峰，各位的南岳之行也即将结束，希望南岳衡山这颗南国明珠能给您留下美好的回忆，谢谢大家！	池等有着传奇动人故事的景致。不知道大家有没有发现藏经殿的建筑特色？它不像一般佛寺有山门、大雄宝殿和天王殿等建筑物，它只有这座单檐歇山式建筑，殿体有26根花岗石柱支撑，气势宏伟。 现在我们已经登上了72峰之首——祝融峰。古人曾说“不登祝融，不足以知其高”，这句话就写出了祝融峰的高峻。它海拔1300米，是为纪念火神祝融而命名。祝融是古义，是永远光明的意思，让我们一起拍照纪念一下今天的登顶之旅吧！ 现在我们来到了祝融殿，它是为了纪念火神祝融的功德而修建。大家看门额上刻着“祝融殿”3个字，左右刻着“寅宾出日，峻极于天”的对联，意思是从早晨四五点的时候，宾客登上望日台就可以看到日出，祝融峰的险与高可与天相比。祝融峰、祝融殿都是为了纪念火神祝融而命名，那么，殿内的中间供奉着的就是祝融火神，也称“南岳之神”，殿宇的西侧是望月潭，这是衡山的最高点。 如果您有足够的时间，不妨在看日出或峰顶朝圣后去会仙桥一览秀岳风光。好了，我们今天的南岳之行即将结束，希望南岳衡山这颗南国明珠能给您留下美好的回忆，谢谢。 ——旅管（3）171　张伟丽 指导老师　周小红

（五）马王堆汉墓陈列馆

1. 模拟情境

你作为湖南某高校的一名旅游专业考生，报考了全国导游资格考试，目前需准备湖南考点“导游服务能力”必考景点中的马王堆汉墓陈列馆。准备的前提是按照对应视频中的景点进行。

2. 创作思路

1)马王堆汉墓陈列馆景点分析

马王堆汉墓是西汉初期长沙王丞相利苍及其家属的墓葬,位于湖南省长沙市。2013 年 5 月 3 日,国家文物局将马王堆汉墓列入第七批全国重点文物保护单位名单。2016 年 6 月,马王堆汉墓被评为世界十大古墓稀世珍宝之一。

1972—1974 年,考古工作者先后发掘了 3 座西汉时期墓葬。墓葬的结构宏伟复杂,椁室构筑在墓坑底部,由三椁、三棺及垫木所组成。木棺四周及其上部填有木炭,木炭外又用白膏泥填塞封固。出土丝织品、帛书、帛画、中草药等遗物 3000 余件。此外,还出土保存完好的女尸 1 具以及方剂书籍帛书《五十二病方》。

该墓多年来从未被盗,保存完好,因此出土珍贵文物 3000 多件。其中保存较好的 1 号墓和 3 号墓,随葬品都置于棺房周围的 4 个边箱之中,主要有满盛衣物、食品和药材等的竹笥、漆器、木俑、乐器、竹木器和陶器以及"遣策"竹简。两墓的锦饰内棺上都覆盖彩绘帛画。3 号墓还随葬有帛书和兵器。1 号墓出土的经历 2000 多年不腐的神奇女尸及 3 号墓出土的大量帛书文献,为西汉初期历史考证提供了翔实的资料,震惊了世界。出土时,1 号墓由于用白膏泥密封好,因此女尸历经 2000 多年仍保存完好,被发现时,曾有气体喷出燃烧,但由于未及时收集而不知具体成分,成了千年女尸仍保存完好的难解之谜。

其主要出土文物有 T 形帛画、素纱禅衣、千年女尸等。其中,1 号墓内棺覆盖了一幅精美的 T 形帛画,画面上、中、下三部分分别表现了天上、人间与地下的场景,体现了当地的传统习俗,学者们最初认为这幅帛画的作用是接引死者走向天国,但因为后来发现此观念在当时仍不算普及,反而可能是根据当地传统习俗招魂仪式所做,希望死者死后灵魂不会消散。出土于 1 号棺椁的千年女尸时逾 2100 多年,形体完整,全身润泽,部分关节可活动,软结缔组织尚有弹性,几乎与新鲜尸体相似。它既不同于木乃伊,又不同于尸蜡和泥炭鞣尸,是一具特殊类型的尸体,是防腐学上的奇迹,震惊世界,吸引不少学者、游人观光。

(资料来源:https://baike.baidu.com/item/马王堆汉墓/892446? fr=aladdin)

2)马王堆汉墓景点线路

概况(地理位置、来由)—漆器(彩绘双层九子漆奁)—丝绸(素纱禅衣)—帛书画(五星占、T 形帛画)—马王堆女尸(辛追介绍,女尸地位影响)—结束语 。

3. 创作训练

(1)开头:概说马王堆汉墓的地理位置(长沙市东郊)、主人及出土文物情况。

(2)马王堆汉墓各景观特色呈现。

①素纱禅衣:解释名称,穿着特征、地位。

②简帛典藏:《天文气象杂占》《五星占》的内容及成就。

③ T 形帛画:名称由来,画面三部分的内容。

④千年女尸:名称,出土时外形,解剖结果,地位影响等。

(3)结束语:表达参观结束、欢迎再来之意。

4. 创作成果展示

马王堆汉墓陈列馆

视频导游词:	学生创作(优化)导游词
各位朋友大家好,欢迎来到湖南省博物馆马王堆西汉古墓陈列馆参观游览。陈列馆分为惊世发掘、生活与艺术、简帛典藏和永生之梦四个单元。 首先让我们一起走进惊世发掘这个单元。马王堆汉墓位于长沙市东部,按发现的先后顺序编为1、2、3号墓。1972年1-4月,考古人员对1号墓进行了发掘,出土文物1000多件和一具保存完好的遗体,堪称世界防腐史上的奇迹。1973年12月至1974年1月,完成了2号墓的发掘。由于2号墓早年被盗,墓室已经严重坍塌,仅残留200多件文物。3号墓出土兵器、帛书等文物1600多件,经过对3号墓主人骨骸的鉴定,确定墓主人是30岁左右的男性,按埋藏位置推理,他应该是1号墓和2号墓主人的后代。 接下来走进第二单元生活与艺术。在辛追墓中出土了一件十分珍贵的衣服,就是大家眼前看到的这件素纱禅衣。素纱是指没有染过色的纱,禅衣是指没有衬里的衣服。这件素纱禅衣长128厘米,而质量却只有49克,这件衣服体现了细、薄、轻三个特点。那么,如此轻薄飘逸的衣服,古人是如何穿着的呢?多数学者认为,将这种又轻又薄的禅衣罩在色泽艳丽的丝绵袍外面穿着,丝绵袍的颜色若隐若现,从而产生一种朦胧的美感。也有一些学者认为,这件禅衣当时是作为内衣穿着。素纱禅衣是迄今所见最早、最薄、最轻的服装珍品,是西汉时期	各位朋友,大家好!欢迎来到湖南省博物馆参观长沙马王堆汉墓文物陈列馆,我是大家本次的导游张丽娴。 谈起马王堆汉墓,总有说不完的话,因为这里蕴藏着太多神奇的传说与动人的故事,驻足于这批精美绝伦的文物中,我相信震撼的不仅是眼睛,还有心灵。马王堆汉墓位于长沙市东郊地区原来的马王堆乡,距离市中心约4千米,1971年我们对此进行了考古发掘,这才揭开了这座千年地宫的神秘面纱,通过发掘并考证,证实这是西汉初期轪侯家族墓地,墓中共出土了3000多件珍贵文物和一具保存完好的女尸。马王堆的三座汉墓中出土的漆器,其数量之多,保存之完好,器型之多样,工艺之精巧都是前所未有的。下面就请大家与我一起步入这历史与艺术的殿堂,去追寻2100多年前中国文明的神奇与辉煌。 中国是世界上公认的丝绸发源地,在1号墓出土的两件素纱禅衣就让我们大开眼界,有谁知道在古代素纱禅衣是什么?不知道的话,就让我来告诉大家!素纱是指没有染色的纱,禅衣是没有衬里的衣服,多数学者认为,当时人们喜欢将又轻又薄的透明禅衣套在色泽艳丽的丝绵袍上,衣服的颜色、纹样若隐若现,从而产生了朦胧的美感,而这两件素纱禅衣可以说是轻若烟雾、薄如蝉翼,它们的质量分别是48克和49克,是目前世界上现存最久、保存最完整、制作工艺最精,也是最轻薄

纺织技术巅峰之作，代表了汉初养蚕缫丝等工艺的最高水平。

接下来我们走进第三单元简帛典藏，其中天文类的帛书有两篇，反映出当时的天文学发展已经取得了极高的成就，《天文气象杂占》一书中绘制了31幅形态逼真的彗星图，说明2000多年前我国观测彗星已经取得惊人的成就；《五星占》的出土向世人揭示了汉初以前的天象观测成就，是世界上现存最早的天文专著；《五十二病方》是迄今所见最早、最完整的古医方专著，记载了治疗52类疾病的方剂和疗法，包括现代医学的内科、外科等103种疾病的治疗医方。

第四单元是永生之梦。辛追墓出土的这幅彩绘帛画是迄今为止发现最精美、最具代表性的一幅西汉早期墓葬绘画作品，帛画外形像一个大写的英文字母“T”，故称为T形帛画，是出殡时作为引导的魂幡，入葬时覆盖于内棺棺盖表面。画面的内容由上至下可分为天上、人间和地下三个部分，天上部分可见人首蛇身的烛龙神盘坐正中，烛龙神左侧有一轮弯月，弯月上绘有蟾蜍、兔子，月下有一飞升女子的形象，右侧描绘了扶桑树间栖息着9个太阳，其中最大的太阳中间有一只乌黑的神鸟，一些古籍认为它就是金乌。实际上，这金乌就是古代天文学家观察到的太阳黑子的现象。往下我们可以看到虎豹把守的天门敞开着，两位天国守门神在恭迎墓主人灵魂升天。华盖以下是帛画的人间部分，最显著的位置有一位锦衣华服、形象高贵的妇人，她就是墓主人“辛追”。辛追夫人手持拐杖，在三个侍女的簇拥之下，缓缓向西而行。再往下看，她的家人正在以隆重祭祀的方式表达悲伤，祈求亡者灵魂能够早日归天。帛画下端是地下部分，赤身裸体的巨人，两手平托大地，脚踏着两条的一件衣服。

马王堆3号墓还出土了12万字的帛书，这幅帛书《五星占》，向我们揭示了汉初以前的天象观测，它是世界上现存最早的天文专著；这幅帛书《五十二病方》则是迄今为止所见最早、最完整的古医方专著，它详细记载了涉及内科、外科等100多种疾病的治疗医方。

大家看到的这幅就是从1号墓出土的T形帛画，也是陈列馆的镇馆之宝，因为这幅帛画的外形与英文字母T相似，因此被称为T形帛画，据考证这是出殡时，由人高举走在仪仗最前面，用以引魂升天。

帛画全长205厘米，被艺术地分为天上、人间、地下三个部分，大家看华盖以上为天上部分，正上方的神为人首蛇身，神话中的伏羲、烛龙都是这种形象。右边是九个红太阳，半隐半现在蓝色扶桑树中最大的太阳里蹲伏着一只黑色的鸟，古人称为金乌，这可能是古人对太阳黑子观测的结果，左边是月宫的描绘，有蟾蜍和玉兔，月亮之下，月神正托着月亮缓缓升起。人间的部分，描绘的是老夫人生前的一幅出行图，身后是三个贴身的奴婢，身前是炼丹的方士献上长生不老丹药。而下面的图画可能是老夫人去世后悼念的场景。地下部分有一个赤身裸体的地神——鲧，它脚踩巨大的鲸鲵，正平托着大地，这是一幅把神话、想象和现实生活完美统一的杰作，它无处不体现了古人对天国的想象和追求永生的幻想。

现在呈现在我们眼前的就是1号墓的主人，她叫辛追，是西汉初期长沙王丞相第一代轪侯利苍的夫人。辛追夫人出土时身高1.54米，体重为34.3千克，血型为A型。我们可以看到，辛追夫人的头部、颈部、躯干和四肢外形均保存完整。而我们现在看到交叉的鲸鲵。整幅帛画用浪漫手法表现了古人对天国的想象和永生的追求，具有很高的思想价值与艺术价值。

大家现在看到的就是出土于长沙马王堆1号汉墓，距今有2100多年的马王堆女尸。她是西汉初期长沙王丞相第一代轪侯利苍的夫人，她的名字叫“辛追”。辛追夫人出土时身高1.54米，体重为34.3千克。从外观看，头、颈、躯干和四肢外形均保存完整，皮肤湿润且覆盖完整，呈淡黄褐色，手摸有油腻感，头发、眼睫毛、鼻毛等毛发附在原位，部分关节仍然可以活动；皮下脂肪丰富，软组织丰满而有弹性，用手按压时能很快恢复原位，在注射防腐剂时软组织鼓起后能较快地扩散和吸收。大家可以看到，遗体出土时有眼球突出、口张开、舌头稍微挺出、直肠脱垂等人死后的早期腐败现象。根据病理检查，他生前患有多种疾病，如冠心病、动脉粥样硬化、多发性胆石症，并在直肠和肝脏内发现鞭虫卵、蛲虫卵、血吸虫卵，在她的食管肠胃内还发现有138粒半甜瓜籽，这表明辛追是死于瓜熟季节。根据病症推断，辛追可能是由胆绞痛引起冠心病发作致死，去世时年约50岁。马王堆汉墓出土文物反映了中国古代文明的辉煌成就，展示了中国汉代的辉煌，无愧于20世纪中国乃至全世界最重大的考古发现之一。

好了，各位朋友，湖南省博物馆马王堆西汉古墓陈列馆的讲解就到此结束了，谢谢大家。

的是尸体早期腐败的现象，因为1号墓密封良好，尸体的腐败在下葬后不久就停止了，这具女尸保存的年代之久，保存程度之好，在世界尸体保存记录当中都是十分罕见的。由于它明显不同于呈干瘪状的木乃伊和表面似蜡制模型身躯壳的尸蜡，也不同于骨骼脱钙软化而易于折断的泥炭鞣尸，因此国际上已经认同在尸体的分类中，应该把马王堆出土的这类历史悠久、软组织仍有弹性，内脏俱在的湿尸命名为马王堆尸。

考古学家在其食管、肠胃中发现了138粒半甜瓜籽，表明她死于瓜熟季节，根据病理检查，她生前患有多种疾病，经尸体解剖，推断其是在吃过甜瓜籽后引发急病而猝死的可能性最大，死亡年纪约50岁。

好了，各位朋友，今天我为大家的讲解就到这里了，谢谢大家。

——旅管（3）171　张丽娴

指导教师　刘列夫

（六）老司城

1. 模拟情境

你作为湖南某高校的一名旅游专业考生，报考了全国导游资格考试，目前需准备湖南考点“导游服务能力”必考景点中的老司城。准备的前提是按照对应视频中的景点进行。

2. 创作思路

1)老司城景点分析

老司城遗址位于湘西土家族苗族自治州永顺县城东 19 余千米处的灵溪镇老司城村，本名福石城，1724 年迁至颗砂乡，为区别新老两座司城，福石城又名老司城，是南宋绍兴五年(1135 年)至清雍正六年(1728 年)永顺彭氏土司的政治、经济、军事、文化中心。

老司城分内罗城、外罗城，有纵横交错的八街十巷，人户稠密，市店兴隆，史书有"城内三千户，城外八百家""五溪之巨镇，万里之边城"的记载。

老司城是土司制度的物化载体，是中国古代民族区域自治制度发展的活标本，于 2001 年被公布为第五批全国重点文物保护单位。2010 年 9 月，老司城遗址被列入中国第一批国家考古遗址公园立项名录。2015 年 7 月 4 日，由永顺老司城遗址与湖北恩施唐崖土司城遗址、贵州遵义海龙屯土司遗址联合代表的"中国土司遗产"被列入《世界文化遗产名录》。2016 年 5 月 1 日，老司城遗址作为风景区正式对外开放。2016 年 12 月，老司城景区被列为国家 4A 级旅游景区。

老司城遗址总面积 25 平方千米，城区面积 25 万平方米，地表上保留了体积庞大的城墙和建筑。老司城选择在一个偏僻贫瘠的山区，主要出于军事上的目的。自然环境构成了坚固的防御，环绕着城址又有一系列险峻的军事关隘和防御设施。城址内包括宫殿区、衙署区、街巷区、墓葬区、宗教区、苑墅区等几个部分。

(资料来源:https://baike.baidu.com/item/老司城遗址/14104461? fr=aladdin)

2)老司城景点线路

概说(申遗，地位)—地理位置(军事用途)—功能分区(贵族生活区、衙署区、街巷区、墓葬区、宗教区和苑墅区)—结束语。

3. 创作训练

(1)开头:概说老司城的地位、申遗情况。

(2)老司城各景观特色呈现。

①地理位置:军事用途。

②功能分区:贵族生活区、衙署区、街巷区、墓葬区、宗教区和苑墅区及各区特点。

(3)结束语:表达参观结束、欢迎再来之意。

4. 创作成果展示

老司城

视频导游词	学生创作(优化)导游词
大家好！欢迎来到世界文化遗产永顺老司城参观游览，老司城是土司制度的物化	各位朋友，大家好！ 史书中曾描述过一个这样的地方，它

载体，是中国古代民族区域自治制度发展的活标本，于 2001 年被公布为第五批全国重点文物保护单位。2015 年，永顺老司城遗址与湖北恩施唐崖土司城、贵州遵义海龙囤土司遗址联合代表的“中国土司遗产”被列入《世界文化遗产名录》。2016 年 5 月 1 日，老司城遗址作为风景区正式对外开放。 老司城位于永顺县城以东 19.5 千米的灵溪河畔，地处猛洞河漂流景区上游，今隶属永顺县灵溪镇司城村。1135 年，彭氏第十一世继承人彭福石在此修筑城池，其后繁荣昌盛达 600 余年之久。亲爱的朋友，您可能会问老司城周围既没有开阔的河谷也没有矿产或可耕之地，当初为何要选择这样一个闭塞、偏僻、贫瘠之地建城呢？据专家考证，老司城虽然没有外城墙，但其以山为障、以水为池，已经构成了坚固的防御。在通往老司城的各个山道隘口还设有“八关一口一界”，防御来自四面八方的危险。由此可见，老司城选址在这里主要是出于军事上的考虑。老司城遗址分布在灵溪河东侧排地上，大致呈南北走向，总面积约 25 平方千米，可分为贵族生活区、衙署区、街巷区、墓葬区、宗教区和苑墅区。 我们首先进入的是贵族生活区。贵族生活区位于老司城遗址北部，呈椭圆形，周长为 400 米左右。从东、西、北三面保存完好的城墙可以看出，当年土司工程的恢宏气势，其又分为金銮殿、太极宫、寿宫、娱乐宫、丞相府等。 土司王处理政务是在金銮殿，金銮殿位于直达午门前的平台，平台为八步宽。午门为第一级，金銮殿没有大门，是全敞开的，五个大门都和午门的宽度和高度相同。金銮殿基础宽为九丈六尺（约 32 米），净身为三十丈（约 100 米），坐东北朝西南，属艮坤	“城内三千户，城外八百家”，是“五溪之巨镇，万里之边城”，这是哪里呢？有朋友回答了，没错，这就是世界文化遗产永顺老司城。老司城既是物质文化遗产，又是非物质文化遗产；既是静止的文物，又是活着的文化；既是独立的考古遗址，又是复合的遗产体系。2015 年，永顺老司城遗址与湖北恩施唐崖土司城、贵州遵义海龙囤土司遗址联合代表的“中国土司遗产”被列入《世界文化遗产名录》。2016 年 5 月 1 日，老司城遗址作为风景区正式对外开放。 今天咱们来到的老司城，位于永顺县城以东 19.5 千米的灵溪河畔，地处猛洞河漂流景区上游，隶属永顺县灵溪镇司城村。老司城遗址分布在灵溪河东侧排地上，大致呈南北走向，遗址总面积约 25 平方千米，可分为贵族生活区、衙署区、街巷区、墓葬区、宗教区和苑墅区。1135 年，彭氏第十一世继承人彭福石在此修筑城池，其后繁荣昌盛达 600 余年之久。亲爱的朋友，您可能会问为什么咱们的祖先们当初要选择这样一个闭塞、偏僻、贫瘠之地建城呢？据专家考证，老司城虽然没有外城墙，但它以山为障、以水为池，已经构成了坚固的防御。在通往老司城的各个山道隘口还设有“八关一口一界”，防御来自四面八方的危险。可见，老司城选址在这里，主要还是出于军事上的考虑。 现在我们看到的是贵族生活区，贵族生活区位于老司城遗址北部，呈椭圆形，周长为 400 米左右。共有四门，并以石灰、桐油胶结。贵族生活区分为金銮殿、太极宫、寿宫、娱乐宫、丞相府等。土司王处理政务是在金銮殿，金銮殿基础宽为九丈六尺（约 32 米），净身为三十丈（约 100 米），坐东北朝西南，属艮坤向。金銮殿没有大门，是全

向。大家可以看到，金銮殿内的装饰除木雕、石雕、浮雕花砖外，还有金、银、铜等金属装置，殿内金碧辉煌。 接着我们一起走进衙署区，衙署区位于贵族生活区的南侧，东北高，西南低，周长400余米，面积近9000平方米。建在衙署区第五级台阶上的彭氏宗祠是供奉历代土司的神圣之地，祠内有土司塑像供后人祭拜。宗祠建于明而重修于清，是单檐悬山式建筑。门中这对硕大的石鼓每只重2500千克以上，传说是土家族英雄努力八嘎和克东盲人徒手从千里之外运来的。 老司城原来街巷密布、纵横相通，相传有八街十巷的格局，由于城内建筑变迁以及自然破坏，现在尚有五街仍在使用，街巷全部用红褐色卵石砌筑路面。并铺砌有菱形、三角形和直线组成的几何图案，整齐匀称，古朴雅致，颇具民族特色。大家脚下的这条街是正街，南北走向，是老司城土司时期的主要街道。正街的保存非常完好，现在仍然是村民出入的主要道路。 这儿是老司城的墓葬区，紫金山墓地在老司城的东南郊，是明代永顺彭氏土司的家族墓地，墓地面积约1万平方米，现已探明土司及眷属墓葬共38座。目前所确认的土司墓有彭世麒、彭宗舜、彭翼南墓等。在考古发掘中，著名土司王彭翼南的墓志铭得以重见天日，墓志铭详细记载了他率领士兵抗击倭寇，为国浴血奋战的英雄事迹。 老司城南部有一片神圣的区域，这里是土司时期的宗教区。眼前的祖师殿是湘西保存最完好的古代建筑，也是湘西的一处道教圣地，为土司时期重要的祭祀和宗教场所，遇重大节庆和外出征战都要来此殿择定良日和祭祀，以保平安。祖师殿建筑群中轴线自西向东依次经过祖师殿、皇经台、过亭、	敞开的，金銮殿内的装饰除木雕、石雕、浮雕花砖外，还有金、银、铜等金属装置，殿内金碧辉煌。 接着我们一起走进衙署区。衙署区，顾名思义，是土司及其职官行政办公和临时居住的衙署政务机构所在地，位于贵族生活区的南侧，周长400余米，面积近9000平方米。建在衙署区第五级台阶上的彭氏宗祠是供奉历代土司的神圣之地，祠内有土司塑像供后人祭拜。宗祠建于明而重修于清，是单檐悬山式建筑。门中这对硕大的石鼓每只重2500千克以上，传说是土家族英雄努力八嘎和克东盲人徒手从千里之外运来的。 现在来到的是街巷区。老司城原来街巷密布、纵横相通，有八街、五巷、两口，尚存其名的有正街（新街）、河街、五屯街、紫金街、左街、右街、鱼肚街等，其中以正街、右街保存最好。街巷全由红褐色卵石嵌砌路面，铺有菱形、三角形和直线组成的几何图案，整齐匀称，古朴雅致，很有民族特色。大家脚下的这条街是正街，南北走向，是老司城土司时期的主要街道。 这儿是老司城的墓葬区，紫金山墓地在老司城的东南郊，是明代永顺彭氏土司的家族墓地，这里对于研究明代丧葬文化、土司世系、陪葬器具制作工艺都具有重要的价值。目前所确认的土司墓有彭世麒、彭宗舜、彭翼南墓等。在考古发掘中，著名土司王彭翼南的墓志铭得以重见天日，墓志铭详细记载了他率领士兵抗击倭寇，为国浴血奋战的英雄事迹。 大家请看，这片神圣的区域就是土司时期的宗教区，也是土司辖区广大民众的精神中心。眼前的祖师殿是湘西保存最完好的古代建筑，也是湘西的一处道教圣地，为土司时期重要的祭祀和宗教场所，遇到重大节

玉皇阁,为双檐歇山顶木结构建筑,以 34 根楠木大柱支撑屋顶。大家看,这儿砌有神龛一座,上面供奉祖师神像,殿宇斗栱雄伟古朴,梁架结构颇为特殊,是土家族地区颇具民族特色的建筑。祖师殿虽不如紫禁城皇宫大殿那般金碧辉煌,但是楠木大柱遇雨散发的屡屡幽香,倒也让人感觉十分别致。 好了,各位朋友,老司城景区的讲解就到这儿结束了。今天的老司城以残垣断壁所呈现出的真实性、完整性和唯一性震撼了全世界,希望大家下次再次光临老司城。	庆和外出征战都要来此殿择定良日和祭祀,以保平安。各种不同类型的寺庙,定期举行的宗教活动、祭祀仪式,成为聚集民众、加强社会凝聚力的一种手段。祖师殿虽不如紫禁城皇宫大殿那般金碧辉煌,但是楠木大柱遇雨散发的屡屡幽香,倒也让人感觉十分别致。 好了,各位朋友,老司城景区的讲解就到这儿结束了。老司城遗址被誉为中国的"马丘比丘",填补了中国土司制度考古学的空白。希望大家下次再次光临老司城!

二、自然景观导游词创作

(一)崀山

1. 模拟情境

你作为湖南某高校的一名旅游专业考生,报考了全国导游资格考试,目前需准备湖南考点"导游服务能力"必考景点中的崀山。准备的前提是按照对应视频中的景点进行。

2. 创作思路

1)崀山景点分析

崀山风景名胜区位于湖南省邵阳市新宁县境内,与广西资源县八角寨景区连为一体,包括天一巷、辣椒峰、扶夷江、八角寨、紫霞峒、天生桥六大景区, 18 处风景小区,已发现和命名的重要景点有 500 余处,有三大溶洞和一个原始森林,总面积 108 平方千米,属典型的丹霞地貌,是难得的环保型山水自然风景区。

当地的神话乃至方志说:相传当年舜帝南巡路过新宁,见这方山水美丽,便脱口而出,"山之良者,崀山,崀山。"因此,舜帝就造了这个"崀"字。良山为崀。

崀山属于中等侵蚀程度的丹霞地貌,正处在"风华正茂"时期。这里的红色岩层被流水侵蚀得恰到好处,高低错落的丹霞峰丛与纵横的沟谷交替排列,形态多样的石峰、石柱绵延不绝,高大的崖壁与深邃的峡谷随处可见,一些巨大的石峰如辣椒峰、蜡烛峰、骆驼峰等赫然耸立。石峰、石柱的周围是壁立的悬崖,裸露出红色的岩石。而峰顶平坦之处却生长着一簇簇葱绿的森林。这些长在峰顶的森林,像一个个时髦的"朋克头",构成一道奇特的风景。

然而崀山最美妙、最动人心弦之处,是从八角寨峰山顶俯瞰崀山丹霞全貌。放眼望去,跌宕起伏的丹霞峰丛波澜壮阔、蔚为壮观。

崀山被称为"中国丹霞之魂"并不为过,有八角寨、天下第一巷、辣椒峰、天生桥、紫霞峒、扶夷江六大景区，其中著名的景观有“崀山六绝”，更是堪称世界奇观，第一绝是天下第一巷，第二绝是鲸鱼闹海，第三绝是将军石，第四绝是骆驼峰，第五绝是天生桥，第六绝是辣椒峰。

（次料来源：https://baike.baidu.com/item/%E5%B4%80%E5%B1%B1/183246？fr=aladdin）

2）景点线路

概说（湘西南，名称由来）—丹霞地貌（六大景区）—八角寨（俯视，万马齐奔，鲸鱼闹海）—辣椒峰（仙椒钻地、蜡烛峰、无字天碑）—骆驼峰（最长最大最重）—扶夷江（将军石）（资江上游，丹霞晚期石柱）—天一巷（陈国达，0.8 米、0.33 米）—紫霞峒（得名，奇险秀幽）—结束语。

3. 创作训练

（1）开头：概述崀山的地理位置、景区、特色、地位。

（2）崀山各景观特色呈现。

①八角寨景区：丹霞峰山，海拔 818 米，万马齐奔，鲸鱼闹海。

②辣椒峰景区：象形，法国“蜘蛛人”阿兰·罗伯特曾徒手攀登。

③骆驼峰、蜡烛峰：最长、最大、最重的骆驼；又称无字天碑，尺寸。

④扶夷江（将军石）：资江上游，丹霞晚期石柱。

⑤天一巷：陈国达，0.8 米、0.33 米。

⑥紫霞峒：得名，奇险秀幽。

（3）结束语：表达游览结束、欢迎再来之意。

4. 创作成果展示

崀山

视频导游词	学生创作（优化）导游词
各位朋友，大家好！欢迎大家来到崀山旅游区参观游览，崀山位于湖南省新宁县境内，是典型的丹霞地貌。在数千万年以前，这里是一片内陆湖，由于地壳的变动，内陆湖底突出，从而形成了现在的红色砂砾岩结构的丹霞地貌。其丹霞地貌的形态与规模在全国同类地貌之中首屈一指。在 108 平方千米范围内，聚集了天一巷、辣椒峰、扶夷江、八角寨、紫霞峒、天生桥六大景区。 美丽的崀山先后被评为国家地质公园、国家重点风景名胜区、中国丹霞世界自然遗	各位朋友，早上好！欢迎你们来到湘西崀山，我叫许鑫，是大家的导游，很高兴在美丽的崀山和大家相识，大家且放宽心，将你们的眼睛交给我，只需享受崀山带给大家的视觉盛宴，祝大家玩得开心、游得尽兴。 “崀”，山之良也，可见崀山之美，崀山以全国第一的红盆丹霞地貌而闻名天下，是一座天然的丹霞地貌博物馆。丹霞地貌学术创始人陈国达教授晚年到崀山考察，有相见恨晚的感觉，他题诗“半生长誉丹霞美，方识崀山比丹霞，胜地有缘何恨晚，并赞南北

产、国家5A级旅游景区,被丹霞地貌学术创始人陈国达院士誉为“丹霞之魂,国之瑰宝”。这里气候湿润,四季分明,植被繁盛,生态环境优美,境内雄伟壮观的方山台寨,拔地而起的石柱、石墙,陡峭险峻的赤壁丹崖,狭长曲折的石巷、石槽,集聚雄、奇、险、秀、幽的特色,特别是其中的天下第一巷、鲸鱼闹海、将军石、骆驼峰、辣椒峰、天生桥,这“崀山”六绝更是被誉为世界奇观,让游客赞叹不已、流连忘返,是人们旅游观光、休闲度假、攀岩探险、科考研究的好去处。

八角寨景区位于崀山风景名胜区南部,因主峰斜生8个翘角而得名。八角寨主峰如“鹤立鸡群”,属典型的丹霞峰山,海拔818米,是崀山风景名胜区的最高点和最佳观景台。八角寨景区以高大、圆顶、密集式丹霞峰丛、峰林地貌景观为特点,被国内外学者誉为“壮年期丹霞峰丛峰林地貌的杰出代表”和“中国丹霞地貌主要类型和基本特征的模式地”。

辣椒峰景区是崀山六大景区之一,也是崀山丹霞地貌中最典型的象形景区。眼前就是著名的辣椒峰了,它拔地而起,傲视群峰,身高180米,上大下小,上周长约100米,下周长约40米,呈赤红色。远看过去,像硕大无比的红辣椒,俗称“仙椒钻地”。2002年,著名的法国“蜘蛛人”阿兰·罗伯特徒手攀上了辣椒峰,创造了新的神话,辣椒峰也由此名扬世界。

大家请看正前方的骆驼峰,像不像是一只从沙漠远足来此的骆驼呢?这可是世界上最长、最大、最重的骆驼了。它由4座石峰组成,头、躯、脊、尾错落有致,形象逼真。大家看骆驼峰的旁边还有一座蜡烛峰,高217.8米,周长400米,顶尖身圆,四周陡崖,挺拔巍峨,形似一支红色蜡烛直插云霄。

双奇花。”崀山丹霞地貌惟妙惟肖、栩栩如生,同类却异型,各具形态,一景多姿,在我们前方有紫霞峒、扶夷江、辣椒峰、天一巷、天生桥、八角寨六大景区等着我们。

现在我们来到的是八角寨景区。八角寨主峰海拔818米,是崀山丹霞群山的制高点,登上顶峰有徒步、乘马、坐索道三种方式。站在寨顶,极目远望,大家会不会有一种“会当凌绝顶,一览众山小”的感觉呢?八角寨因山顶有八座山峰相连,并互为犄角,像一朵八角莲花而得名。它们成密集型排列,犹如万马向北齐奔,每当雨后初晴,峡谷内气温回升,雾气升腾,八角寨便像是天宫瑶池里若隐若现的莲花,大自然的变化无穷也带给八角寨不同形态的美。千百座奇峰异石,时而被云海吞没,时而露出头顶,像无数头鲸鱼在海浪里翻滚嬉戏,这就是传说中的鲸鱼闹海景观。

现在我们来到的是崀山六大景区之一的辣椒峰,辣椒峰是崀山丹霞地貌中最典型的象形景区。大家往我手指的方向看去,耸立在我们正前方的就是写满传说、布满故事、赫赫有名的辣椒峰。它像是被某位神仙顺手丢弃在这群山之中,大家会不会有一种它随时都会倾倒的感觉呢?这只天下第一的“辣椒”身高180米,上大下小,上周长有100米,下周长却只有约40米。它凌空耸立,与周边山峰互不相连,通身赤红,赤红的砂砾岩在阳光下闪闪发光,站在脚下仰望,只见多棱柱巨石高耸入云,雄奇,险峻,远远望去,就像一只巨大的红辣椒,又被称为“仙椒钻地”。

现在我们来到了崀山另一个象形景区——骆驼峰,大家看,它像不像是一只从沙漠远足来此的骆驼呢?它可是由四座山峰组成的世界上最大的骆驼了。骆驼峰旁

水是崀山的灵魂，崀山的水美在扶夷江。扶夷江发源于广西的猫儿山，是崀山的母亲河。不知不觉我们来到了崀山六大绝景之一的将军石。浑然天成的将军石屹立于扶夷江畔，它是丹霞地貌发育到晚年期的丹霞石柱。净高75米，周长40余米，上下等粗，顶部稍细。酷似一位身披战袍、仰天长啸、虎虎生威的将军，宛如扶夷江的守护神。 被称为崀山第一绝的天下第一巷，全长238.8米，两侧石壁高80~120余米，最宽处0.8米，最窄处仅0.33米，一次仅能容一人通过，是名副其实的"一夫当关，万夫莫开"的险要关口。穿行其中，前不见尽头，后不见来处，唯有头顶一线青天，绝壁对峙，鬼斧神工，大有"天光一线，人生如缝"的感觉，堪称天下一绝。 最后我们来到的是紫霞峒景区。紫霞峒是一条曲径通幽的峡谷，面积有66666.7平方米。因周围有红褐色悬崖峭壁，夕阳斜照时，万道霞光反射，漫山紫气升腾而得名。紫霞峒景区包括紫霞宫等大小20多个景点。这里环境优美，植被繁茂，山石奇特，峰回路转。以洞幽林深，溪涧瀑布，象形山石，宗教寺庙为特色。紫霞宫始建于明朝嘉靖年间，成为湘西南佛教圣地，晨钟暮鼓，香烟袅袅。仿古重建的寺庙内塑有高6米的观音菩萨，古往今来，香客络绎不绝，为天下72佛教圣地之一。 多彩多姿的崀山真是让人目不暇接，可惜今天的行程已经接近尾声。各位朋友，崀山旅游区的讲解到这里就结束了，欢迎大家再次光临，领略崀山不同的美，谢谢大家！	边就是直插云霄的蜡烛峰，高217.8米，尖顶，四面陡峭。因为通体鲜红，形状像蜡烛而得名。 早在很久前就有"崀山美，美有夷江"的说法。美丽的扶夷江碧绿澄清、碧波荡漾。时而水平如镜、深不可测，时而急流险滩、水花四溅。不知不觉，我们来到了独立天外的将军石，将军石本来是一座山体丹霞地貌，发育到晚期形成了石柱。它高400米，周长40余米，顶部略小，上下等粗，犹如一位俯视着前方的千山万壑，指挥着千军万马的将军。 天一巷是崀山另一个核心景区，是典型的丹霞巷谷。天一巷是天下第一巷之意，"天下第一巷"几个大字是丹霞地貌命名者、著名地质学家、中科院院士陈国达教授1992年来崀山时亲笔题写的，这是迄今为止世界丹霞地貌中最长的一条天然石巷，独一无二，无法复制。天一巷呈东西走向，一次仅能容一人通过，却是通往山顶的唯一通道，是名副其实的"一夫当关，万夫莫开"的险要关口，缝隙最窄处只有0.33米，穿行其中前不见尽头，后不见来者。唯有头顶一线青天，绝壁对峙，鬼斧神工，正午时分，阳光从上面射进缝隙，斑斑驳驳，五彩缤纷，大有"天光一线，人生如缝"的感觉，可称天下一绝啊。 最后我们来到的便是紫霞峒景区，紫霞峒不是洞。峒者冲也，是少数民族村、寨的意思。传说有一位高僧云游到这里，相中此地，他把袈裟铺在红瓦山上，经阳光一照，香火缭绕，所以叫"紫霞峒"。来到这里，我们可感受到"疏影横斜水清浅，暗香浮动月黄昏"的意境。 今天的行程到这里就要结束了，如果大家觉得意犹未尽，欢迎大家下次再来美丽的

	崀山，我会带给大家不同的崀山之美！谢谢。 ——旅管(3)171　许鑫 指导老师　杜卡

(二)天子山

1. 模拟情境

你作为湖南某高校的一名旅游专业考生，报考了全国导游资格考试，目前需准备湖南考点"导游服务能力"必考景点中的天子山。准备的前提是按照对应视频中的景点进行。

2. 创作思路

1)天子山景点分析

天子山景区，天子山原名青岩山，因古代土家族领袖向大坤率领当地农民起义自称"天子"而得名，是武陵源的四大景区之一。它东起天子阁，西至将军岩，南接张家界国家森林公园，绵延盘绕近40千米。总面积5400余公顷，制高点天子峰海拔1262.5米，最低海拔534米。

天子山不但险绝，且给人一种神秘幽静之感，尤以石林奇观闻名遐迩。无数石峰如剑如戟，森然列于其间，更似千军簇拥，气势雄浑无媲。览胜之间，令人遐思无限，不得不惊叹造物者的鬼斧神工。

天子山有云涛、月辉、霞日、冬雪四大奇观。山间云雾变幻无穷、仪态万千，时而如江海翻波、涌涛逐浪，时而若轻纱掩体、缥缈虚无。日出时辉映长空，日落处霞光无限，又将天子山装点成瑰丽明艳的帝王宫阙。夜风下，皓月弄影，峭壁如洗，万籁俱寂，大有"起舞弄清影，何似在人间"之感。入冬后，则雪压险峰，霜被松柏，冰锥倒悬，经久不化，俨然一派银装素裹的奇幻景象。享有"谁人识得天子面，归来不看天下山""不游天子山，枉到武陵源""秀色天下绝，山高人未识"之美誉。

天子山美景，春、夏、秋、冬四季不同，晨、昏、午、夜四时各异。霞光中的天子山，似一幅金碧辉煌、色彩亮丽的油画；月光下，错落有致的迷蒙山峰，构成一幅水墨山水。春天山花灿烂，依红偎翠；冬日冰雪皑皑，银装素裹。乍晴乍雨时，天子山云烟缭绕，或铺天盖地，或袅袅婷婷，静如薄纱笼罩，动如运天雪涌。

(资料来源：https://baike.baidu.com/item/天子山景区/5043507#2)

2)天子山景点线路

概说(武陵源，地位)—石英砂岩峰林地貌(成因)—神堂湾(神秘的原因，小故事)—点将台(景色)—贺龙公园(云青岩)(贺龙铜像，最大、最重)—御笔峰(西海石林，欣赏四大奇观)—天女献花(向王天子，传说故事)—结束语(小故事)。

3. 创作训练

（1）开头：概说天子山的地理位置、名称由来。
（2）天子山各景观特色呈现。
①张家界地貌：石英砂岩峰林地貌成因。
②神堂湾：神秘的原因，小故事。
③点将台：井然有序的座座石峰。
④贺龙公园：贺龙铜像，最大、最重。
⑤御笔峰：西海石林，欣赏四大奇观。
⑥天女献花：向王天子，传说故事。
（3）结束语：表达结束、欢迎再来之意。

4. 创作成果展示

天子山

视频导游词	学生创作（优化）导游词
各位朋友，欢迎大家来到武陵源观光游览，很高兴能为大家导游，接下来我们将要游览的地方是被誉为“峰林之王”的天子山自然保护区，天子山景区位于武陵源的东北部，南连张家界国家森林公园，西与杨家界风景区和贺龙元帅的故乡桑植县相邻，东南与索溪峪风景区相望，这里原来为青岩山，以青石林立而得名，后来土家族首领向大坤不满封建朝廷的昏庸统治，在青岩山揭竿起义，由于他代表了以土家族为主的各族人民的利益，得到民众的爱戴和拥护，称“向王天子”，善良的土家族人民为了纪念这位勇敢的民族英雄，就将这座山改名为“天子山”。 各位朋友，天子山这种奇特的地貌称为张家界地貌，根据科学论证，3 亿多年前，这里是一片汪洋大海，大约 1 亿年前由于海浪的冲击石英砂岩在海底沉积了 500 多米厚，后来经过新构造运动的强烈抬升，这里成了陆地，地面抬升后，在流水的作用下，一些细小的砂石被冲走了，加上重力的作用，岩石崩塌，又被雨水、溪流慢慢冲刷，就使得武	各位朋友，大家好！欢迎大家来到被誉为“峰林之王”的天子山自然保护区参观游览。天子山景区是武陵源核心中的核心，就像九寨沟里的五花海。它位于武陵源东北部，南连张家界国家森林公园，西与杨家界风景区和贺龙元帅的故乡桑植县相邻，东南与索溪峪风景区相望，这里原名为青岩山，因青石林立而得名，后来因为土家族首领向大坤不满封建朝廷的昏庸统治，为了土家族各族的民族利益在这里揭竿起义，从而得到了民众们的拥护，称“向王天子”。善良的土家族人民为了纪念这位勇敢的民族英雄，就将这座山改名为天子山。 我们看到的这种奇特的地貌叫张家界地貌。根据科学论证，3 亿多年以前，这里曾是一片汪洋大海。大约在 1 亿年前左右，由于海浪的冲击，石英砂岩在海底沉积了 500 多米厚。后来，经过新构造运动强烈抬升，这里成了陆地。地面抬升后，在流水深切的作用下，一些细小的砂石被冲走，加上在重力作用下岩石崩塌，又被雨水、溪流慢

陵源地区在漫长的岁月中逐渐形成了这种奇特的地貌，看到此情此景，我想没有人不会为这大自然的鬼斧神工而惊叹吧。那么下面就请大家跟我一起徒步漫游、用心体会这“扩大的盆景，缩小的仙境”，欣赏“峰林之王”的无穷魅力。

现在我们来到的地方是神堂湾，神堂湾是武陵源景区最为神秘的地方。为什么说它神秘呢？神堂湾共有岩墩九级，有人曾经想进山探险，可才下到四五十丈（130~170米）深的第四级，已经是一片漆黑、阴风怒号，还伴随着各种凄厉的叫声，使人毛骨悚然、魂飞天外，1968年解放军某部为采灵芝等贵重药材，利用绳索等工具，也只下到第六墩就不敢继续，因为从第六墩往下看，深不见底，只觉得阴森恐怖、胆战心惊，用望远镜往下看，能隐约看到巨大的蟒蛇和各种野兽，神堂湾从此以后便成为无人涉足的神秘世界。

现在大家所处的地方是点将台，请大家观看山下的座座石峰，粗看是杂乱无章，细看则是井然有序，它们一个个气宇轩昂、精神抖擞、威武壮观、整齐严肃，不正像是即将出征的将士嘛？

现在我们到达的景点是整个武陵源唯一的一处大型人文景观“贺龙公园”，贺龙元帅是中华人民共和国的十大元帅之一，他出生在天子山西边桑植县洪家关的一个农民家庭，曾两把菜刀闹革命，一生充满传奇色彩，天子山一代曾是他打游击的地方，为了纪念这位开国元帅，我们修建了这座公园。进入公园，首先映入眼帘的是贺龙铜像，它高6.5米，包括战马一共重9吨多，是中国近百年来伟人铜像中最大、最重的一尊。铜像背后的不远处，便是“云青岩”观

慢地冲刷等综合作用，使武陵源地区在漫长的岁月中逐渐形成了这种奇特的地貌。下面就请大家跟我一起走进这大自然的鬼斧神工，用心去体会这“扩大的盆景，缩小的仙境”，欣赏那“峰林之王”的无穷魅力。

现在我们来到的地方是神堂湾。根据明万历《慈利县志》记载：神堂湾名神堂寨，坐落于索溪峪西部，是一个充满神秘感的桶形深谷洼地，四周悬崖峭壁，有着无限风光在险峰之势。一个凹形深谷，四面是刀切般的绝壁，终日雾雨霏霏，谷内深不可测，无路可进，据说只有一条特别险恶的九级天梯，每一级天梯只能容纳一只脚。当地人说：“上一级天梯丢一条魂！”从这里往下看，浑身悚然，特别奇怪的是，不管什么时候，从湾内都隐约传来一阵金鼓齐鸣、人喊马嘶的声音，不知道各位朋友有没有听到呢？有专家说这可能是电磁录音的缘故。

前方就是与神堂湾相邻的点将台，它坐落在白雾缭绕的深谷，你们看那一排排的石峰，是不是像一个个人形，皇帝高居正中，前方传令官正在宣读圣旨，左丞右相弓身而立，将士们正在屏息静听。传说这是向王天子阅兵点将的地方。

接着我们看到的是整个武陵源唯一的一处大型人文景观——贺龙公园。贺龙元帅是中华人民共和国的十大元帅之一，他出生在天子山西边桑植县洪家关的一个农民家庭，曾两把菜刀闹革命，一生充满传奇色彩，天子山一带曾是他打游击的地方，为了纪念这位开国元帅，就修建了这座公园。进入公园，我们首先看到的就是这尊贺龙铜像，铜像高6.5米，包括战马一起重达9吨多，是中国近百年来的伟人铜像中最大、最重的一尊。铜像背后的不远处，便是“云青

景台，从这里可以观赏到“西海石林”，“西海”是名副其实的山的海洋，上千座山峰风起云涌般展现在眼底，巍峨壮观。 瞻仰了贺龙元帅的铜像，我们继续游览天子山的峰林奇观，请大家看前方的不远处，有一排秀丽精致的石峰，上粗下细，形如笔杆，这便是武陵源精华绝景之一的“御笔峰”，也是峰林风光的标志景点，相传向王天子兵败以后，将几支御笔掷落于山谷之中，然而笔通灵气，落地成峰，形成了“御笔峰”，如果在红霞满天的时候来观看，御笔熠熠生辉，笔尖还残留着几点朱红墨迹。 各位朋友，接下来请大家到对面来欣赏天女献花的秀丽，请大家顺着我手指的方向看到山岭的中部，在朦胧的云雾中有一个美女的倩影亭亭玉立，你们看，她怀抱花篮，嘴含微笑，正深情地把朵朵鲜花撒向人间，因而称为“天女献花”。 天子山的风景是迷人的，这里的民风也是淳朴的，这里有看不完的风景，讲不完的故事，因此有人评价天子山为“谁人识得天子面，归来不看天下山”，但愿天子山的景色留给大家的是永远美好的回忆，希望大家下次再来天子山观光旅游，谢谢大家！	岩”观景台，从这里可以观赏到“西海石林”。“西海”是名副其实的山的海洋，我们可以看到上千座山峰风起云涌般展现在我们的眼前，大家肯定觉得非常壮观吧！ 大家请看前方，这一排秀丽精致的石峰，上粗下细，像不像一个个笔杆。这就是武陵源十大绝景之一中的“御笔峰”了，也是峰林风光的标志景点，相传向王天子兵败以后，将几只御笔掷落于山谷之中，然而笔通灵气，落地成峰，形成了“御笔峰”。如果在红霞满天的时候来观看，御笔熠熠生辉，笔尖还残留着几点朱红墨迹。 现在请大家顺着我手指的方向看去，在对面山岭的中部是不是有一个美女的倩影在云雾中亭亭玉立呢？你们看，她头别发簪，怀抱花篮，嘴含微笑，正深情地把朵朵鲜花撒向人间，这就是传说中的“天女献花”景观了。各位朋友是不是感觉有种“山上无山我独尊”的无限豪情。 有人说过：“不游天子山，枉到武陵源”，不知道大家有没有大饱眼福呢？“谁人识得天子面，归来不看天下山”，置身于这石峰林立中，才知道这大自然的鬼斧神工！好了，今天我们的行程就到这里了，谢谢大家！ ——旅管（3）171　文燕如 指导老师　李华平

（三）天门山

1. 模拟情境

你作为湖南省某高校的一名旅游专业考生，报考了全国导游资格考试，目前需准备湖南考点“导游服务能力”必考景点中的天门山。准备的前提是按照对应视频中的景点进行。

2. 创作思路

1）天门山景点分析

天门山，古称云梦山、嵩梁山，是张家界永定区海拔最高的山，北距城区 8 千米，因自然奇观天门洞而得名，是最早被记入史册的名山。三国时吴王孙休以为吉祥，赐名“天门山”，主峰高 1518.6 米，1992 年 7 月被批准为国家森林公园。

这里有罕见的世界奇观——天门洞，天门洞南北对穿，是罕见的高海拔穿山溶洞，门高 131.5 米，宽 57 米，深 60 米，拔地依天，宛若一道通天的门户，从此而得名天门山，已有 1700 多年历史。天门洞终年氤氲蒸腾，景象变幻莫测，时有团团云雾自洞中吐纳翻涌，时有道道霞光透洞而出，瑰丽神奇，宛如幻境，似蕴藏天地无穷玄机。地方史志曾记载：“玄古之时，有土人见霞光自云梦出，紫气腾绕，盈于洞开，溢于天合，以为祥瑞，肃而伏地以拜之。”自古以来，奇幻美丽的“天门吐雾”“天门灵光”，被认为是天界祥瑞之象，闻名遐迩。

其山顶相对平坦，保存着完整的原始次森林，有着很多极为珍贵和独特的植物品种，森林覆盖率达 90%。其间古树参天，藤蔓缠绕，青苔遍布，石笋、石芽举步皆是，处处如天成的盆景，被世人誉为世界最美的空中花园和天界仙境。2012 年 7 月 22 日中午，法国轮滑大师让伊夫·布朗杜挑战天门山。

天门山主要景点除天门洞外，还有世上最长索道，索道全长 7455 米，居世界第一；鬼谷栈道，栈道全长 1600 米，平均海拔为 1400 米，起点是倚虹关，终点是小天门，与其他栈道不同的是，鬼谷栈道全线既不在悬崖之巅，也不在悬崖之侧，而是全线都立于万丈悬崖的中间，给人以与悬崖共起伏、同屈伸的感觉；通天大道，指通往天门洞的盘山公路，刚好 99 个弯，暗合了“天有九重，云有九霄”之意。

（资料来源：https://baike.baidu.com/item/ 天门山 /1765? fr=aladdin）

2）天门山景点线路

概说（国家森林公园，四个景区，云瀑布）——玻璃栈道（地位、特色 ）—— 鬼谷栈道（惊险，传说）—— 碧野瑶台（位置，特色、故事）—— 天门山寺（湖南海拔最高的寺庙，观寺风格，真身舍利）——天门洞（洞规模、地位，天路）——结束语 。

3. 创作训练

1）开头：概说天门山的地理位置、地位。

2）天门山各景观特色呈现。

①玻璃栈道：东方天空之路，特色。

②鬼谷栈道：喀斯特地貌台型地区特征，险要特色，传说。

③碧野瑶台：所处位置，“木石之恋”小故事。

④天门山寺：湖南海拔最高的寺庙，观寺风格，真身舍利。

⑤天门洞：天门洞高、宽、深，穿洞飞行表演，上天梯。

（3）结束语：表达游览结束、欢迎再来之意。

4. 创作成果展示

天门山

视频导游词	学生创作(优化)导游词
各位朋友,大家好! 欢迎来到国家 5A 级旅游景区、国家森林公园——天门山参观游览。 天门山海拔 1518.6 米,是张家界市区范围内海拔最高的山,也是张家界的文化圣地,被尊为湘西第一神山,天门山共分为“觅仙奇境”“碧野瑶台”“天界佛国”“天门洞开”四大景观区,觅仙奇境景观区位于环山顶步行游线的西半段,以群峰万壑的壮观美景为主,主要景观有鬼谷栈道、西线玻璃栈道、鬼谷洞等。 接下来我们就要去挑战号称“东方天空之路”的玻璃栈道了。玻璃栈道全线由透明玻璃制成,晴天时蓝天和白云的倒影会铺满整条栈道,让人在对脚下的景观战战兢兢之余,更乐享于踏云而行的快感;云雾天气栈道则在雾中若隐若现,天上人间般的美景更是让人惊叹不已。 大家脚下的这条鬼谷栈道因悬于鬼谷洞之上而得名,栈道凌空悬挂在峭壁之上,游人不仅可体验高空栈道的惊险刺激,也可饱览鬼斧神工般的喀斯特地貌特征。 关于鬼谷洞有很多神奇传说,自 1991 年起天门山勇士先后七次从悬崖上方将绳垂索下绝壁,与鬼谷洞进行了亲密接触,在这几次探洞的过程中,遇到了种种难以解释的神奇现象,特别是第四次,探洞勇士在偶然间用相机拍下了洞内石壁上一个酷似古代老人的头像,与世间广为流传的鬼谷子头像有异曲同工之妙,有人特意在此拍摄照片,冲洗出来却是一片空白,这唯一一次鬼谷显影是神奇的自然现象还是无法解释的	各位朋友,大家好! 欢迎来国家森林公园天门山参观游览。我是大家本次旅程的导游小彭,天门山海拔 1518.6 米,是张家界最高的山,因自然奇观天门洞而得名。这里因积淀了深厚的历史文化和异彩纷呈的人文胜景被誉为“张家界之魂”和“湘西第一神山”。天门山一共分为四个景区,分别是“天门洞开”“碧野瑶台”“觅仙奇境”“天界佛国”。一年只有冬春之分,夏天是消暑纳凉的好地方,冬天则是踏冰玩雪的好去处。山间多雾,平均每年 230 天是雾天,云海云瀑等奇观时常出现,让人叹为观止。 现在我们来到的就是网上疯传的玻璃栈道了,冒险张家界就是冒险玻璃栈道的惊险和刺激,这条看着让人腿软的玻璃桥采用的是坚硬的钢化玻璃,周围有金属栏杆,每块玻璃都可以承受 1000 千克的重量,所以人身安全是完全不用担心的,大家可以尽情地拍照和感受玻璃桥的惊险与刺激。 现在我们来到的是位于“觅仙奇境”景观区的鬼谷栈道,它全线立于万丈悬崖的中间,从栈道上俯瞰群山,我们会有一种“会当凌绝顶,一览众山小”的感觉,走在栈道上,身边雾气环绕,脚下云海翻腾,令人抬腿似生雾,迈步如踏云,恍如人间仙境。 由于天门山是国家森林公园,植被特别丰富,加上典型的喀斯特地貌,所以在这条栈道上更能找到一种乘坐直升机飞越热带雨林大峡谷的感觉,这是平时只能在电影里看到的场景。 现在我们站立的地方是“碧野瑶台”景观区。在这里，布满青苔的奇石随处可见,

巧合，成为天门山千古六谜之一 。

“碧野瑶台”景观区位于环山顶步行游线东半环，贯穿天门山的自然生态核心保护区，以自然原始森林风光为主，主要景观为南北俯视天门、盘龙崖玻璃栈道、玉壶峰、木石之恋等。请大家过来看，这颗枝繁叶茂的大树，树依石而生，石抱树而立，就像一对相濡以沫的恋人，由此得名“木石之恋”，象征人世间坚贞不渝的爱情。相传天门山以前居住着一位天资聪颖的秀才，因屡试不第而顿感挫败，贤惠之妻为鼓励他重拾信心、走出沉沦，与其约赌，如果家门口石头上长出了树，他就必须去参加考试，妻子为了激励丈夫寻来了榉树的种子种在了石头上，每天辛勤的挑来泉水浇灌，风雨数载，或许是妻子的虔诚和毅力感动了上天，树竟和石头长在了一起，秀才大受鼓舞，欣然允诺前去考试，最终中举归来，因应石中举与应试中举谐音，故木石奇缘又含着祥瑞之征兆，每年临近大考，很多家长都会带着孩子来此祈福，希望金榜题名。

“天界佛国”景观区为环山顶步行游线的南半环，主要景观为天门山寺。天门山寺有着湘西佛教中心之称，始建于明朝，历经儒、道、佛三教融汇变通。建寺以来香火鼎盛，现在的寺庙是在原址复建，占地 2 万余平方米，是目前湖南境内海拔最高的佛教建筑群，整座寺庙采用中国古代宫殿式风格，由大雄宝殿、观音阁、藏经阁等建筑组成，寺内还供奉着佛祖释迦牟尼及其两大弟子目犍连和舍利弗的真身舍利，这也是湖南省唯一一家安放有佛祖舍利的寺庙。

“天门洞开”景观区位于山体中部，主要景观为天门洞、上天梯等。

天门山古称嵩梁山，三国吴永安六年（263 年），山体忽然峭壁洞开形成迄今罕见珍稀树种、珍贵药材也时有发现。整个景区就像一个天然的大盆景，游客走在蜿蜒的游路上，可以尽情领略自然的风趣。碧野瑶台景观区是天门山四大景观区里景点最多的一个。这里还有一颗“木石之恋”的大树，有个美丽的传说。相传天门山以前居住着一位天资聪颖的秀才，因屡试不第，顿感挫败，贤惠之妻为鼓励他重拾信心、走出沉沦，与其约赌，如果家门口石头上长出了树，他就必须去参加考试，妻子为了激励丈夫，寻来了榉树的种子种在了石头上，每天辛勤的挑来泉水浇灌，风雨数载，或许是妻子的虔诚和毅力感动了上天，树竟和石头长在了一起，秀才大受鼓舞，欣然允诺前去考试，最终中举归来，因应石中举与应试中举谐音，故木石奇缘又含着祥瑞之征兆，每年临近大考，很多家长都会带着孩子来此祈福，希望金榜题名。

现在请看天门山寺，它最早建于唐代，因选择地理位置不佳，经常受到自然灾害的影响，在明代的时候将天门山寺从东部的山顶迁到了这里，它由大雄宝殿、观音阁、藏金阁等建筑物组成，是目前湖南省境内海拔最高的佛教建筑物，古寺门楣上刻有“天门仙山”四个字，大门两边的对联是“无处有天天不夜，山上无山山独尊”，出自我们的诗仙李白，建筑十分讲究飞檐翘角、雕龙画凤，艺术价值极高。

天门洞形成于三国时期，是天门山的精华景点。去天门洞要经过有着天下第一公路奇观之称的通天大道。通天大道全长 11 千米，急弯此消彼长、层层叠起，因为奇绝和高险，又被人们冠以天路的美称。经过 99 道弯的通天大道，就可以近距离欣赏到天门洞的风采了。两侧高耸的峭壁把天门洞凸显得格外壮观，洞里不见人间山水，只

的世界奇观天门洞。天门洞高 131.5 米、宽 57 米、深 60 米，南北对开，气势磅礴，是世界罕见的高海拔天然穿山溶洞。1700 多年来这一道奇绝天下的盛景使无数探访者趋之若鹜，1999 年世界特技飞行大师驾机穿越天门洞，实现了人类首次驾机穿越自然山洞的壮举。全球 8 亿多观众共同见证了这一激动人心的时刻，天门洞瞬间成为世界关注的焦点。 上天梯是登临天门洞的必经之路，共 999 级，象征着至高无上和天长地久，已成为八方来客朝圣天门的登天祈福之路。上天梯五缓四陡，扣合九九之意，比喻人生之路起伏跌宕，历经坎坷之后方可成器。天梯左右两侧分布有“有余”“琴瑟”“长生”“青云”和“无意”五个平台，分别寓意财、喜、寿、禄、福。 好了，各位朋友，天门山旅游区的讲解到此结束了，谢谢大家！	见蓝天白云、轻雾缕缕，仿佛迈过去就可以直达天界。雨前雨后水汽充沛的时候，天门洞风云激荡，蒸腾的雾气就像一条白色的巨龙在洞里洞外盘旋翻飞，形成独特而壮观的天门吐雾。天门洞是世界海拔最高的天然溶洞，它南北对穿，高 131.5 米、宽 57 米、深 60 米。1999 年世界特技飞行大师曾驾机穿越天门洞，实现了人类挑战自然的又一个壮举。这次表演在全球引发轰动，收看直播的观众达到 8 亿之多，天门山也从此成为世界关注的焦点。 好了我们的天门山之旅就要结束了，希望这美丽而惊险的森林公园能给大家留下美好的回忆，如有不足之处，还请各位多提宝贵意见。谢谢大家！ ——旅管(3)171　彭滋滋 指导老师　戴冬香

(四)东江湖

1. 模拟情境

你作为湖南省某高校的一名旅游专业考生，报考了全国导游资格考试，目前需准备湖南考点“导游服务能力”必考景点中的东江湖。准备的前提是按照对应视频中的景点进行。

2. 创作思路

1)东江湖景点分析

东江湖位于湖南省郴州市东北部的资兴市境内，是南岭和罗霄山脉南部(八面山脉和诸广山脉)合围的一个湖，是耒水的源头之一，西距郴州市 30 千米。

东江湖是湖南省唯一一个同时拥有国家 5A 级旅游区、国家级风景名胜区、国家生态旅游示范区、国家森林公园、国家湿地公园、国家水利风景区“六位一体”的旅游区。

东江湖纯净浩瀚，湖面面积 160 平方千米，碧波万顷，景象万千，其水质达到了国家一级饮用水标准。东江水库水位海拔为 280 米，比长沙 50 米的海拔高出 230 米，是一个“地上水库”，湖水可自流至耒阳、衡阳、衡山、株洲、湘潭，运营成本低。

其主要景观有雾漫小东江、东江大坝、龙景峡谷、兜率灵岩、东江漂流、三湘四水·东江湖文化旅游街(含东江湖奇石馆、摄影艺术展览馆、人文潇湘馆),还有仿古画舫、豪华游艇游湖及惊险刺激的水上跳伞、水上摩托等。

东江湖融山的俊秀、水的神韵于一体,携南国秀色、禀历史文明于一身,被誉为“人间天上一湖水,万千景象在其中”。

(资料来源:https://baike.baidu.com/item/东江湖)

2)东江湖景点线路

概说(地理位置,地位)—三湘四水·东江湖文化旅游街(湘南民居风格,特色街道)—雾漫小东江(特色,成因,影响)—东江大坝(地位)—龙景峡谷(18瀑布,龙吟瀑布,潭)—兜率灵岩岛(传说,兜率洞)—黄草镇(江南风情,东江漂流)—结束语。

3. 创作训练

(1)开头:概说东江湖的地位、由来及其人文景观特色。

(2)东江湖各景观特色呈现。

①三湘四水·东江湖文化旅游街:湘南民居建筑风格,集休闲、旅游、购物、文化观光功能于一体的特色街道。

②雾漫小东江:美景,成因(温差效应),摄影,地位及影响。

③东江大坝:世界排名第二,亚洲排名第一。

④龙景峡谷:18个瀑布和26个水潭,龙吟瀑布是整个峡谷最为壮观的瀑布,天然氧吧。

⑤兜率灵岩岛:传说故事,特色,成因。

⑥黄草镇:“江南水中镇,东江湖中花”,东江漂流起点。

(3)结束语:表达结束、欢迎再来之意。

4. 创作成果展示

东江湖

视频导游词	学生创作(优化)导游词
各位朋友,大家好!欢迎来到国家级风景名胜区、国家5A级旅游景区——东江湖参观游览。 东江湖融山的俊秀、水的神韵于一体,携南国秀色、禀历史文明于一身,被誉为“人间天上一壶水,万千景象在其中”。其主要的景观有雾漫小东江、东江大坝、龙景峡谷、兜率灵岩、东江漂流和三湘四水。东江湖文化旅游街。在东江湖景区的入口处可以看到一排瓷瓦青砖粉墙回廊的湘南民居风格	各位朋友,大家好,欢迎大家来到东江湖参观游览,我是大家本次的导游夏江湘,大家可以叫我小夏,也可以叫我夏导,接下来就有我带领大家开启愉快的东江湖之旅。 “人间天上一湖水,万千景象在其中”,就在这儿给大家体现得淋漓尽致了。东江湖位于湖南省郴州市东北部的资兴市境内,是南岭和罗霄山脉南部合围的一个湖。景区内气候宜人、山奇水秀,集观赏性和娱乐项目于一体,有着“湘南洞庭”的称号,是国

建筑。慢慢走进，只见流水潺潺、曲径通幽，这儿便是三湘四水·东江湖文化旅游街了。这是郴州市第一条集休闲、旅游、购物、文化观光功能于一体的特色街道，分为东江湖奇石馆、摄影艺术展览馆、人文潇湘馆及旅游购物和展示区域。在国内众多摄影爱好者心中有一处圣地，一处体验人间仙境的奇妙所在，那便是雾漫小东江。

来东江湖游玩，到小东江观雾是最不能错过的，小东江全长 12 千米，是由东江大坝梯级开发形成的景点，每年的 4-10 月，当旭日东升或夕阳西下时，小东江宛若一条玉带在峡谷中飘拂，整个小东江云蒸霞蔚、朦胧缥缈，置身其中，恍入仙境，被誉为“中华奇景，宇宙奇观”。为方便游客观赏小东江的美景，专门修建了 4 千米的观雾栈道，游客可步行游览，体验“人在画中游”的绝美意境。近年来，全国各地的摄影爱好者都来小东江摄影创作，小东江已成为世界著名的摄影创作圣地，这么美的景致到底是怎么形成的呢？它的形成原理与吉林雾凇一样，都是温差效应，小东江的水是东江电站发电时从 150 多米深的大坝底部流出来的，水温常年保持在 8~10℃，早晨上热下冷，傍晚上冷下热，由于温差形成水雾，就有了这如梦如幻的雾漫小东江奇景。

朝左边望去，矗立于眼前的雄伟建筑就是国家“七五”期间重点工程——东江大坝。东江大坝是我国自行设计建造的第一座双曲薄壳型重拱坝，坝高 157 米，坝形美观，结构新颖，气势雄伟，世界排名第二，亚洲排名第一。

龙景峡谷全长 2.5 千米，沿途可以观赏到烟竹山瀑布、龙景瀑、龙吟瀑、三叠瀑、龙卷瀑、鸳鸯瀑等形态各异的瀑布和古松坳、连理树、龙磷石等千姿百态的景点。龙景峡家级风景名胜区、国家湿地公园以及国家水利风景区。孔子曾经说过：“仁者乐山，智者乐水”，东江湖正是有山有水的好地方，它融山的俊秀、水的神韵于一体，携南国秀色、禀历史文明于一身。大家可以在湖畔漫步，感受水天一色的自然风光，也可以乘坐游船在湖面上荡漾。

整个东江湖风景区面积达 200 平方千米，由小东江、龙景峡谷、兜率岛、拥翠峡、黄草镇、东京寨、白廊和坪石水上体育活动区等 8 个景区组成。

第一个来到的景区就是雾漫小东江，它位于风景区北面的主入口处，是一条长 10 余千米的狭长平湖，就像是一幅人间仙境图——两岸青山叠翠，江水静静地流淌着，江面上白雾袅袅，小舟轻荡在江面，渔夫正撒着网，这还真是“仙境原来非梦幻，随风飘落在人间啊！”这么美的景致到底是如何形成的呢？其实它和吉林雾凇的形成原理一样，都是温差效应的功劳，由于小东江的水是东江电站发电时从 150 多米深的大坝底流出来的，水温常年保持在 8~10 ℃，早晨上热下冷，晚上上冷下热，由于温差形成小雾，便有了这如梦如幻的雾漫小东江了。每年的 4-10 月间，当旭日东升或夕阳西下时，都是看雾的好时机。雾漫小东江名扬中外，无数国内外摄影爱好者慕名而来，也成了全国摄影的创作基地。

现在我们来到的是龙景峡谷，峡谷内有着堪称南国最大的瀑布群——龙井 18 瀑。它由 18 个瀑布和 26 个水潭组成，景致绝妙。人们都向往来到被誉为天然氧吧的龙景峡谷，峡谷全线游程为 2.5 千米，沿途山势陡峭，青山滴翠，古木参天。龙吟瀑是整个景区最为壮观的瀑布，瀑高有 36.2 米，山势陡峭、水流湍急，就像诗中所描绘的：“龙谷由18个瀑布和26个水潭组成，景致非常绝妙。在景区内我们可以呼吸高达9.37万个每立方厘米的空气负氧离子和多种有益人体健康的植物精气，是国内罕见的高负氧离子聚集区，是名副其实的“天然氧吧”。

眼前的龙吟瀑是整个峡谷最为壮观的瀑布，瀑高36.2米。此处山势陡峭，水流湍急，继续向前则是峡谷里最为舒缓的一道瀑布——龙卷瀑，大家说它像不像《西游记》花果山水帘洞的那道水帘呢？龙景峡谷瀑布和水潭各具特色、美不胜收，请大家放慢脚步，细细领略。

登上兜率灵石岛映入眼帘的是一座古建筑，这就是兜率寺。它始建于清乾隆五十一年（1786年）至今已有两百多年的历史。寺门上悬挂着书有“兜率灵岩”四个大字的匾。“兜率”二字比较生僻，在一般的字典、词典里很难找到，只有在《辞源》里才有它的释意，为“知足、妙足”之意。兜率灵岩是个世界级特大溶洞，全长12千米，面积达65000平方米，里面一共有18个洞，洞洞相连，它的特点可用高、大、深、广、雄、奇、怪7个字形容。三亿两千万年前这里是一片汪洋大海，沉积了大量可溶性强的石灰岩地层，雨水和地下水溶解侵蚀石灰岩层形成了这样一个巨大的石灰岩溶洞，在溶洞里有千姿百态的钟乳石和石笋，它们是由碳酸氢钙分解后又沉积出来的碳酸钙形成的。

东江湖上还有一个颇具江南风情的小镇——黄草镇。黄草镇水面面积2600余公顷，森林覆盖率将近90%，享有“江南水中镇，东江湖中花”的美名。远远看去，各色建筑如繁星般散布在绿荫遮盖的岛屿上。大家可以到镇中漫步，感受一下颇具江南特色的小镇风情。

东江漂流全长28千米，落差75米，途景山岸景清幽，碧水悬岸万古流，疑是龙池喷瑞雪，如同天际挂飞流。”请大家放慢脚步，细细领略。

兜率灵岩是东江湖的另一处胜景，它的面积有5.7平方千米，是东江湖中面积最大的岛屿，《西游记》大家肯定都看过吧，里边的白胡子老爷爷太上老君大家一定不陌生，肯定都知道太上老君的住处兜率宫。“兜率”一词原本梵语直译的意思，为天空之中的净土。大家可以想象一下，太上老君所居住的地方就是天上人间最美丽的地方了！兜率洞的洞外碧水蓝天，洞内怪石嶙峋，风景独特。它位于兜率灵岩之上，形成于270年前的特大石灰岩溶洞，全长有12千米，面积达65000平方米，一共有18个洞，洞内冬暖夏凉、钟乳遍布、石柱擎天。

兜率洞和郴州万华岩一样都是由于长年流水侵蚀而形成的，洞中有景且气象万千、变化莫测，洞中有洞，景中有景，在溶洞中行走，一会儿迂回狭窄，一会儿又豁然开朗，怪石嶙峋。大家看这一根石柱，它高有30厘米，堪称世界之最，据专家说洞中的钟乳石100年才能长出一厘米呢！文人骚客们称兜率洞为“天下洞相似，此洞独不同”。

东江湖上还有一个颇具江南风情的小镇——黄草镇。黄草镇的森林覆盖率将近90%，水域面积达2.6公顷。曾经有一个神话说，往日这里水草丰盛，一头金水牛便慕名而来，见遍地都是黄草大失所望地说“乃黄草坪而已”，便掉头奔走了，于是就有了黄草镇这个名字。黄草镇除了万顷琉璃的风景之外，还有着被誉为“中国生态第一漂”的惊险刺激的漂流项目，给人探险、猎奇之乐，夏天的东江湖可不能少了黄草镇的“第一漂”！这集观赏和体验于一体的小镇还真是不常见啊，漂流全长28千米，落差75米，

经 108 个险滩，最长的险滩长 100 多米，而最刺激的是世界上独一无二的人工漂流滑槽，长达 336 米，平均坡度 5 度。漂流而下，两岸青山叠翠，原始森林相拥对峙，怪石林立，水质清澈，给人探幽、猎奇、拾趣之乐，让你漂流后回味无穷、流连忘返。其因独特的生态环境和惊险刺激的特征，被誉为“中国生态旅游第一漂”。 好了，各位朋友，东江湖旅游区的讲解就到此结束了，感谢你们选择了风景如画的东江湖，欢迎有机会再来东江湖旅游观光，谢谢大家！	途经 108 个险滩，而最刺激的莫过于世界上独一无二的人工漂流滑槽了，在漂流的过程中，水中常常会有惊鱼跳上漂筏艇，真是让人回味无穷、流连忘返啊。 好了，我们的东江湖在这里就和大家说再见了，希望这一次的游览给大家留下了深刻的印象，有机会欢迎下次再到东江湖游览，谢谢大家！ ——旅管(3)171　夏江湘 指导老师　廖广莉

课后延伸

1. 搜索并了解《2018 年全国导游资格考试大纲》内容及要求。
2. 按人文景观和自然景观的不同特点创作或优化必考景点导游词。

项目四　地方重点景点导游词创作

学习目标

1. 知识目标:了解地方旅行社或风景区讲解要求,掌握郴州本土6个重要景点特点。
2. 能力目标:按照人文景观、自然景观类别创作相关导游词。
3. 素质目标:会创作或优化导游词,提升导游个人表达素养。

学习重难点

1. 重点:能创作地方重点景点导游词。
2. 难点:依据景观特色创作突出地方文化内涵及风光特色且具有感染力的导游词。

情境设计(郴州重点景点情境)

某高职院校根据产教融合需求,与地方旅行社和风景名胜区进行校企合作,并承担了本地重点景点的导游词脚本创作任务。请旅游专业学生对地方景点进行踩线调研、与地接及景区讲解员沟通,创作出突出地方特色且适合讲解的导游词。

理论教学

一、地方重点景点导游词界定

每个地方都有属于自己的特色景点,有的甚至成为地标。这些景点隶属于地方,与当地民俗风情融为一体。有的地方景点是大自然赋予的;有的地方景点是因为有名人途经并留下墨宝,从而成为经典;还有的是地方特色、风俗民情等经过几百上千年的传承、沉淀、发展而来。因而,我们也可将地方重点景点划分为自然景观和人文景观,并进行导游词创作。这类导游词要适合地接导游或风景区讲解员讲解。

二、地方重点景点导游词创作技巧

地方重点景点导游词创作技巧在区分人文景观和自然景观的基础上各有侧重,主要表现在以下两个方面。

1. 人文景观导游词创作以主题为主,兼顾旅游线路

人文景观导游词侧重突出其文化内涵,包括历史、成因、建筑风格、遗迹、文人墨宝、风俗

民情等。有多个景观在一个风景区内，就要考虑游览线路。

2. 自然景观导游词以旅游线路为主，适当加入人文主题内容

自然景观导游词主要是针对自然风光沿途讲解，在每处自然风光面前，除介绍该处风光美景、象形会意特征外，还要加入相关的历史传说、故事由头等。

能力培养

一、板梁古村

1. 模拟情境

在学校旅游专业校企合作活动中，你所在的小组需要与板梁古村景区对接，要为该景区的讲解员撰写导游词。请根据调研结果，搜集板梁古村相关资料，并撰写导游词。

2. 创作思路

板梁古村是古村落，属于人文景观，创作时以主题为主，兼顾游览线路。主要景观有民居古屋、接龙石桥、镇龙塔、龙泉古庙、望夫楼、古厅、古泉、月亮塘、棋盘石街等；民风民俗主要有板梁风水、高亭古宴、金陵神狮、元宵倒灯等，另外还有相关传说及故事。

3. 创作训练

＊资料

板梁古村位于湖南省郴州市永兴县高亭乡境内，现有人口约 1886 人，耕地面积 1260 亩，一个自然村布局，辖 19 个村民小组，村民以种粮、种烤烟为业，生活传统古朴。

板梁村历史久远，初建于宋末元初，强盛于明清时代，距今有 800 多年历史，是原金陵县的重要集镇，也是桂阳、耒阳、常宁往返的商埠之地。

板梁人杰地灵，是当地刘姓的主要开源地之一，600 多年前，板梁刘氏始祖、汉高祖刘邦之弟、楚王刘交的后裔——刘子芳在古老的龙泉庙旁落户。接着，板梁私塾的琅琅读书声响起，金陵古驿道上马蹄声阵阵，水上贸易随板溪河而来，板梁男子踏上从商之路。第一座钱庄在中村兴起，清脆的铜钱声在青石板巷中回荡。据族谱记载，从板梁迁徙发展的刘姓村庄有 400 多个，约 8 万多人，在历朝为官者数百人，历史底蕴厚重，传奇故事多多，是典型的湘南宗族聚集村落。板梁古村为国家 3A 级景区、湖南省历史文化名村。2010 年 12 月 13 日，国家文物局、住房和城乡建设部在北京隆重举行第五批中国历史文化名镇名村授牌仪式，湖南省永兴县高亭乡板梁村荣膺“中国历史文化名村”称号，为郴州市唯一获此殊荣村落。

整个板梁古村占地 3 平方千米，背靠象岭平展延伸，依山就势，规模非常宏大，村前视野开阔，小河绕村而下，三大古祠村前排列，古驿道穿村而过，石板路连通大街小巷。村前有七

层古塔，进村有石板古桥，村内建有庙祠亭阁、旧私塾，还有古商街、古钱庄。古村小桥流水，曲径通幽，宝塔、古井、石板路布局机巧，奇石异村令人叫绝，乡村古风别有洞天。

古村内至今仍保存了360多栋完好无损的明清历史建筑，这些历千劫而不倒的古民居，栋栋雕梁画栋、飞檐翘角，无论是它的水磨青砖，还是门当户对，或者是它的砖雕、石雕、木雕，其工艺都十分精湛，让人叹为观止。总而言之，板梁古村蕴藏着中国古老的宗法仪式、儒学传统、风水观念、哲学意识、建筑技巧、生态原理等，被誉为规模最大、保存最全、风水最好、文化底蕴最厚重的“湘南第一村”。

＊来源：https://baike.baidu.com/item/%E6%9D%BF%E6%A2%81%E5%8F%A4%E6%9D%91/11047496? fr=aladdin）

＊创作：

开头语：
线路景观：
结束语：

4. 创作成果展示

各位朋友：

大家好！欢迎来到全国首批特色景观旅游名村、中国历史文化名村、国家3A级景区板梁古村。板梁古村位于湖南省郴州市永兴县高亭乡境内。古村始建于宋末元初，鼎盛于明清两代，距今有800多年历史，全村同姓同宗，为汉代皇室刘氏后裔，是全国唯一一家单亲衍生发展的古村落。

整个古村占地3平方千米，360多栋古民居的黑色屋顶连成一片，拼成了她古雅质朴的石榴裙，好像众多湘南山村女子的装扮；弯弯的板溪河是她轻盈的丝带，完好无损的明清建筑保存着中国古代农耕社会历史文化信息。三大古祠村前排列，古驿道穿村而过，石板路连通大街小巷。村前有七层古塔，进村有石板古桥，村内建有庙祠亭阁、旧私塾，还有古商街、古钱庄。古村小桥流水，曲径通幽，宝塔、古井、石板路布局机巧，奇石异村令人叫绝，乡村古风别有洞天。

古村内至今仍保存完好的明清历史建筑，历千劫而不倒，栋栋雕梁画栋、飞檐翘角，无论是它的水磨青砖，还是门当户对，或者是它的砖雕、石雕、木雕，工艺都十分精湛，让人叹为观止。板梁古村落背靠象岭，面临溪水，村落布局充分体现了中国传统风水学崇尚自然、奉行天人合一的自然格局。古民居、古祠堂、清泉、半月塘、晒谷坪、古驿道、自然田园等有机排序，构建了“人与人”“人与自然”“人与社会”和谐共生的乡村聚落环境特色。

接龙桥

这座桥叫接龙桥。大家看这些长石条，每条有近6米长，三拱全长23.8米，每条65厘米宽、65厘米厚，重有吨余。这座石桥在这里经风经雨已经有600多年，这就是历史，这就是沧桑。

镇龙塔

请大家向东看，那是镇龙塔。塔建于清朝道光九年（1829年）冬天，至今有近190多年历史。塔呈八面形，6层，直径8米，高28.8米，内有石台阶成八卦方阵，盘旋而上，塔基为鼓形，有石榴花、牡丹花等石雕。这里有一个关于板梁风水的故事。传说广东有个地仙，叫梅干，他顺着五岭龙脉一直走到板梁才停下来，认为板梁是个聚五岭龙气的宝地。梅干不仅懂风水，还懂武艺。好文喜武的板梁人于是把他留下来，请他看阴宅阳宅，教习武艺，润公请他教习武艺，总共九九八十一天，每天杀一只鸡款待他。而他最喜欢吃鸡斋，可就餐餐唯独不见了鸡斋，又不好作声，怨气在心中一天天积累。润公建厅，他叫工匠将厅柱倒立，又索性叫人将象山砸毁。这就是象鼻山，原来的象鼻横跨过这条官道，中间有大孔，刚好可容一个人通过，因此有文官下轿、武官下马之说。据说象鼻是五岭龙脉龙气的凝结，当时砸毁时这里流血水流了七七四十九天，染红了这条板溪。梅干离开板梁在半路上打开行囊时，见囊中一袋干鸡斋，才知道错怪了，后悔不迭，于是捎信板梁：“顺发倒也发，村外建宝塔。”“顺发倒也发”说的就是润公厅倒放的厅柱；这个宝塔就是镇龙塔，为了把隔断了的龙气接回来，又在这里建了这座接龙桥。这桥头是金陵古驿道（老百姓叫官道）的岔路口，往左绕村外走，向西到耒阳、常宁，直走进入村中，向南到桂阳、广西。古驿道和四季通航的板溪一起描画出古时板梁村“三州商埠”（衡州、郴州、桂阳州）的繁华胜景。当年杨贵妃要吃广东岭南的鲜荔枝，就是由这条官道用飞马传送的，诗人杜牧写下了“一骑红尘妃子笑，无人知是荔枝来”的优美诗句。

望夫亭

这座亭子叫望夫亭。古板梁这个商埠之地，男人们大都顺水乘船外出经商，少则月余，多则数月难归。妻子不免日夜牵挂，于是早上到龙泉古庙烧香祈祷，傍晚上崖头注目眺夫，村人们都把崖头叫作望夫台。润公的二儿子永太的第四子孟臬，每次回家见家妻和村妇立崖观望非常感动，为感谢妻子的牵挂之情，也为望夫妇女们遮阳挡雨，他牵头建起了这座望夫亭。望夫亭从此就成了凝固的爱情经典。

润公厅

这是板梁三大古祠之一——润公厅。板梁古村坐东朝西，看似违背常规，但村落四向却绝无仅有。左青龙，右白虎，前朱雀，后玄武，样样齐全。大家看，古祠依山傍水，视野开阔，左高右低。朝山，横排三山，纵排三山，一生二，二生三，三生万物。板梁建村800多年，已开发迁徙的村庄400多个，人口8万多人。板梁村村名的由来也缘于这个厅。明朝永乐年间，承事郎刘润公返乡建古厅，当厅堂建筑即将完工张灯结彩准备上梁时，竟然不见了横梁！正忙乱之际，村民发现村前河溪漂来一块木板，工匠捞来一量，尺寸正好与屋梁相合，良辰吉时已到，工匠即以此代梁，后人就把村庄称为板梁。大家看厅堂左右墙上四个字——忠孝廉节，这是板梁的古训，古人讲究修身齐家治国平天下，板梁人就将其浓缩到这四个字里去了。润公厅建于明朝永乐年间，是板梁最早的大厅。大厅最大的特点就是全部不用铁钉，还有一个神秘的地方，就是不生蜘蛛网，板梁三大古祠都一样。

刘绍苏故居

我们现在来到的是清代三品官刘绍苏故居，这是湘南民居标准的三进式，是古民居的珍品。门前顶部全部为木雕，中心图案为福、禄、寿、禧，门上这两个叫门当，大家知道的“门当户对”说的就是这（板梁有上百对，各不相同）。进门口这叫一进厅，经天井、厢房到二进厅，上台阶进两边两个虎眼天井叫进三进厅。从地板看，大家看方砖半圆，这体现了受中庸之道的礼仪修养，外方内圆不自满。天井中间有一组三块石雕，这是整个湖南唯板梁独有的珍品，湘南地区的天井要么是空的，要么就是几块石块，板梁这个天井石雕因为是宫廷三品官家，体现了宫廷文化。无论是装饰艺术或雕刻技艺都是无与伦比的。大家看，这两边叫厢廊，进入中厅，也是家庭的议事厅。这两边墙上的四个暗板是灯台，供晚上放油灯照明用。地面也是外方内圆，顶方下圆，中间是一个古钱币图案，体现家庭议事民主协商、和气生财。中间一方图案三鱼共一头叫连连有鱼，即年年有余，上面的钱币图案叫招财进宝，太极鱼意为阴阳和谐，下图“中国节”为节庆连连。这“中国节”是最有历史意义，南方是近几年才从北京流传过来，而板梁在 170 多年前的石刻上就有“中国节”了，可见板梁居民的文化内涵的非同凡响。

龙泉古庙

这里是龙泉古庙，是板梁的最早期建筑，经历代翻修，现在保存的是清道光年间修建的。现保存的古青石雕大香炉是清代道光十六年（1836 年）造的，正面有双龙戏珠浮雕图案，四脚是狮子头形的，中间是牡丹，下面是双凤。

月亮塘

前面这半月塘叫月亮塘，这样的月亮塘板梁有三个，也是与风水对应的，内设照壁，外修明塘，取“山旺人丁水旺财”之意。照壁又有拒妖邪之意，为什么要修成半圆的呢？这就是受周公礼仪、中庸之道的影响，“月满则亏，水满则流”，以示刘氏后裔永远谦和仁让、永不自满。

板梁古泉

这是板梁古泉。每分钟流量 10 多立方米，一年四季长流不息，水温冬暖夏凉，含 17 种人体必需的矿物质，这就是生态泉水。中间这口井里有洞，据说每六十年一个花甲子洞里大大小小上千条蛇就会出来一次，在中间这口井里缠绕翻滚一个时辰，然后又回到洞里，见到的人迟早会走红运。等下我们还会看到两口清泉，两股泉水汇成一条小溪，穿过三个月亮塘，环绕全村而下，就像官袍上的玉带。

帅旗墩

这些竖起的石条就是帅旗墩，古时乡试前三名叫举人，这些帅旗墩就是中举的光彩。两个帅旗墩间竖一根高杆，杆上飘一面绿旗。这是光绪丁未年刘寿昌的字样。大家抬头看，正中是块圣旨牌,既然是圣旨牌,圣旨在此,旧时大小文武官员到此都必须下马下轿。明朝靖通年间,宗琳公进京赶考,见湖广地带灾害连连、民不聊生,返乡后速调粮食6010担救济灾民,相当于现在的300吨稻谷,受到皇上圣旨嘉奖,并赐建公祠。这里也有“忠孝廉节”的字样,可见孔孟中庸之道是板梁传统文化的精髓。

板梁私塾

这是板梁最早学堂——板梁私塾。“山不在高有仙则名,水不在深有龙则灵。”板梁私塾不大,但灵气不少。板梁村清代出的三个三品官就都读过这所私塾,清代湖南乡试连续三届第一名也出自这家私塾。

乡规民俗

这里的乡风民俗也很有特色呢!有高亭古宴、金陵神狮、元宵倒灯等,源远流长,别具风情。这里还是黄克诚大将开展武装暴动的地方。来到板梁古村千万不要错过高亭古宴。源于周朝“三礼”之《礼仪》的高亭古宴是永兴乡间红白喜事必遵的综合性民俗礼仪。宴礼由接客、宴客、送客三部分组成。接龙桥被红布装点得喜气洋洋,迎客队伍浩浩荡荡。在司正的带领下,4名头戴一字巾帽、身穿酱红宽领右衽长袖衫的司仪和4名身着圆领彩衣的吉祥童子欢喜迎客。司乐队演奏欢快的曲调将客人迎接到宴客的祖厅。客人按长幼秩序从上至下入座,祝酒四杯,贺词四轮。宴席三亭到位,大乐三曲为篇,唱赞三合成章,敬酒三巡成礼,菜肴三三加一。菜肴融合了粤菜、徽菜、湘菜的特色,号称“十碗荤”。固定的菜名、固定的上菜顺序,料虽相同,口味却是大厨凭祖传的手艺各显神通。宴会后,奏乐曲、放礼炮、行拱手礼将客人送出宴会厅。

总而言之,板梁古村蕴藏着中国古老的宗法仪式、儒学传统、风水观念、哲学意识、建筑技巧、生态原理等,被誉为规模最大、保存最全、风水最好、文化底蕴最厚重的“湘南第一村”。板梁古村美,湘南惹人醉;要知真面目,细细再品味。欢迎大家再来!谢谢!

(导游词改写优化:廖广莉)

二、苏仙岭

1. 模拟情境

在学校旅游专业校企合作活动中,你所在的小组需要与苏仙岭景区对接,要为该景区的讲解员撰写导游词。请根据调研结果,搜集苏仙岭相关资料,并撰写导游词。

2. 创作思路

苏仙岭景观兼有自然景观与人文景观双重特色,但以人文景观为主。创作时以游览线路为主,兼顾每处景观的人文主题。自然景观主要有白鹿洞、升仙石、苏岭云松(望母松)等“仙”迹,自然山水风光久负盛名。人文景观主要有郴州旅舍、三绝碑、景星观、苏仙观、桃花居、屈将室等。到过此地的历史名人有秦观、徐霞客、张学良、陶铸等。苏仙岭从山麓到山顶有桃花居、白鹿洞、三绝碑、景星观、八字铭、沉香石、苏仙观等观赏游览处。

3. 创作训练

＊资料

苏仙岭位于郴州市苏仙区城区，岭上有由秦观作词、苏东坡作跋、米芾书写的《踏莎行·郴州旅舍》被篆刻在苏仙岭的岩壁上，史称“三绝碑”。陶铸1965年来郴州视察，写下了《新踏莎行》。西安事变后，张学良曾被幽禁于此，写下了“恨天低，大鹏有翅愁难展”的名句。1997年，苏仙岭又投资600多万元兴建了一条旅游架空索道。坐上索道，放眼眺望，郴州城区、武广客运专线郴州段全部尽收眼底。

桃花居是游客登山的起点，它背靠青山，面向桃花水溪，四周翠竹修茂、绿树成荫，环境幽雅别致。

白鹿洞在桃花居上方。洞内宽敞，洞顶一般来说岩突，怪石狰狞，洞外藤葛披拂，丛林繁茂。传说白鹿、白鹤在此为苏耽哺乳、御寒。现洞口塑有大小两只白鹿，母子碎步相吻，形象逼真。洞前桃花流水，溪上有人工雕塑的三只白鹤，姿态各异，趣味天成。

从白鹿洞拾级而上，约100米，有一圆柱绿瓦、翘角飞檐的护碑亭，亭内有一块高4米多的天然石壁，上有一块摩崖石碑，这就是“三绝碑”。所谓“三绝”，即秦观的词《踏莎行·郴州旅舍》、大文学家苏轼为该词写的跋和米芾的书法。

苏仙观立于苏仙岭绝顶，这是一座宋代建筑形式的庙宇，雕梁画栋，绿瓦朱栏，宏伟肃穆，是苏仙岭的主要景点。整个建筑有正殿三间，分上、中、下三个，两边有偏殿，东北角两小间为爱国名将张学良幽禁处，现称“屈将室”。

＊来源：https://baike.baidu.com/item/%E8%8B%8F%E4%BB%99%E5%B2%AD/702443?fr=aladdin

＊创作：

开头语：
线路景观：
结束语：

4. 创作成果展示

各位朋友：

大家好！大家或许听过秦观的《踏莎行·郴州旅舍》“郴江幸自绕郴山，为谁流下潇湘去”，今天咱们参观的便是秦观旅居此地的湖南著名风景名胜区——郴州苏仙岭。

苏仙岭又叫牛脾山，海拔526米。“山虽不高”，但相传西汉时期苏耽成仙的故事就发生在这里，所以称之为苏仙岭，享有“道家天下第十八福地”之称。

遇仙桥

现在我们来到的地方是“遇仙桥”，听到这个名字，有些朋友可能会联想到汉代留侯张良桥上遇黄石公传授兵书的故事。不过，眼前这座桥与张良无关，是一位比张良晚几十年的少年——苏耽遇仙的地方。

郴州旅舍

在遇仙桥的对面，大家可以看见一座古朴的院落，这里就是在历史上赫赫有名的“郴州旅舍”。郴州旅舍本是古代一座平淡无奇的客栈，因苏东坡的弟子、“苏门四学士”之一的秦观曾经在此居住，并以此为题作词一首而名声大噪。1096年，秦观被贬官流放，途中投宿这座客栈。在春寒料峭的日子里，秦观看着窗外暮色朦胧，冷月铺霜，身在陋舍，心忧天下，惆怅万千地写下了《踏莎行·郴州旅舍》这一千古名篇。原来的郴州旅舍早已毁弃，现在大家所看到的是在1989年按宋代《营造法式》和湘南民居风格重建的，内设三墙门楼，总面积达100多平方米。门楼正匾上的“郴州旅舍”四个大字由湖南省政协原主席刘正手书，展览室的门额“淮海遗芳”由秦观第33代子孙、秦学会副会长、扬州大学教授秦子卿撰写。

桃花居

历史上有许多名人到访过郴州。前面刚看过秦观到访的遗迹郴州旅舍，这里的桃花居却与另一位名人有关，他就是明代大旅行家徐霞客。徐霞客在郴州旅行期间，有一天他在路上遇雨，正好见到附近有一座道观，就进去避雨。这座道观就是苏仙岭上的乳仙宫，也就是现在的桃花居。这一段经历在《徐霞客游记》中可以找到。

白鹿洞

现在所到的地方是白鹿洞，也就是神奇的苏仙诞生地。在白鹿洞口，大家看到有白鹿和仙鹤，它们也算得上是苏仙的另两位母亲。相传在西汉文帝年间，郴州东门外有位潘氏姑娘在郴江边洗衣时发现顺水漂来一根十分漂亮的红丝带。潘姑娘一时好奇，便用手去捞，却不想丝带缠在手上，怎么也解不开。情急之下，潘姑娘用嘴去咬，结果不咬则已，一咬，这丝带竟然滑进了肚子里。过了一段时间，潘姑娘发现自己莫名其妙地怀孕了。在当时，未婚的女儿家怀孕可是见不得人的。为了躲避流言蜚语，潘姑娘逃到了牛脾山的桃花洞里。到了七月十五日，潘姑娘生下一个男孩。这不明不白的孩子可不能带回去，于是潘姑娘忍痛将儿子扔在山洞里回了家。过了几天，实在放心不下的潘姑娘决定偷偷回山洞来看一看。在山洞口，她却惊奇地发现孩子安然无恙，一只白鹤正张开双翅为孩子御寒，一头母鹿正跪下前腿为孩子喂奶，这便是“白鹿洞”洞名的由来。潘姑娘看到这一场景，毅然将孩子带回家抚养成人。长大后，孩子要上学了，可没有父亲怎么取名呀？教书先生听说后就问孩子：“你到学堂门口看一下，看到什么就告诉我。”孩子出门一看，有一个人用禾草串鱼悬挂在树上，自己枕着树根呼呼大睡。教书先生说：“嗯，禾草串鱼，是个‘蘇（苏）’字，枕树而卧，是个‘耽’字，你就叫苏耽吧。”

少年苏耽聪明懂事，每天上山砍柴补贴家用。有一天，在遇仙桥旁边，他遇见了一位老仙翁,学会了仙术。从此,他治病救人,帮助乡邻,终于感动天帝,修道成仙,法号“苏仙”,人们也就把他诞生和居住的牛脾山改名为苏仙岭。据说,苏仙曾经多次帮助郴州老百姓度过瘟疫灾害,所以直到今天,郴州当地不少老人们仍然供奉着苏仙的牌位。

三绝碑

离白鹿洞不远,大家可以看到湖南省重点文物保护单位——三绝碑。秦观去世后,苏轼十分悲痛,将《踏莎行·郴州旅舍》的最后两句“郴江幸自绕郴山,为谁流下潇湘去”写在自己的扇子上,并且附了“少游已矣,虽万人可赎?”的跋语。后来,著名书法家米芾把秦观的词和苏轼的跋书写下来,流传于世。南宋年间,郴州知军邹恭附庸风雅,命人将秦词、苏跋和米书一并摹刻在白鹿洞附近的岩壁上,形成502厘米高、46厘米宽的摩崖石碑,世称“三绝碑”。三绝碑有很高的知名度。1960年,毛泽东主席在长沙接见湖南省委和各地市领导时,曾经专门提起过这块石碑,并且饶有兴致地当场背诵了《踏莎行·郴州旅舍》:

雾失楼台,月迷津渡,桃源望断无寻处。可堪孤馆闭春寒,杜鹃声里斜阳暮。

驿寄梅花,鱼传尺素,砌成此恨无重数。郴江幸自绕郴山,为谁流下潇湘去。

为了纪念秦观这位著名的文学家,在三绝碑亭的左边立了一尊秦观的铜像。中国女排的队员们每次到郴州集训时都会到此漫步,陶冶性情。

景星观

沿着石阶向上,可到景星观。景星观位于苏仙岭半山腰,又名云中观,始建于唐,是唐代著名道士廖正法修炼的地方。景星观为砖木结构,硬山顶,民居式结构,分为上下两厅、四间子屋、两间厢房。唐朝大文学家韩愈在郴州时曾经登山拜访廖道士,并为他写下了书序。大家在中厅看到这块汉白玉碑刻就是《唐韩愈送廖道士序》。

苏岭云松

通过“蓬莱在望”亭,大家有没有发现,路边的松树全部是向西倾斜的?传说苏仙得道飞升之后,因为思念母亲,经常从仙界降临到苏仙岭的山顶,向西眺望郴州城里的故居,情不自禁地泪流满面。群松为苏仙的孝心所感动,一齐探身向西,于是便形成了眼前的这些“望母松”。这就是“古郴州八景”之首的“苏岭云松”。

升仙石(又叫跨鹤台)

眼前这块向前伸出的石头就是升仙石,又叫跨鹤台。传说苏仙在得到天帝升天诏前在这里同另一位神仙——王仙下棋。接引上天的白鹤来时,苏仙一时匆忙,一脚踩在石头上,险些跌下来,从此这里便留下了一个脚印。

飞升亭

后人在升仙石旁边建有一座“飞升亭”。1934年,国画名家王震根据苏仙飞升的故事画了一幅《苏仙跨鹤图》,刻在亭子里的青石碑上。碑高167厘米,宽78厘米,厚125厘米。画旁边还有一首七绝:“流芳橘井咏苏仙,未肯飘然绝俗缘。闻说当年应召去,一天白鹤舞翩翩。”在诗中所说的“橘井”有一个典故,据说苏仙在飞升前预知郴州会暴发一场瘟疫,于是告诉母亲在发生瘟疫后,用屋前井里的水和屋旁树上的橘叶熬汤治疗。后来苏仙的母亲果然用此方治好了乡亲们,从此所有的药行都用“橘井泉香”来作为宣传招牌。

苏仙观

徐霞客当年登临苏仙岭时，最后拜谒的一处胜境就是前面的苏仙观。苏仙观是祭祀苏仙的道观，始建于西汉年间，后遭火焚。唐朝开元十九年（731年），唐玄宗下诏修葺苏仙观，以后宋、明、清都曾加以维修，才形成今天的规模。苏仙观南北朝向，长822米，宽41.5米，总建筑面积2464平方米。整个苏仙观呈现出宋代道观风格，正殿高于厢房，为大屋顶、四角飞檐、犀头粉墙、小青瓦、回纹窗，两厢为双层楼房。在正殿门前，大家可以看到门额上有“敕封苏仙昭德真君”八字汉白玉盘龙御雄，这是南宋景定五年（1264年）宋理宗御书的，长100厘米，宽50厘米，字径5厘米×6厘米，直书，楷书阴刻，保存相当完好。

屈将室

在苏仙观的后面，还有一间“屈将室”。1936年，著名爱国将领张学良、杨虎城发动了震惊中外的“西安事变”，奠定了国共第二次合作的基础。事变和平解决后，蒋介石将张学良囚禁终身。1938年春，张学良就被囚禁于这间房间里。在这里，少帅写下了“恨天低，大鹏有翅愁难展”的忧愤名句。他曾经住过的这间厢房窗前的桂花树上，也留下了将军拔枪怒射的累累弹痕。中华人民共和国成立后，人们将幽禁张学良的厢房开辟为爱国主义教育基地，陈列了大量革命历史文献资料，厢房也被称为“屈将室”，近年新建的亭子则被命名为“少帅亭”。现在进入屈将室，去缅怀当年张学良经历的峥嵘岁月吧。站在“少帅亭”上面，可以远眺四处风光。苏仙传说的“奇”、松荫古道的“幽”、壮丽河山的“雄”、山水胜景的“奇”，齐入胸怀，美不胜收。

（导游词改写优化：廖广莉）

三、莽山

1. 模拟情境

在学校旅游专业校企合作活动中，你所在的小组需要与莽山景区对接，要为该景区的讲解员撰写导游词。请根据调研结果，搜集莽山相关资料，并撰写导游词。

2. 创作思路

莽山景观为自然景观，创作时以游览线路为主，兼顾每处景观的人文故事。自然景观主要有猴王寨景区、崖子石峰林、鬼子寨景区、蛤蟆石、东天门等。这里的瑶山风情、婚俗礼仪可作为人文主题融入导游词中。

自然风光特色主要体现在山岭耸峙、峰林巍峨、悬崖峻峭、怪石嶙峋、气势磅礴。

3. 创作训练

＊资料

莽山位于湖南省郴州市宜章县境内南岭山脉北麓，总面积2万公顷。莽山地形复杂，山峰尖削，沟壑纵横，境内1000米以上的山峰就有150多座。莽山的绝景佳境数不胜数，飞流千尺的鬼子寨瀑布如“万丈深坑”，雄踞天关的南天门，端庄文静的“三姐妹”，巍巍雄浑的摩天岭，清潭染翠的夹水风光，高山草原的浪畔湖、“高峡平湖”的林子坪人工湖，神秘莫测的“猴王寨”，这些景观集山水之神韵，掇幽林之深秀，令游人目不暇接、流连忘返。

山高：莽山主峰为南岭中段最高峰，猛坑石海拔1902米，有“天南第一峰”“广东第一峰”之称，其高耸入云、巍然屹立、群山朝揖、蔚为壮观。

崖险：山体悬崖峭壁众多，石峰千仞，峨崖万丈，沟壑幽深，惊险异常。最典型的崖子石垂直高差300米，悬崖凌空，峭壁如削，仰观惊险逼人，俯视怵到惊心，号称“中南第一险”。

峰雄：境内山峰垂直高差达数百米，体量巨大，气势雄伟。猛坑石雄踞南岭，傲视南国，巍然雄浑；庄子石拔地擎天，凌空横世，雄险灵秀；鬼子寨石峰峥嵘，高岩深峡，雄奇幽奥。

石奇：境内裸露岩石经大自然千万年的鬼斧神工，雕琢出无数奇形异状的岩石景观。蛤蟆石如大小石蛙，相跟相随，母子情深；罗汉石如苦修的罗汉，隐迹深谷，经受磨炼；将军岩如伟岸的大将军，披甲执盾，守护着莽山这一块稀世净土。仙掌峰、童子峰、八戒行山、卧龙守关刀等奇石形象生动、惟妙惟肖。峡谷河床中更是奇石遍布，千姿万态，堪称天然石雕博物馆。

古朴的瑶乡风情：莽山国家森林公园紧邻莽山瑶族乡，瑶族民居有精美的檐柱、精巧的木窗，正门额眉有画匾，古朴典雅，独具特色；瑶族居民服饰为手织精绣，古朴、精美；瑶族盘王节由纪念先祖发展而来，有祭盘王、赛歌等活动，别具地方民族风情。

*来源：https://baike.baidu.com/item/%E8%8E%BD%E5%B1%B1/832399? fr=aladdin

*创作：

开头语：
线路景观：
结束语：

4. 创作成果展示

各位朋友：

大家好，欢迎你们来到“山奇、水秀、林幽、石怪”的莽山国家森林公园观光、游览。山奇在于莽山国家森林公园内山峦连绵，最高峰海拔1902米；水秀是因为莽山是珠江水系、北江支流的最高发源地；林幽是因为这里是我国南方面积最大、保存最完好的原始次生林区，现有原始次生林近7000公顷（10万亩），是湖南省最早建立的自然保护区；而石怪是这里不仅有金鞭神柱，还有如大小石蛙的蛤蟆石，相跟相随，母子情深，罗汉石如苦修的罗汉，隐迹深谷，经受磨炼，将军岩如伟岸的大将军，披甲执盾，守护着莽山这一块稀世净土，仙掌峰、童子峰、八戒行山、卧龙守关刀等奇石形象生动、惟妙惟肖。莽山是郴州市乃至全省、全国的一颗璀璨夺目的绿色明珠。

生态广场

跨过雄伟的森林公园大门，我们来到了生态广场，这个广场占地约2公顷（30余亩），是目前湖南省森林公园中面积最大的一个生态广场。这里汇集了莽山众多的珍稀植物，中间的展馆还有各种动物标本。大家请看，眼前的这种国家一级保护珍稀植物叫南方红豆杉，抗癌特效药紫杉醇就是从这种植物当中提取的；大家再请看，这就是"蛇中熊猫"——国宝"莽山烙铁头"蛇，全世界只在莽山发现有它的身影，数量比熊猫还稀少。

猴王寨景区

现在过小桥，我们就进入了猴王寨景区。绿树掩映中有十瀑连珠，碧潭叠翠，形成壮观的飞瀑线，像蛟龙走壁，十分雄伟壮丽。瀑布的轰鸣声中，猴儿们更耐不住寂寞，呼朋唤友，尽情嬉戏，大家有没有感受到花果山水帘洞的情景？

崖子石风景区

沿着蜿蜒盘旋的山区公路向上攀登，我们进入了崖子石风景区，有道是"不攀崖子石，不识莽山貌"。崖子石是莽山山峰雄伟奇险景观的荟萃之处和精华所在。眼前的这些残垣断壁，向我们讲述着2200年来的故事。这座庙原名为观音寺，相传闯王李自成兵败后，历尽千难万险，来到了这里，易名"奉天和尚"，这位曾经坐过龙椅的英雄，此时复登龙位的壮志却依然未改，于是将"观音寺"改名为"回龙寺"，李自成本人是否真的归隐莽山，已是一个千古之谜。1928年1月4日，朱德、陈毅率领南昌起义部队，转战到了这里，就在这回龙寺里第一次谋划了智取宜章，发动湘南起义。据说当时寺里的老方丈执意要为朱德卜一卦，卦语正是"马到成功"。1993年12月，清守着这里的残垣断壁的老尼姑仙逝，人们就把她放在茅棚里，却多年不腐不臭，像是睡着了一般，一时间成为当地的一大奇闻。

"天门"胜景

刚才看了庙，现在沿"百步云梯"上来，居然有一片绿油油的高山草甸，伏身草甸，手抓小草，探头望去，危崖万丈，深不见底，大家一定会心惊胆战、手心冒汗，这处绝景就是"中南第一险"。起身站立于绝崖处，环顾四周，可以看到奇峰异石一个接着一个，深沟巨壑一条连着一条，清风挟着迷雾袭来，寒气逼人，"天门"森严之威，大家会不会有喘不过气来的感觉呢？小坐一会儿吧，迷雾会忽悠悠地散去一半，我们会发现四周的山峰似大海中的小岛，又像仙境里的琼楼玉宇，让人分不清是在天上还是在人间。大家请看那边，那是高110米、直径10米、上方下圆的金鞭神柱；这是峰如北斗星的七星落地，美景一个接着一个，真让人乐不思归。

鬼子寨景区

顺着青龙溪，我们很快就进入了茫茫林海之中。在这里，保存着2700多种高等植物，堪称"第二个西双版纳"。大家请看这高大、伟岸的松树，因多见于广东，所以学名叫广东五针松，也叫粤松，但林学界专家们经多年研究发现，莽山才是这种植物的分布中心，于是有人干脆就把它叫莽山松,现在是国家二级保护植物。请大家仔细看,莽山的森林层次是非常复杂而明显的,最上层是大家刚认识的粤松等针叶树,下面一层是由高大阔叶乔木组成,再下面一层是以杜鹃为代表的灌木,灌木下面便是小竹子,小竹子下面是草本植物,地表还有地衣和苔藓,这种复杂的结构与其间的动物一起构成了一个完整而稳定的生态系统,有很大的研究价值,已引起包括中国科学院在内的众多科研机构的关注。

在鬼子寨,还有一个传说。相传当年清军寻溪而上清剿李自成余部,起义军在此堵住瀑布源头,清军追至谷底已是疲惫至极,瘫倒在峡谷里休息,起义军突然放水,并扮成鬼神在峭壁缝隙中伸头怪叫,清军惊恐万状,大部分被狂流卷走,侥幸生还者都大惊失色传说有"鬼"弄水,鬼子寨就由此而得名。百米瀑布如银河天降,咆哮不止。在瀑布的旁边,矗立着一座高约百米的巨石峰,如一位活灵活现的古代将军,神情威严,满身盔甲,一手似握盾牌,一手像持利剑,双目炯炯正仰视对面绝壁顶上凌空而立的望夫岩,这就是我们神往已久的将军石。

猛坑石

探过鬼子寨茫茫林海,驱车再往上走就是海拔 1902 米的猛坑石。这是莽山的最高峰,雄踞湘粤两省三市交界之处,挺拔于千峰之上,四周群峰簇拥,它也是广东省境内的最高山峰,因此号称"天南第一峰"。大家可在这里观日出、览众山,可指点江山、激扬文字,可在军营秘洞中探奇,可到山坡野地里寻菜。此处还有傲视南岭的南岭雄狮,栩栩如生的蛤蟆石。

莽山之行,让您享受了林木叠翠、风光绚丽的绿色宝库,可回味良久。希望我们有缘再相会。谢谢大家!

(导游词改写优化:廖广莉)

四、万华岩

1. 模拟情境

在学校旅游专业校企合作活动中,你所在的小组需要与万华岩景区对接,要为该景区的讲解员撰写导游词。请根据调研结果,搜集万华岩相关资料,并撰写导游词。

2. 创作思路

万华岩景观属自然景观特色,喀斯特溶洞地貌类别。创作时以游览线路为主,但要体现其人文内涵。自然风光体现在洞内,景观有石狮、石鹤、石树、石花、石钟、石幔、石田、"水下晶锥"等;而人文内涵主要有北宋以来文人墨客留下的诗词题刻、游记、摩崖石刻等。

3. 创作训练

＊资料

万华岩风景区是仍在发育中的大型地下河天坑,属南方典型喀斯特岩溶地貌,是以自然风光著称的风景旅游度假胜地,属南岭亚热带季风气候区,温湿多雨。万华岩(坦山)的自然资源丰沛富积,品味奇高,1978 年开发,1987 年 5 月 1 日对外开放,1990 年列入第一批省级风景名胜区，2009 年 12 月 28 日列入第七批国家级风景名胜区。大型地下河洞溶洞为景区主要景点，主支洞已探明 9 千多米，地下河已知总长 8 千多米，现在开放的主洞长 2245 米，3 个进出口，12 个迷离怪异的大厅，23 个景点，支洞在主洞 430 米处，洞内石景别致，洞中三大瀑布神秘莫测、令人神往，洞内一般宽度在 15~20 米，最宽处 110 米，高度一般在 10~20 米，最高处 30 米，地下河贯穿始终，空气清新流畅，四季恒温在 18 ℃左右。

1988 年 3 月中美联合溶岩考察队一行 12 人来万华岩进行为期一周的考察后，赠锦旗一面，赞美万华岩是“世界上最美丽的洞穴之一，她可以与世界上所有漂亮的溶洞媲美。”具有颇高的岩溶科研、旅游观光、洞穴探险价值。但其盖世绝景是 2000 年 10 月中国科学院地理研究所宋教授一行来万华岩考察发现的“石蛋生笋”，世界上属首次发现，其价值是不可估量的。洞中的“水下钙膜晶锥”之景，全世界只有两处可见，每百年才长 1 厘米，称为“国宝”。 似万树千花凡尘不染，千姿百态，栩栩如生，溶洞景观中岩石无论大小，处处雄风大气，阳刚十足，赤壁倒悬，险峻无比，造型奇绝，特色鲜明。洞中有洞，处处晶莹剔透，石狮、石鹤、石树、石花、石钟、石幔、石田，可谓是奇景芬芳、别具一格。岩溶精品，要数堪称世界奇宝的“水下晶锥”。而人文内涵主要有北宋时著名诗人阮阅到此一游后曾写下《坦山岩》一诗，“空山夜雨鬼神愁，怪石层岩虎豹忧。鸟道不通车马到，只供衲子羽人游”洞顶镌刻“万华岩”三个红色大字为南宋著名理学家张轼手迹；顶壁左侧有南宋李朴所书“万华岩”三个大字，下厅顶壁的“万华岩”三个大字是隋朝郡守杨昌子所书；码头的岩壁上还有台湾著名书法家陈峰留下的“亘古之观”；洞口左侧刻有南宋郴州知军赵不退的《坦山岩劝农记》石碑，洞口左上方为《万华岩坦山岩叙》，刻碑立于咸丰十年（1860 年），记叙了太平军攻入郴州和退出郴州的时间、地点，太平军留下的三处城墙依稀可见。

＊来源：https://baike.baidu.com/item/%E4%B8%87%E5%8D%8E%E5%B2%A9/833850?fr=aladdin

＊创作：

开头语：
线路景观：
结束语：

4. 创作成果展示

各位朋友：

大家好！在湖南省郴州市安和乡坦山脚下有个地下溶洞，它鬼斧神工，洞中有洞，洞连洞、洞穿洞，处处晶莹剔透，钟乳石随处可见，似万树千花、水底龙宫，千姿百态，精彩纷呈。洞外自然风光优美，洞内冬暖夏凉，空气清新流畅。没错，这就是被中国风景名胜区协会地学部专家组誉为“中国著名的风景旅游洞穴”的万华岩。

万华岩是仍在发育中的大型地下河天坑，有大型的地下河洞、溶洞，洞内石景别致，洞中三大瀑布神秘莫测、令人神往，洞中的“水下钙膜晶锥”之景，全世界只有两处可见，每百年才长1厘米，堪称世界奇宝。2000年发现的“石蛋生笋”，为目前世界上首个，当属无价之宝。

万华岩溶洞全长9千米，总面积约27000平方米，其中水面约9300平方米。在洞内一共有30多种次生化学物，占国内已知种类的90%。洞中遍布石钟乳、石花、石笋、石菌、石柱、石帘、石田和石瀑等奇景，具有观赏、科考、探险和漂流等四大开发价值。

喀斯特地貌

万华岩是怎么形成的呢？原来这里是典型的喀斯特地貌。喀斯特原是南斯拉夫的一处高原，因为主要由石灰岩构成，在长年流水侵蚀之下，形成了大量溶洞，以后人们就将类似的岩溶地貌称为“喀斯特地貌”。喀斯特地貌在我国分布很广，如桂林山水、路南石林等。喀斯特地貌中的溶洞形成必须具备四个条件：第一，要有流动的水源；第二，水具有可溶性；第三，岩体是可溶性的；第四，发生过坍塌和撞击等自然机械作用。这几个条件在湘南都具备，因而造就了万华岩这样一处大型溶洞。

壁画传说

大家看，在这里的山墙上有三块石板上刻着壁画，记录了三个发生在郴州的神话传说。第一块讲的是五位天宫仙女私自下凡，贪恋万华岩的美景，不愿再返回天宫，玉皇大帝就派出天兵天将把守洞口捉拿她们，仙女们变成蝙蝠躲进溶洞深处，再也变不回人形。待会儿大家看到蝙蝠，可不要惊扰她们。第二块上面的故事与神农氏有关，神农为百姓上天讨要谷种，掌管的天官见神农没有给他“好处”，就百般刁难，神农灵机一动，把带来的黄狗弄进天河弄湿身子，然后在天庭的晒谷坪打滚，巧妙地将谷种带回。回到凡间，因为害怕天官发现，神农就在万华岩的洞内开凿农田，用自己发明的耒耜耕作，用仙女送来的宝杯盛满清泉水浇灌，从此五谷丰登，再将谷种分发天下。同时，他还让自己的兄弟化作山石，日夜守护着农田和宝杯。第三块讲的是人与自然和谐相处的故事。远古时期，人们都过着狩猎打鱼的生活，有一天一位猎手上山后因为饥渴难耐昏死过去，醒来后发现一只母羊用自己的奶水救活了他，从此人们不再狩猎，与动物和睦相处。据说在万华岩中之所以有那么多像羊奶子一样的钟乳石，原因就在于此。

石笋

接下来看到的是号称“中国之最”的两根生物石笋。说它“最”，一是因为其高，高的达7米以上，矮的也有5米多；二是因为其绿，一般的石笋都是光秃秃的，而这些石笋上面却长满了植物，四季常绿。它们就像两位身着绿袍的护洞大将军，威严地把守着这一处仙境，同时也看护着天下的万亩良田。

劝农碑

石笋的旁边有块古老的“劝农碑”。这块石碑高2.2米，宽1.5米，最厚处有1米。它是在南宋绍兴十八年(1148年),由郴州知军赵不退立的,上面刻写着赵不退奉旨劝农、立碑记事的过程以及用“务农重谷,天下为本”的道理开导百姓的内容。“劝农碑”全称为“坦山劝农记碑”,是我国最早记述开展农业宣传的石碑,号称“中国农耕文化第一碑”。历经800多年的风雨沧桑,碑文仍然清晰可辨。

洞内景观

现在我们看,在洞口顶壁上,大家可以看到“万华岩”三个大字,这是南宋通判李朴所题写的。以前万华岩叫“坦山岩”,一种说法是隋朝郡守杨昌子改的名,另一种说法是宋代理学大师张栻改的名。

大家请抬头看,在20米高的洞顶上有一丝光线穿透岩层直射下来,这就是“天开一线”。可奇怪的是,大家在洞内可以看到这个裂缝,可在洞外却始终无法发现。那座石笋多像一位能人好汉!相传他就是开凿石田的神农。神农在洞外发现了那头喂奶救人的母羊,就将它带进来饮水,谁知惊动了地下河里的一只神虾,神虾猛地一跳跳到洞顶,头扎进岩壁,只留下尾部在外面,再也出不来了,这个景点就叫“龙虾思迁”。万华岩拥有两层以上的石质台地和深38米、宽5米左右的箱状峡谷。大家头顶上正是一个箱状峡谷,这就是“顶天立地”景点。细细看来,这两根石柱中较粗的一根就像个有责任心的丈夫,稍纤细的就像个贤惠的妻子。好一个“夫唱妇随、永不分离”。

请看这里,这就是神仙舞台。上方的石帘是拉开的幕布,演员们已经登场了。主角是王母娘娘,中间那位不用说,自然是玉皇大帝。观音菩萨也客串了一把,站在一边担任特邀主持人。演员们还有大闹天宫的孙猴子、好吃懒做的猪八戒、独守月宫的嫦娥等,难怪明代郴州知州胡汉在《万华岩记》中称它为“神仙窟宅”!现在石帘幕布正在徐徐降下,它是由含有碳酸钙的水从洞顶或洞壁流出,长年沉积而形成的波纹状或布幔状景观。

在万华岩里也有一处稻田,就是这一片石田。明代诗人刘汝楠当年到此一游后,感叹道:“四时不断洞中雨,百亩谁开石上田?”这石田是谁开垦的,大家应该都知道,就是神农氏了。但从科学角度来分析,真正的开垦者其实就是大自然。地质学家告诉我们,富含二氧化碳和碳酸钙的水顺着较缓的地形流动、沉积,逐渐就会形成这种梯田式景观,在地质学上这叫边石池。万华岩内拥有8处以上的边石池群,最长的边石池长20米,最深的边石池深1.6米以上,最大的边石池群面积达500平方米。如此壮观的边石池群,连地质学专家们见后都叹为观止。

欣赏了南方景色,再去领略北国风光。远处雪山之巅盛开着朵朵雪莲,情窦初开的少年唱着“花儿为什么这样红”,旁边一棵硕大的玉米棒子是他送给心上人的劳动成果。转眼间,银装素裹的雪山变成了五彩缤纷的花园,原来是春天来了。

春天到了,万物复苏,很快就有瓜果上市了,大家去“农贸市场”转转吧。这里有刚刚摘下的春笋、红彤彤的辣椒、圆溜溜的南瓜、沉甸甸的西葫芦,还有田螺、海蜇等水产品,看来今天会有一桌好菜了!

其实大家前面看到这些都是石灰岩形成的各种奇观。不同含量和流速的碳酸钙水流经过不同的地形,就会形成不同的石景。严格说来,从上往下生长的叫石钟乳,从下往上生长的叫石笋,左右连成一片的叫石幔,而如果上下连成一条就叫石柱。朋友们请看,这棵石柱高达10米,直径达14米,要8~10个成年人才能合抱,是万华岩中最大的一根石柱。大家觉得它像不像一棵傲然屹立的巨型塔松?这个景点就叫"塔松傲雪"。

请大家注意看,在这个洁白的荷叶边池里面,有一种形状像草帽一样的无尖晶锥体。它像不像一个杯子?据说这就是当年神农开田时使用过的宝杯,其实它在地质学上叫"水下钙膜晶锥",简称"水下晶锥"。它是一种重力水与非重力水的复合沉积,是由洞顶的滴水与池中浮在水面的钙膜和水下结晶巧妙结合,经过数十万年共同沉积而形成的奇特晶体。之所以被称为国宝,是因为它举世罕见,迄今只在美国和中国各发现一处。由于国宝晶锥如此难得,因此过去是完全保护起来的,禁止对外开放。1996年,风景区投入20多万元,采取多种保护措施,成功地将它对外开放。

看,前面笑呵呵向大家走来的就是万华老人。他有着高高的发髻、宽宽的额头、直直的鼻梁、长长的胡须。虽说他的任务是看守神杯,不过他本人倒是十分好客的。万华老人在洞里呆了数十万年了,可为什么还是鹤发童颜、身康体健呢?原因就在这边上,这就是万华老人的食物——葡萄。不过朋友们可别嘴馋,这些葡萄可不一般,它们都是石乳和石笋表面的毛细管渗水而结成的葡萄状碳酸钙沉积,除了万华老人,谁也咬不动它们!

在万华岩的地下河中后段有一个奇特的现象:后面的溶洞里散布着许多巨大浑圆的花岗岩砾石,就是人们俗称的鹅卵石。这些鹅卵石,大的有1立方米,重达1吨。这本是地上河的产物,为什么会出现在地下河中呢?更为奇特的是,有的鹅卵石上居然长出了石笋,这是在其他溶洞中看不到的"石蛋生笋"的景象。请看这颗石蛋上长出的石笋,多像一位怀抱婴儿的妇女眺望远方,正在等待着出海打鱼的丈夫早日回家团圆呀!据专家分析,数十万年前,地上河水潜流到地下,将洞外的花岗岩砾石冲到洞穴里,后来由于流速减慢,这些砾石就永远留在了地下。它们有的卡在石壁上,有的埋入钙化石幔中,后来含碳酸钙的水落在上面,就逐渐沉积长出了新的石笋,这种"石蛋生笋"也是万华岩的一大特色。

大家应该见过不少瀑布,但那都是飞珠溅玉、轰然作响的,而大家面前的这座"万华瀑布"却是了无声息的。虽然它是凝固的,但其中隐隐闪亮的色彩仿佛又是在流动着的。这些神秘的彩色光泽,是岩石表面的矿物质晶体。郴州号称"世界有色金属博物馆",这也反映到万华岩中,所以这个瀑布才会呈现出红、黄、白、绿、褐等多重色泽。

万华岩是一个大型溶洞群,洞上有洞,洞下有洞,洞中也有洞。大家看前面的大窟窿,就是洞中之洞,叫"仙洞迷宫"。从科学角度来说,这是因为流水反复侵蚀、溶解岩石而形成的,被称为"倒石芽"。大家如果走累了,还可以到前面的大榕树下放松放松。这棵榕树比广西桂林和西双版纳那两棵"独木成林"的大榕树都要大,遮天蔽日,凉风习习,是个消暑歇脚的好去处。

现在,大家所到的是万华岩内最大的一个厅,最宽处有70米,面积达2700平方米。这里也是一个岩溶的"艺术宝殿",各式各样的岩石错落有致,奔腾不息的地下河水萦绕回荡,大家可以尽情发挥想象力,充分感受大自然的美妙韵律!

(导游词改写优化:廖广莉)

五、飞天山

1. 模拟情境

在学校旅游专业校企合作活动中，你所在的小组需要与飞天山景区对接，要为该景区的讲解员撰写导游词。请根据调研结果，搜集飞天山相关资料，并撰写导游词。

2. 创作思路

飞天山景观属自然景观，典型的丹霞地貌。创作时以游览线路为主，但要融入人文内涵。自然风光主要有赤壁丹崖的丹霞地貌、悬于其壁的千年悬棺等。

3. 创作训练

*资料

飞天山位于湖南省郴州市苏仙区境内，距市区 18 千米，总面积 110 平方千米。飞天山盛名已久，大旅行家徐霞客曾赞叹飞天山“无寸土不丽，无一山不奇”，并镌刻“寸土佳丽”。景区内山顶相连，沟壑纵横，山环水绕，寨坦错落，精巧处如精雕细琢、巧夺天工，宏伟处如横空出世、壮志凌云。翠江风情能与漓江风景媲美，享有“小桂林”美誉。

沿江两岩如“丹霞翠遥断，岩石架空来”。一路顺江漂流，只见丹峰林立、红岩绿水、怪石幽洞、古木吐翠、竹海茫茫。一年四季绿叶、三季花香，绘成罕见的“四面青山列翠屏”“草木花光尽是春”的奇妙丹霞地貌景观。

“丹霞第一洞”——黑坦，面积 5000 平方米；“天下第一门”——天生石桥，门高 35 米，跨度 95 米，呈拱形，洞口高悬，绝壁临渊，洞中冬暖夏凉，十分幽静，规模宏大，气势宏伟，为中国丹霞地貌所罕见，乃飞天山一绝。景区内的鲤鱼寨四周崖壁陡峭、古木苍穹、灌木环绕，秋色丹枫绘出十里画廊，美不胜收。更有酷似象征生命之源的圣母岩和阴阳岩，栩栩如生。境内万华岩溶洞全长约 9 千米。

飞天山主要丹霞地貌类型为寨（堡），它们坐落有序，寨身陡峭，红崖赤壁，寨顶绿树当华盖，不少寨顶溶蚀成浑圆形洼坑。神仙寨为景区内主景之一；其间点缀有峡谷、石门、天生桥、一线天、岩洞及寨顶溶蚀而成的集水洼地（天池）。形成以寨（堡）为中心、两江河水为纽带、红岩绿水、赤壁丹霞、峡谷奇洞的奇观。

*来源：https://baike.baidu.com/item/%E9%A3%9E%E5%A4%A9%E5%B1%B1/838766?fr=aladdin#3

*创作：

开头语：
线路景观：

结束语:

4. 创作成果展示

各位朋友,大家好!

曾被大旅行家徐霞客赞叹"无寸土不丽,无一山不奇",并镌刻"寸土佳丽"的这处绝景就是郴州飞天山。

郴州飞天山国家地质公园风景区由48谷、9寨、4坦、3庙、2江、1泉构成,以丹岩堡寨为特色,穿坦、洞穴为罕见,温泉、碧江为纽带,石佛、悬棺为史脉,集山、水、林、洞、佛于一体,聚雄、奇、险、秀、巧于一身。2001年飞天山被原国土资源部评为丹霞-溶洞类型的地质公园。

飞天山是个久负盛名的地方,享有"小桂林"美誉。因为景区内山顶相连,沟壑纵横,山环水绕,寨坦错落,精巧处如精雕细琢、巧夺天工;宏伟处如横空出世、壮志凌云。翠江风情能与漓江风景媲美,沿江两岩如"丹霞翠遥断,岩石架空来"。一路顺江漂流,只见丹峰林立、红岩绿水、怪石幽洞、古木吐翠、竹海茫茫。一年四季绿叶、三季花香,绘成罕见的"四面青山列翠屏""草木花光尽是春"的奇妙丹霞地貌景观。

丹霞地貌

飞天山丹霞地貌面积48平方千米,属红岩丘陵地貌。地貌被大自然鬼斧神工雕刻成似人、似兽、似物、似禽的模样,栩栩如生。在丹霞山地区,厚达300~500米的岩层被流水、风力等风化侵蚀,形成堡垒状的山峰和峰丛以及千姿百态的奇石、石桥和石洞。我国矿床学家冯景兰在我国广东省韶关市仁化县丹霞山发现了分布广泛的第三纪(6500万年—165万年前)红色砂砾岩层,就把形成丹霞地貌的红色砂砾岩层命名为丹霞层。郴州飞天山主要丹霞地貌类型为寨(堡),它们坐落有序,寨身陡峭,红崖赤壁,寨顶绿树当华盖,不少寨顶溶蚀成浑圆形洼坑。神仙寨为景区内主景之一,其间点缀有峡谷、石门、天生桥、一线天、岩洞及寨顶溶蚀而成的集水洼地(天池)。形成以寨(堡)为中心,两江河水为纽带,红岩绿水、赤壁丹霞、峡谷奇洞的奇观。

黑坦

现在我们来到的是有"丹霞第一洞"之称的黑坦,面积5000平方米;大家看这里还有"天下第一门"——天生石桥,门高35米,跨度95米,呈拱形,洞口高悬,绝壁临渊,洞中冬暖夏凉,十分幽静,规模之宏大,气势之宏伟,为我国丹霞地貌所罕见,是飞天山一绝。景区内的鲤鱼寨四周崖壁陡峭,古木苍穹,灌木环绕,秋色丹枫绘出十里廊,美不胜收。更有酷似象征生命之源的圣母岩和阴阳岩,栩栩如生。

千年悬棺

大家请看崖壁凹陷处或洞内有一奇特的物体,大家仔细看,可以看出大致形状,没错,它就是千年悬棺。这千年悬棺堪称旷世之谜,为整个湘南地区所罕见。飞天悬棺距今已有800多年历史,其来龙去脉传说很多。悬崖峭壁上有5个大小不等的洞穴,洞穴中有木棺两具,保存完整,至2008年无人敢探,其神秘色彩令人惊叹称奇。棺木用质地坚硬的整木雕凿而成,裸露于外,离水面数十丈,悬崖顶上竹木郁郁葱葱,隐约还可以听见鸟儿的鸣叫,远远地望去,倒像一颗镶嵌在丹崖上的“黑明珠”。

飞天山还有摩崖石刻、石佛、古战场遗迹、长江以南第一飞天壁画等神秘历史典迹和丰富的文化底蕴以及独特的民风民俗,与这里山异、水美、石奇、洞幽、风情万种的自然风光相得益彰。风景区内,奇峰异石,青山秀水,湖光山色,壮美迷人。更有千年悬棺,旷世之谜;临江佛雕,飞天壁画;天然卧佛,悠悠古迹;丹霞溶洞,神秘蜗居;明清古墓,狮子吊陵;高山草原,圣母玉立……真是福地洞天,风光无限!沿江周围,石山林立,玉峰相接,连绵数十千米。飞天山丹霞无愧为国家地质公园的瑰宝,既是休闲度假的生态旅游胜地,又是地学科普与科研的天然课堂,还是民风民俗、历史文化的博物馆。

“翠江山水画里游,飞天丹霞心中留。”现在,我们旅行社已经推出“飞天侠侣”旅游专线,希望大家下次再来欣赏这里如诗如画的风光,享受宾至如归的服务。谢谢大家!

(导游词改写优化:廖广莉)

六、东江湖

1. 模拟情境

在学校旅游专业校企合作活动中,你所在的小组需要与东江湖景区对接,要为该景区的讲解员撰写导游词。请根据调研结果,搜集东江湖相关资料,并撰写导游词。

2. 创作思路

东江湖景观属自然景观特色,为人工湖泊。创作时以游览线路为主,但要融入人文内涵。自然风光主要有雾漫小东江、东江大坝、龙景峡谷、兜率灵岩、东江漂流、三湘四水·东江湖文化旅游街(含东江湖奇石馆、摄影艺术馆、人文潇湘馆)等。

雾漫小东江要突出其朦胧美,东江大坝要显现其雄伟,兜率洞要体现其惊险,而龙吟瀑布要表现出奇观。

3. 创作训练

＊资料

东江湖位于湖南省郴州市东北部的资兴市境内,是南岭和罗霄山脉南部(八面山脉和诸广山脉)合围的一个湖,是耒水的源头之一,西距郴州市30千米。

东江湖是湖南省唯一一个同时拥有国家5A级旅游区、国家级风景名胜区、国家生态旅游示范区、国家森林公园、国家湿地公园、国家水利风景区“六位一体”的旅游区。

东江湖纯净浩瀚,湖面面积160平方千米,碧波万顷,景象万千,其水质达到了国家一级饮用水标准。东江水库水位海拔为 280 米，比长沙 50 米的海拔高出 230 米，是一个“地上水库”，湖水可自流至耒阳、衡阳、衡山、株洲、湘潭，运营成本低。

东江湖融山的俊秀、水的神韵于一体，携南国秀色、禀历史文明于一身，被誉为“人间天上一湖水，万千景象在其中”。

雾漫小东江位于风景区北面的主入口处，由上游的东江水电站和下游的东江水电站而成，为长约 10 千米的一条狭长平湖。小东江全长 12 千米，是由东江大坝梯级开发形成的景点。小东江水质清澈明净，各项指标均达到了国家一级饮用水标准。每年 4-10 月，当旭日东升和夕阳西下时，宛若一条玉带在峡谷中飘拂，整个小东江云蒸霞蔚，朦胧缥纱，置身其中，恍入仙境，被人誉为“中华奇景、宇宙奇观”。近年来，全国各地的摄影爱好者都来小东江摄影创作，反映雾漫小东江的作品多次获国内外摄影大奖，小东江已成为世界著名的摄影创作胜地。

“一坝锁东江，高峡出平湖。”东江大坝是我国自行设计、自行建造的第一座双曲薄壳拱坝，在国际上名列同类坝第二位。大坝如一道弧形屏障矗立在镰刀湾河谷的花岗岩中，坝顶两端的滑雪式溢洪道从半空伸出，斜挂在山腰，升降楼直插云天。登高俯视，偌大的厂房，犹如一方火柴盒粘在脚下，行人则似蝼蚁爬行。环视四周，云雾袅袅，青山绵绵，溪瀑潺潺，舟楫点点，尽显高峡平湖风光。泄洪之时，更觉气象万千，湖水从溢洪道直泻而下，腾空飞跃，顷刻化成雨雾，迷漫整个峡谷，其势如万马奔腾，其声如万钧雷霆。即使在几里开外，仍感水星拂面。极具清代崔应阶“盘空舞雪飞泉落，扑面银花细雨来”的诗画意境。

兜率岩形成于 270 年前的特大石灰岩溶洞。它掩藏于东江湖中心岛——我国江南目前最大的内陆岛兜率岛南面峭壁下的兜率古庙内。宋朝谢岩的《兜率灵岩记》被采入《天下名山记》，联合国溶洞协会专家考察后誉之为“地下大自然的迷宫”“天下第一洞”。

*来源：https://baike.baidu.com/item/ 东江湖

*创作：

开头语：
线路景观：
结束语：

4. 创作成果展示

朋友们，大家好，我是你们今天的导游张导，大家可以叫我小张，我今天将要带领大家去欣赏一幅舒展的画卷，弯弯曲曲的水，重重叠叠的山，无穷无尽的树，不冷不热的天，人在山上走,云在山下飘,千亩良田挂山腰。请问大家知道我所描述的是哪里吗?对,那就是有着湘南洞庭的美誉,有半个洞庭湖之大,集山的灵秀、水的神韵于一体的东江湖。

东江湖位于湖南省郴州市资兴市境内。它是一处集山、水、岛、洞、漂流及水上娱乐于一体的观光度假旅游风景名胜区。孔子曾说过:“仁者乐山,智者乐水。”东江湖正是有山有水、山水交相辉映的好地方,再加上近几年开发建设了大量水上游乐设施,能够满足大家不同的需求,相信大家会有一个不错的旅途。

在200平方千米范围内聚集了小东江、龙景大峡谷、兜率岛、拥翠峡、黄草镇、东京寨、白廊、坪石水上体育活动区等八大景区。好了,话不多说,我们现在就去往“人间天上一湖水,万千景象在其中”的东江湖吧。

雾漫小东江

首先我们来到的是雾漫小东江,大家请看展现在我们面前的景象,像不像是一幅人间仙境图呢?两岸的青山叠翠,江水静静地流淌,江面白雾袅袅,山上白鸟欢歌,小船荡漾其中,渔夫正在撒网。这真是“仙境原来非梦幻,随风飘落在人间”呀!它有两个特点,第一个就是小东江的雾,大家想知道这小东江的雾是怎样形成的吗?那就由我来告诉大家吧。它与吉林雾凇形成的原理是一样的,都是由温差效应产生的,由于小东江的水是从150多米深的大坝底部流出来的,它的水温常年保持在8~10 ℃,再加上两岸植被繁茂,空气中水分充足,每当旭日东升或夕阳西下,整个小东江仿佛进入仙境。在这样的条件下,早晚温差大就有了这如梦如幻的小东江。

现在,我们一起沿栈道近距离观赏小东江。先来看看小东江的水。其第二个特点便是水质清澈明净。据专家检测小东江的水已经达到国家一级饮用水标准,就像天然纯净水。资兴和郴州市内的饮用水都取自小东江。

雾漫小东江名扬中外,无数国内外摄影爱好者慕名而来,说到这里不得不提到一个小故事,渔夫在湖中撒网时给小东江带来了别样的风味,这让摄影爱好者的摄影作品多次获得国家甚至世界级的大奖,要拍出此景是比较难的,需要天时地利人和,大家也知道小东江的雾不是随时都有的,摆渡的渔夫也不会经常在湖中撒网,这时就有摄影爱好者找到渔夫,通过金钱交易的形式,让渔夫每天早晨在湖中摆渡个把小时。小东江也成了全国摄影创作基地,同时也给当地的渔民带来了经济收入。

东江大坝

现在在大家眼前雄伟壮观的建筑就是亚洲第一、世界第二的东江大坝了,它是国家“七五”计划重点工程东江水电站的坝体,最早建于20世纪50年代,是苏联援助的项目。后来因中苏关系恶化,苏联专家撤走并带走了图纸,直到1978年才重新动工,1986年8月2日才建成开始蓄水,形成了160平方千米的水面,蓄水量达到81.2亿立方米,相当于半个洞庭湖,于是就有了“湘南洞庭”的美誉,同时也是湖南最大的人工湖。它是我国自行设计创建的第一座双曲薄壳拱坝,它的两侧有三条滑雪式泄洪道,每当泄洪时,湖水从溢洪口飞泻而出,再腾空而起,顷刻间化为雨雾迷漫整个峡谷,犹如万马齐奔,好似万钧雷霆。深入其中,有一种“盘空舞雪飞泉落,扑面银花细雨来”的意境。俗话说得好,“一坝锁东江,高峡出平湖。”东江大坝,就像一把巨锁锁住了奔腾不息的东江。

龙景大峡谷

下面我们来到的是龙景大峡谷。它由18个瀑布和26个水潭组成,景致绝妙!每立方米空气中含有93000多个负离子和多种有利于人体健康的植物精气,是一座天然的氧吧。其空气中的负离子可预防和治疗疾病,同时高密度负离子区还可以降尘灭菌,使整个景区变成了无菌区。

下面在我们正前方的是整个景区最为壮观的瀑布,龙吟瀑,高36米,此处山势陡峭,水流湍急,犹如蛟龙长啸。

龙卷铺是龙景峡谷最为舒缓的一条瀑布。传说龙卷潭是龙身卷起飞腾的地方,大家请看瀑布右方还留下了脚印。这里的每一个瀑布都各具特色,美不胜收。大家可以放慢脚步,细细领略。

兜率岛

兜率岛是东江湖又一处胜景,位于湖中心,面积为5.7平方千米,是江南地区最大的内陆岛。“兜率”二字是道家用语,是“知足、妙足”的意思。据说,在很久以前东江里有一条恶龙兴风作浪,民不聊生。于是,住在兜率宫的太上老君将炼丹炉前的石狮子投下凡间压在恶龙身上,成了兜率灵岩。东江水库蓄水后,其便成为一个湖中岛。

岛上有一个洞,洞外碧水蓝天,洞内怪石林立,风景独特。大家想跟随我一起去看看吗?

好,我们现在来到的就是兜率洞。这是一个世界级特大溶洞,全长12千米,面积达65平方千米,一共有18个洞,洞洞相连。可用高、大、深、广、奇、雄、怪7个字形容。它是由于流水中含有碳酸钙长期侵蚀石灰岩而形成的,在20世纪90年代一位著名作家观赏后,觉得这些钟乳石的形状,有的像南岳,有的像泰山,有的像张家界,有的酷似桂林山水,你们觉得呢?真可谓是万千景象在其中呀!兜率洞中有一根石柱,高36米,比号称中国第一的黄龙洞石柱还高出7米,堪称世界之最。据专家说,洞中的钟乳石,一百年才能长1厘米。

秀流村

幽幽的东江湖水中有一个被深深淹没的美丽村庄(秀流村)。它是20世纪二三十年代中国四大女作家之一白薇的故乡。白薇是一位很有才气又美丽的女作家,与冰心齐名。秀流村所在的清江乡,有两点很出名,一是女子,二是橘子。清江女子出名,首先是因为白薇,其次是因为这里山好、水好、气候好,是一个出美女的地方,这里的姑娘皮肤水嫩,身材高挑,清纯俏丽,真可谓是山美水美人更美啊!清江的柑橘,又甜又醇,全国有名,每当金秋季节,就会吸引全国各地客商,大车拖、小车运地销往四面八方。

黄草镇

东江湖上还有一个颇具江南风情的小镇黄草镇。黄草镇水面面积2600余公顷,森林覆盖率将近90%,享有“江南水中镇,东江湖中花”的美名。远远看去,各色建筑如繁星般散布在绿荫覆盖的岛屿上。大家可以到镇中漫步,感受一下颇具江南特色的小镇风情。

东江漂流

除了秀丽多姿的风景之外，这里还有惊险刺激的漂流项目。此处漂流全长28千米，而最刺激的是世界上独一无二的人工漂流滑槽，长达336米，平均坡度5度。两岸青山叠翠，怪石林立，水质清澈，水中常有小鱼跳上漂流艇，让人回味无穷、流连忘返，被誉为“中国生态第一漂”。

三湘四水，东江最美。好了，东江湖之旅就到此完美结束了，美好的时光总是如此短暂，东江湖好景，资兴人好客，欢迎大家下一次的到来，东江湖欢迎你。

（导游词改写：旅管（3）161班 张懿丹）

（指导老师：刘列夫）

课后延伸

选择某一景点

1. 体会地方重点景点导游词创作要领。
2. 按照地方重点景点导游词创作技巧进行导游词创作。

模块三　导游词讲解

模块学习目标

1. 知识目标：掌握导游讲解中有声语言、无声语言（态势语）以及应变能力的运用技巧。

2. 能力目标：会依据不同场景、不同内容、不同团型的游客进行分析，恰当使用有声语言、无声语言等口语化讲解各级各类景点导游词。

3. 素质目标：具备语言表达能力，提升自身素质。

模块学习内容

该模块主要是结合已创作的全国职业院校技能大赛导游服务赛项中的中国著名旅游文化元素、全国导游员资格考证湖南考区必考景点、地方重点景点等的导游词内容，按照导游讲解技巧及思路，进行导游词讲解训练，从而富有感染力、亲和力和渗透力地进行导游词讲解。

项目一　导游讲解的有声语言运用

学习目标

1. 知识目标：了解导游有声语言讲解要求，掌握有声语言运用技巧。
2. 能力目标：会正确使用语调、音色、节奏等技巧讲解相关导游词。
3. 素质目标：多读多练，语音标准，练就一副“好口才”。

学习重难点

1. 重点：能恰当运用有声语言技巧，富有感情地讲解。
2. 难点：语音标准，音色明亮柔和，讲解富有感染力、亲和力、渗透力。

情境设计

某高职院校拟进行导游服务技能比赛，要求选手在赛前根据选题范围准备一段 5 分钟的导游词和相应的 PPT 资料，讲解景点为国家 5A 级旅游景区，用中文进行模拟导游讲解，其中须含欢迎辞，欢迎辞包含问候语、欢迎语、介绍语、希望语、祝愿语五部分内容。你作为参赛选手，请按照要求做好景点讲解的参赛准备。

理论教学

一、现代汉语有声语言特点

现代汉语有声语言相对于其他语言来说，有着自己显著的特点。

1. 具有音乐性

音节结构以元音占优势，每个音节必须有元音作韵腹，由于元音响亮，所以汉语有声语言乐音成分比例大，富有音乐性。

2. 音节整齐

汉语音节中没有两三个辅音相连的现象，所以音节的界线比较分明，音节的结构形式比较整齐。

3. 有抑扬顿挫之感

汉语是声调语言，声调不仅能区别语言单位的含义，而且还能使语句中的字词高低屈曲，富有变化。

现代汉语语音上的特点如能很好地运用在导游讲解中，必能使导游讲解富有感染力、亲和力、渗透力。

二、中文导游讲解有声语言运用技巧

中文导游讲解有声语言技巧主要表现为以下三个方面。

1. 音调的和谐

音调的和谐即运用语音的各要素，包括押韵、平仄、叠音、音节搭配以及顺口溜、拟声等，使讲解的声音富有节奏，让游客产生审美体验，并引起共鸣。

1）押韵

有两种办法使讲解时押韵：一是引用诗文，利用诗文特有的押韵形式；二是对句末用字加以调整，使之押韵。

①为了便于记忆，古代文人墨客用巫山十二峰组成了很多诗句，我记录了几首，可给大家传抄。现在朗诵其中一首：神女朝云千古谈，聚鹤过江飞集仙。翠屏青葱松峦绿，飞凤授书瑶姬传。登龙腾空六峰攒，狮子银牌饮圣泉。起云上升何处去？小溪河畔访净坛。

杨佑仁《长江三峡》

例①中诗歌押的是 an 韵，并且都是平声字，有清王士祯“通篇平韵，贵飞扬”的音调美，同时该诗巧妙地将 12 峰“神女峰、朝云峰、聚鹤峰、集仙峰、翠屏峰、松峦峰、飞凤峰、登龙峰、圣泉峰、起云峰、上升峰、净坛峰”的名字包含进去了。

②第五窟的洞窟形状为椭圆形的草庐式，窟分前后两室。

朱孟麟《云冈石窟》

例②句末用“室”而不用“间”，一是可使语句押韵，二是符合介绍古迹的一贯称呼。

2）平仄

汉语作为声调语言，其乐音成分中很大一部分是因为声调的平仄相连相间而产生抑扬顿挫的变化。导游讲解运用平仄相连相对相间等形式，能造成用声音表情的效果。

③“银河渡口”是乘船游水洞的码头。此处水面平展宽绰，长堤护岸，拱桥卧波，景象奇丽，颇有情趣。

例③中平仄出现的规律与音节数量有叠加关系，往往是四音节或双音节中平仄相连相间的可能性最大，吕叔湘先生说过“2+2 的四音节也是现代汉语里的一种重要的节奏倾向”。

3）叠音

叠音是指利用重叠音响为景点讲解拟物状行添色，也为导游传播增添艺术感染力。

④大家看，草原就像碧绿的地毯，绿茵茵、软绵绵。往远看，草原上盛开着无数种野花，星星点点的蒙古包上升起缕缕炊烟。微风吹来，牧草飘动，马群、牛群、羊群飘来飘去，处处可见“风吹草低见牛羊”的优美景象。

苏培《呼伦贝尔草原》

例④中的“绿茵茵、软绵绵、星星点点、缕缕、处处”等叠音词形象地描绘了呼伦贝尔一望无际的草原景色，叠音词的使用无疑让草原讲解更具声画效果。

4）音节搭配

音节的搭配主要是导游讲解时选用相同音节的词语排列在一起，语句上匀称，节奏上整齐，表达上增色。

⑤在陈家祠堂石雕建筑工艺中还有石柱、石梁、石栏、石板、石门、石台、石座、石果等，分别采用镂雕、镂刻、圆雕、浮雕等表现手法，石雕艺术在此称得上一绝。

吕晓燕《陈家祠堂》

例⑤的双音节词语不仅恰当地说明了石雕艺术的特色，并且因为音节的整齐匀称，使原本枯燥的内容介绍变得有韵味。

5）拟声词的点缀

拟声词是模仿人或物发出的声响，具有动感，讲解中恰当点缀拟声词，可使游客感同身受。

⑥当年，园主喜欢同家眷住在这里，一边品尝苏州的船点，一边细听那雨滴打在瓦楞片上、芭蕉叶上、碎石地上，发出“滴滴答答”“淅淅沥沥”“噼里啪啦”的声音，陶醉在大自然的音乐创作之中。

曹耀常《苏州拙政园》

例⑥的三个拟声词分别模拟了雨滴打在三种不同物品上的音响效果，既不雷同且显真实。

此外，导游讲解时为了使音调谐调，还经常使用民间流传较广的比较整齐、押韵的段子，即顺口溜。顺口溜具有文字简洁凝练、内涵丰富、朗朗上口、表现力强等优点。如“山中一夜雨，处处挂飞泉就是黄山瀑布的生动写照”“孤山不孤，断桥不断，长桥不长被称为西湖三绝”等。

2. 句式的调整

一篇完整的导游词讲解，需要语句的传情达意、变化多姿，所以需要整句和散句错开使用。整句主要有对偶句、排比句以及层递、顶真、回环等辞格形成的整齐的句子，这种整句能给表达的内容增添声音美，为游客带来听觉上的美感。但是不能一味用整句，还需用散句，因为整、散句的交错使用能使讲解更加口语化。

①在这里我们才真正体会到泰山的雄伟——漫漫的路途说明了它的大，入云的峰顶说明了它的高，竖直的天梯说明了它的险。

张用衡《泰山》

例①的排比句解释了泰山的雄伟壮观，且节奏鲜明、语气通畅，同时前面的散句更具有对象感，整、散句的错落使用相得益彰。

②晚霞跟山、川、花、木以及所有的自然美一样，从来不搞公式化、概念化。它的形状，它的色调，没有一天相同，没有一分钟相同，没有一秒钟相同。“逝者如斯夫！”我有时候借用孔夫子观看河中流水所发出的感慨来比较自己所面对着的天上的晚霞。

杨柄《高楼远眺左安门》

例②运用了层递，时间上的递降，突出了语意，同时也构成了句式的悦耳。

3. 声音的呈现

导游讲解关键还在于每个导游的声音呈现，也就是说每个导游应根据游客对象的不同、游览景点的不同积极进行声音的调配，包括调配声音引发感情以及把控最佳的声音状态。具体表现在音色、音量、语速停顿的把握以及口语化上，适当、得体、有对象感，用最佳、最具亲和力的声音诠释出景点的内涵。

(1)音色。音色就是声音的特色，不同发音体有不同的音色。一个导游音色的好坏既有先天因素，也可以后天训练。导游的好音色主要体现在声音明亮、柔和上，即声音圆润、明朗、有弹性，自然、不做作，刚柔自如。好音色还表现在与自己讲解时积极向上的情绪吻合，使有声语言像音乐般有节奏感，以情发声，以声带情，声情并茂。

(2)音量。音量指声音的强与弱，导游要根据游客多少、游览地点、游览场合等来调节自己的音量，游客多时音量以离你最远的游客能听清为宜，游客少时音量也要小；室外讲解时音量适当大一些，室内则要小一些。另外，在需要强调处或“卖关子”的地方可调整音量变化，以引起注意。切忌不可忽高忽低，或尖声大叫，在庄重的场合需音量适当。

(3)语速。语速是指讲解的速度，一般有快速、中速与慢速之分。适宜的讲解语速为每分钟200字左右，即中速稍稍偏慢一点，但同时也要善于根据讲解内容控制语速，该快则快，如众所周知的事情、不太重要的事情，或者讲解中有故事情节进入高潮；该慢就慢，如需要强调的事情、严肃的事情、容易造成误解的事情以及游客为老年团时。无论选择哪种语速，切忌一成不变，一直保持某种语速非常容易造成游客听觉疲劳。

(4)停顿。停顿是指讲解中因生理、情感或逻辑等因素需要进行的停顿。停顿的运用要视具体情况而定，如有的导游正在讲重要的内容，但游客正在分神或聊天，导游突然停顿，能引起游客注意，集中注意力；对情感需要或节奏需要进行的停顿，导游要能灵活运用。

(5)口语化。导游讲解基本都要以导游词做蓝本，有的导游干脆全部背诵下来，讲解时和盘托出，这样的讲解生硬、不自然，游客会认为导游不是在讲解，而是在背稿子，传递出来的景点内容没有美感。所以，声音呈现时要有亲和力，这种亲和力体现在导游的口语化讲解功夫上。口语化讲解技巧主要有适当使用口语词、使用招呼语、提问、长句化短句、插入顺口溜或小故事等。在讲解的语句或词语后面适当加“啊、呢、吧”等口语词，如“这南岳大庙啊，有‘江南小故宫’之称”；在讲解中使用招呼语或指引语，如“大家顺着我的手指方向看，那儿有位美女手捧花篮，在向我们抛洒鲜花呢，这就是著名的‘天女鲜花’景点”；导游讲解中的提问不仅能吸引游客参与进来，更重要的是提问能加深导游和游客之间的关系；导游词在创作时，因为逻辑关系难免使用长句，讲解时就有必要将长句改为短句，便于导游讲解，也便于游客接收信息，更重要的是减少了书面色彩；插入或引用故事、顺口溜也是一种很好的富于口语化特色的技巧，讲故事必然用口语，顺口溜本来就来自民间，更接地气。

能力培养

请小组成员分别扮演导游、游客等角色，设置模拟情景，运用有声语言讲解技巧，进行下列导游词的有声语言讲解训练。

1. 欢迎词讲解训练

欢迎词讲解主要包括五大要素：表示欢迎，介绍人员，预告节目，表示态度，预祝成功。

例文 1（接团后欢迎词）：

各位游客，大家早上好，窗外春风又绿，正是蜂蝶飞舞的时节，能够在这春光明媚的季节与大家相识，感到十分高兴，首先我代表楚雄州 ×× 旅行社热忱欢迎大家的到来，欢迎大家到我们美丽神奇的城市——楚雄彝州观光游览，并预祝各位在楚雄渡过愉快而美好的时光。亿万年前，这儿是恐龙的世界，170 万年前人类的祖先——元谋人就诞生在这块热土上，在以后几天的行程中，大家就可以充分领略其中的韵味。

现在请允许我自我介绍，我姓李，叫李永燕，木子李，永恒的永，燕子的燕，我的父母可能想让我永远做一只在人生风浪中搏击的海燕吧！（自我介绍时应做好自己名字的文章）我是来自楚雄州 ×× 旅行社的导游，大家叫我小李或李导就行，为我们驾车的师傅姓张，张师傅已安全行车二十多年，他开车的宗旨是安全快捷，行车安全交给他，请大家放心。大家在楚雄游览期间，将由我和张师傅为大家提供旅游服务。同时，我们也希望成为大家的朋友，各位在楚雄游览期间有什么需要我们帮忙的，或我们有什么地方做得不够的，请大家直接和我们提出来，我们将尽力而为。

经历长时间的旅途，大家可能有些疲劳了，我们先到酒店休息片刻，再到景点观光，我公司已为大家预定了雄宝大酒店，它是目前我州最好的唯一一家待评四星级宾馆。从宾馆到市区交通十分方便，该宾馆设施完备，有规格、大小不同的各类餐厅、啤酒屋、保龄球馆、歌舞厅、商务中心等，此外其第一优势是服务员的优质服务会让你有“宾至如归”之感。

各位在楚雄三天的时间里，我们将参观风景如画的紫溪山森林公园，彝州独特的历史文化见证地——楚雄州博物馆，荟萃了彝族历史、文化、风俗精髓的中国彝族十月太阳历文化园，有“恐龙之乡”美誉的禄丰恐龙山，有西南第一山之称的武定狮子山风景名胜区。同时，大家还可以欣赏到我们身旁恬静、优美的鹿城新貌。好了,大家看到的这座典雅豪华的酒店就是我们将要下榻的雄宝大酒店,请大家关好车窗,把随身物品带下车,半小时后我们将在酒店大厅集中前往神奇彝州之旅的第一个景点、彝州独特的历史见证地——楚雄州历史博物馆。

(资料来源:https://zhidao.baidu.com/question/497492001.html)

例文 2(地接沿途欢迎词):

各位老师大家好!首先我代表我们 ×× 旅行社的全体人员对大家的到来表示热烈的欢迎,同时也感谢大家对我们旅行社的支持和信任。我叫刘时光,大家叫我小刘好了。坐在前方驾驶位置上的是我们的随队司机张师傅。张师傅的驾驶经验非常丰富,相信大家在乘车的途中一定会感到既舒适又安全的。今天能担任本团的导游工作,认识这么多的教师朋友,我感到很荣幸,如果大家在旅途中有什么困难和要求,请及时提出,我将竭尽全力地为大家服务,也希望大家能积极地支持和配合我的工作。在这里我预祝大家旅途愉快,能够高兴而来,满意而归。

我们今天要游览的景点是古文化街,古文化街是以天后宫为中心,具有天津地方特色的一条街,1985 年经天津市政府整理恢复其传统风貌,命名为"古文化街"。古文化街有别于一般的商业街,在这里集中了天津乃至全国的各种工艺品、文化用品,其中以享誉国内外、具有浓厚天津地方特色的杨柳青年画、泥人张彩塑和风筝魏风筝最有名气,整条街充满了浓郁的中国味、天津味、古味和文化味。那么古文化街到底怎样呢?还是大家亲自游览后再作评价吧。

(资料来源:http://www.ruiwen.com/huanyingci/1561897.html)

例文 3(地接欢迎词):

各位团友,大家好啊!

很高兴见到各位,首先我代表我们青岛 ×× 旅行社对大家参加此次旅游活动表示热烈的欢迎,本人托大家的洪福,很幸运能够成为大家的导游。在这里要跟大家说声谢谢哦:"谢谢大家"。先自我介绍吧,我呢是青岛 ×× 旅行社的经理(停顿一下)派来的导游,我姓黄,单名一个锋字,大家可以直接喊我的名字:黄锋。这个名字挺简单,对吗?又好记,呵呵,希望大家喜欢。在我身边这一位呢是我们此次旅途中最为劳苦功高的一位,我们的司机陈师傅,开足两天车的时间,非常辛苦。在此,我们以热烈的掌声多谢我们的陈师傅。(略停)谢谢大家!那么,在这两天里面呢,就将由我、陈师傅以及一会儿我们的地陪三位工作人员为大家服务,务求使大家在旅途中的"食住行游购娱"都能够得到满意的服务。大家有什么需要帮忙的地方尽管说,我们会竭尽全力地去满足大家的要求。所以,我们也希望在座的每一位团友都能够配合我们的工作,爱护车厢里的清洁卫生。最后,请大家再次以热烈的掌声来预祝我们度过一个轻松愉快的旅程!

(资料来源:http://www.ruiwen.com/huanyingci/1561897.html)

2. 欢送词讲解训练

欢送词讲解主要包括六大要素:表达惜别,感谢合作,小结旅游,征求意见,表示歉意,祝愿重逢。

例文1(地接欢送词)：

时间过得真快，短短的三天张家界之旅已经圆满结束了，离别虽然有许多不舍，但还是到了该说再见的时候，感谢大家这三天来对我工作的支持与配合，在这次旅游过程中，难免会有不到位的地方，还请大家多多包涵，同时也期望你们给我们提出宝贵意见，您的意见将会使我们不断地成长、不断地进步。我们虽然做不到最好，但我们会努力做到更好！也许我不是最好的导游，但是大家却是我遇见的最好的客人，能和最好的客人一起度过这愉快的三天是我的幸运。相逢是首歌，同行是你和我！再次感谢大家对我工作的支持与配合。在以后的日子里如果你们有什么需要我们帮忙的地方，如果您有亲戚朋友要出外旅游，我们期盼下一次的合作！

最后祝愿所有的朋友健康快乐，万事如意！

(资料来源：http://www.duanmeiwen.com/daoyouci/40367.html)

例文2(比较有诗情画意的欢送词)：

各位游客：

我们的旅行车已行驶在去机场的路上。透过车窗能够看见，南京的天空又下起了小雨。1000多年前唐朝诗人王维有一首著名的诗，叫《渭城曲》，他在诗中写道：渭城朝雨浥轻尘，客舍青青柳色新。劝君更尽一杯酒，西出阳关无故人。

今天，南京也下起了小雨，我们也在雨中与各位分别，不同的是，王维送的人要西出阳关，没有故人，而大家是要飞回家乡，去见亲人。也许雨还是当年的雨，南京人常说：下雨天留客。我们南京人的习俗，但凡下雨的时候，是不放客人走的，一者下雨路滑，客人走路不方便；再者下雨无事，正是陪客的好时候。但是，由于行程的安排，我们不得不违反南京这一民俗，在此相送。

好花不常开，好景不常在，今日离别后，何日君再来。邓丽君小姐这首《何日君再来》是我们常常唱起的一首歌。但我相信，我们之间友情的花朵会常开，华东地区的美景永远常在，今日离别后，什么时候你会再来，也许从此之后我们不会再相见。在大家这次华东黄金之旅的最后时刻，我想说：这一趟旅行大家都十分辛苦，但最辛苦的人却是我们的领队小姐。她一路照顾大家的饮食起居，心系大家安全，力求大家快乐，同时给我的工作以极大的支持。有位伟人这样说道：服务人类是最崇高的职业。我和领队小姐负责导游工作的不同层面，更能体会这种工作的艰辛。因此，在那里，我要表达一个华东导游对领队真诚的谢意和崇高的敬意，请大家给我们领队小姐一点掌声。谢谢！我还不得不谢谢一个人，就是我们的司机师傅，司机师傅他用高度的职责心和高超的车技，给了我们一个安全的旅行，也请大家给我们亲爱的师傅一点掌声。

在华东的这几天，我们一同走过了……(回顾行程)

好了，各位贵宾，我们的旅行车将到达我们行程的终点——南京禄口机场，几天前我们在那里开始起程，最后大家回到了起点，我们的行程立刻就要结束了。有一首诗大家不会陌生。轻轻地我走了，正如我轻轻地来，我挥一挥衣袖，不带走一片云彩，天下之大，没有不散的宴席。短暂的相逢就要结束,挥挥手就要和大家告别,值此分别时,(稍微停顿)首先我要代表 ×× 旅行社感谢大家几天以来对领队小姐、司机师傅和我工作的关心、支持与配合,并对行程中不尽如人意的地方表示深深的歉意。(鞠躬)

各位到了机场后,即将乘坐飞机,回到自己温暖的家,在这里小谢祝大家一路平安、旅途愉快。(鞠躬)

最后,祝大家在以后日子里,生活好、工作好、样样都好,亲戚好、朋友好、人人都好。欢迎你再来华东!谢谢大家!再见!(鞠躬)

(资料来源:http://www.duanmeiwen.com/daoyouci/40367.html)

3. 导游词讲解训练

导游词讲解一般由引言、主体和结语三部分构成。引言包括欢迎词和景点概述两部分,这里的欢迎词比较简短,往往就是几句话,包括表示欢迎、自我介绍、预告行程、预祝成功。主体部分是导游词的核心,要把景点的具体内容对游客进行详细的介绍,这一部分大都是以游踪为线索,按景点顺序用分述的方式一一进行解说。结语是简单的送别词,包含表示惜别、感谢合作、小结旅游、征求意见、期盼重逢等意思。

1)全国导游服务技能大赛讲解

全国导游服务技能赛项中"现场导游词创作及讲解"需要选手依据从题库中抽取的题目和团型即时(30 分钟)创作出导游词并进行 2 分钟的讲解;"自选景点导游讲解"要求选手在赛前根据选题范围准备一段 5 分钟的导游词和相应的 PPT 资料,讲解景点为国家 5A 级旅游景区或世界遗产,用中文进行模拟导游讲解,其中须含欢迎词,欢迎词包含问候语、欢迎语、介绍语、希望语、祝愿语五部分内容。请分别根据自创景点讲解要求和自选景点讲解要求,结合下列导游词进行讲解练习。

例文 1(全国导游服务技能大赛自创导游词讲解——历史街区):

鼓浪屿

各位游客朋友,大家好!我是你们今天的导游 ×××,大家叫我小 × 或 × 导都可以。

我先给大家唱首歌,会唱的朋友请跟着一块儿唱:"鼓浪屿四周海茫茫,海水鼓起波浪。鼓浪屿遥对着台湾岛,台湾是我家乡。登上日光岩眺望,只见云海苍苍,我渴望,我渴望,快快见到你……"一首非常熟悉的《鼓浪屿之歌》,将您带到了鼓浪屿。今天很荣幸和各位一起游览这座美丽的岛屿,请大家跟随我的脚步,去领略这座"钢琴之岛""音乐之乡"的魅力吧。

为什么鼓浪屿有"钢琴之岛""音乐之乡"的美称呢?首先,它是"音乐家摇篮",只要你漫步在各个角落的小道上,就会听到悦耳的钢琴声,悠扬的小提琴声,轻快的吉他声,动人优美的歌声,加上海浪的节拍声。这座小岛有蜚声乐坛的钢琴家殷承宗、许斐星、许斐平、许兴艾等;中国第一位女声乐家、指挥家周淑安,声乐家、歌唱家林俊卿,男低音歌唱家吴天球,著名指挥陈佐湟,还有李嘉禄、卓一龙等。其次,鼓浪屿的人均钢琴拥有率为全国第一,岛上有

100 多个音乐世家。这里还有国内仅有、国际一流的钢琴博物馆，岛上收藏了众多古典钢琴，沁心典雅，还常年举办重大音乐活动。

好啦，我的讲解就到这里了，请大家慢慢游览、细细参观，用心去感受这座小岛的温馨浪漫。

（撰稿：廖广莉）

例文 2（全国导游服务技能大赛自创导游词讲解——古代建筑）：

黄鹤楼

各位朋友，大家好！

欢迎来到黄鹤楼参观游览。我是你们今天的导游 ×××，大家叫我小 × 或 × 导都可以。

“黄鹤楼中吹玉笛，江城五月落梅花”，黄鹤楼坐落于武汉蛇山，与湖南岳阳楼、江西滕王阁并称为“江南三大名楼”。它的特点可以用五个字来概括：高、奇、险、美、妙。一是高，高在山高楼更高，上至青天与云霞比肩。黄鹤楼建于蛇山山顶，通高 51.4 米，传说是为了军事目的而建，三国时期吴黄武二年（223 年），孙权为实现“以武治国而昌”（“武昌”的名称由此而来），筑城为守，建楼以瞭望。到唐朝，其军事性质逐渐演变为著名的名胜景点。二是奇，奇在仙人跨鹤，神话流传。宋代陆游的《入蜀记》卷五说：“黄鹤楼，旧传费祎飞升于此，后忽乘黄鹤来归，故以名楼，号为天下绝景。”三是险，险在踞江而立，下临无地。濒临万里长江，雄踞蛇山之巅，挺拔独秀，辉煌瑰丽，飞架大江的长江大黄鹤楼桥就横在它的面前。四是美，美在登楼远眺，“极目楚天舒”，不尽长江滚滚来，三镇风光尽收眼底；美在独特的民族建筑风格，楼有五层，攒尖顶，层层飞檐，四望如一；平面设计为四边套八边形，谓之“四面八方”，这些数字透露出古建筑文化中数目的象征和伦理表意的功能。从楼的纵向看各层排檐与楼名直接有关，形如黄鹤，展翅欲飞。整座楼的雄浑之中又不失精巧，富于变化的韵味和美感。五是妙，妙在文人墨客，轶事流传。崔颢的“昔人已乘黄鹤去，此地空余黄鹤楼”，李白的“东望黄鹤山，雄雄半空出”，还有 1927 年 2 月毛泽东考察完湖南农民运动后来到武昌，写下著名的《菩萨蛮·黄鹤楼》，而在辛亥革命武昌起义中，黄鹤楼连同蛇山脚下的红楼，更为亚洲民主的开启立下了不朽的功勋。

最后，愿您在这“天下江山第一楼”中游玩尽兴，熏陶心灵。谢谢大家！

（撰稿：廖广莉）

例文 3（全国导游服务技能大赛自创导游词讲解——茶文化）：

洞庭碧螺春

各位朋友，你们好！“洞庭无处不飞翠，碧螺春香万里醉。”欢迎大家来品茶，今天我们品的是一款绿茶，名叫洞庭碧螺春。我先自我介绍一下，我叫 ×××，大家叫我小 × 或 × 导都可以，是今天带各位品茶的导游。

产于江苏省苏州市太湖洞庭山的洞庭碧螺春是我国名茶的珍品，以形美、色艳、香浓、味醇“四绝”闻名于中外。形美在于它碧绿、卷曲如螺，康熙皇帝觉得明代俗称“吓煞人香”名字不雅，于是题名“碧螺春”。色艳是因其成品茶外形紧密，条索纤细，嫩绿隐翠。香浓是因它与桂、梅、辛夷、玉兰、玫瑰、苍松、翠竹之类间种,独具天 然茶香果味,泡后汤色碧绿清澈,叶底柔匀,清香幽雅。味醇在于鲜爽生津,饮后回甘。

品赏碧螺春是一件很有情趣的事。大家品饮时,先取茶叶放入透明玻璃杯中,用少许开水浸润茶叶,等茶叶舒展开后,再将杯斟满。你们看,杯中犹如雪片纷飞,只见“白云翻滚,雪花飞舞”,观之赏心悦目,闻之清香袭人,端在手中,顿感其贵如珍,就像高级工艺品,让人爱不释手呢。

我的介绍就到这里,接下来我们开始品茱、品味人生吧。谢谢大家!

(撰稿:廖广莉)

福建土楼

各位朋友:

大家好!欢迎大家来到福建土楼参观游览,我是大家的一号导游,很高兴能与大家共度这美好的时光,如果在旅途中有什么问题,欢迎大家随时提出!希望你们玩得开心、游得尽兴!

20世纪六十年代,美国情报部门通过卫星发现了在中国闽西山间有类似核反应堆的建筑设备。几经周折才发现,他们不过是中国的一种民居而已。它们,就是被誉为世界建筑奇葩的福建土楼。从高处俯瞰啊,土楼既像是地下冒出的蘑菇,又像是一个神秘的飞碟。

大家知道为什么福建土楼会引起美国情报部门的误会吗?这就在于它奇特的造型了。福建土楼千姿百态、种类繁多。主要分为方楼和圆楼两大体系,这其中又包括八角楼、走马楼,日字形楼、椭圆形楼等20多种建筑形式。在各类土楼中,最令游客惊叹的就是被当地人称之为“圆寨”的圆形土楼了。圆楼外高内低,通常由两三圈同心圆组成,形成了楼内有楼,环环相套的格局。在布局上他们吸收了中国传统建筑的风水理念,讲究“天圆地方”。站在围屋里面就像是坐在井中一样,抬头便看见圆圆的一片蓝天,中间的天井啊如同一个聚宝盆。

我们的土楼屹立了千年却没有倒塌,还在于它奇特的防御功能!大家请看这些土楼的墙体,厚实坚硬,最薄的地方都有一米多宽。就是这些看上去毫不起眼的砖墙,曾经抵抗过倭寇的进攻,荷兰入侵者的洗劫,太平天国的骚扰。

如果想要了解最原始的土楼风貌,一定要去看看火烧楼,下面,就请大家跟上我的脚步,一起去看看被誉为云水瑶里的“罗马古建筑”。这里被洪秀全败军烧毁,如今一边只留下用泥土夯实的外墙,另一边却依然生活着其乐融融的当地人。150多年来,这些断壁残垣,就耸立于蓝天之下,任凭风吹雨打,也要生生世世围起这一方温暖。土楼外部的墙体厚实高耸,内部防盗、防火、防水,生活设施配套齐全,形同城堡,易守难攻。在冷兵器和初级火器时代,即使盗匪再猖獗,客家人的安全也能得到保障。

土楼能够如此坚固,(大家对它的建筑原料一定非常好奇吧!)这就不得不提它奇特的建筑材料了,聪明睿智的客家人沿用中原古老的深土夯筑技术就地取材,利用黄土、沙石、竹木为原料,而且他们还以红糖、蛋清、糯米为黏合剂。这看似简单而实际上又不简单的建筑材料。却造就了,如此规模宏大、雄奇壮观的多层建筑,在经历了近千年的风雨,台风、地震后还巍然屹立着。

那么,为什么要建立如此庞大的民居呢？这就在于客家人聚族而居的奇特之处了。土楼里,居住在同一屋顶下的几十户同祖同宗同血缘的人们,他们一起过着共门户、共厅堂、共楼梯、共庭院的和睦生活。下面,我们看到的是被誉为“圆楼之王”的承启楼了。这座楼呀高四层,楼四圈,上上下下的房屋共有400多间,据说,曾经的江氏家族有着80多户600多人一起生活在这座土楼里,享受几代同堂、合家团圆的天伦之乐。所以,土楼就是东方血缘伦理关系和聚族而居文化最好的历史见证,表现出中华民族强大的向心力和凝聚力。一部土楼,就是一部家族史。

朋友们,接下来,就请大家跟上我的脚步,一起近距离感受土楼独一无二的奇妙吧！

（撰稿:旅(3)171班夏江湘　指导老师:周小红、戴冬香）

例文5(全国导游服务技能大赛自选景点导游词讲解——世界文化遗产):

山海关

有一种人生叫追求;有一种理想叫自由;有一种职业叫导游。

读万卷书,行万里路;向世界讲述美丽中国,向游客传递文明旅游。

青少年朋友们,大家好,欢迎参加“长城情·中国梦”研学旅行团,我是此行的导游！欢迎大家来到世界文化遗产,万里长城东部的第一座关隘——山海关。

山海关在明代长城众多雄关古塞中一直雄聚众关之首,与居庸关、嘉峪关并称为三大名关,号称“天下第一关”。它北依燕山,南临渤海,如虎踞龙盘,扼海陆要塞。

为了让大家对山海关有一个更清晰的了解,我想告诉大家一个口诀:“一座雄关,两京锁钥,三关居首,四座城门,五虎镇东,六大战役,七座城池,八个人物,九大景区,山海十关。”

山海关是一个完整的军事防御体系,所谓七座城池,是指它东有东罗城,西有西罗城,南有南翼城,北有北翼城,欢喜岭上有威远城,渤海岸边有宁海城,再加上山海关关城,共七座城池。

说到四座城门,大家请看:这东边连接着东北大平原的是镇东门,西边连着华北大平原的是迎恩门,南边紧靠着渤海湾的是望洋门,北边挨着崇山峻岭的是威远门,共四座城门。

在关城与长城衔接处的城面上,以“天下第一关”为中心,南北一线,分别建有靖边楼、牧营楼、镇东楼、临闾楼、威远堂,五楼个敌楼,一字排开,像五只猛虎一样,虎视眈眈,凝视着东方,号称“五虎镇东”。

朋友们,咱们现在所处的位置是天下第一关广场,眼前这座雄伟的建筑就是山海关古城的镇东楼。其城楼建筑为重檐歇山顶,北、东、南三面共开设了68孔箭窗,窗板可开可闭,为作战射箭之用。下部城台呈长方形,中有砖砌拱券门,以通内外。这是一道厚重的历史之门,由于这道门,有了关内关外之别,有了闯关东之说;由于这道门,有了清军入关中华历史的改写,1644年甲申大战在这里打响,正是:李自成兵败如山倒,吴三桂追杀不停息,多尔衮得益迎顺治,清王朝建都北京城。风云际会,瞬息万变,山海关就是历史的转折点。

现在,大家顺着我手指的方向向上看,这箭楼上最引人注目的是什么呢？没错,就是这“天下第一关”巨匾。此匾有一大特点,我相信咱们细心的朋友们已经看出来了,那就是没有落款,不知何人所写。据《临峪县志》记载,此匾为山海关当地人肖显所写。您看这“一”字只有一笔,却不显单薄,而繁体写的“关”字笔画虽多,却不显臃肿,五个大字安放合理,与这座建筑浑然一体。“天下第一关”匾额是山海关的镇关之宝,有了这个镇关之宝,山海关才有了今天的端庄,有了灵气,更加高大雄伟,更加沉稳安详,正是“万里长城跨山河,雄关险关千百座,天下第一谁敢叫,唯有眼前这一座。”

朋友们,山海关是古代军事建筑的绝唱,是长城文化的故乡;凝望古老的城墙,胸怀今世的梦想。“长城情·中国梦”研学旅行到此结束了,行走在斑驳古老的长城课堂上,您的心灵是否得到震撼和成长?继承“爱我中华,修我长城”的遗志,“文明旅游、保护长城”,让我们一起行动起来吧!

美丽中国,古老长城山海关,期待您的再次游览,朋友们,祝您旅途愉快!

（撰稿:秦皇岛职业技术学院 李晓楠）

（来源:《优秀导游词集》,中国旅游协会旅游教育分会编著 ,旅游教育出版社出版,2018.1）

2)湖南导游考证景点讲解

湖南导游考证中现场导游考试大纲要求,中文类导游分值比例为:礼貌礼仪占 5%,语言表达占 20%,景点讲解占 45%,导游服务规范占 10%, 应变能力占 10%,综合知识占 10%。讲解内容主要为湖南概况讲解(2 分钟,无视频,内容可讲概况或历史名人等,无限制),景点讲解(由评委从考生所抽取景点的视频中挑选,考生需对应视频播放内容随机讲解)。要求语调准确、吐字清晰、音量适度、语速适度、语言流畅、表达准确生动、现场感强、具有吸引力。

请分别根据人文景观讲解要求和自然景观讲解要求,结合下列导游词进行讲解练习。

例文 1(湖南考证导游词讲解——湖南概况):

湖南地理概况

各位朋友,大家好!欢迎大家来到湖南观光游览,很高兴能作为大家此次游览的导游。现在就让我们一起来了解一下湖南的地理概况吧。

首先,我想问问大家,为什么湖南称为“湖南”,这个名称是怎么来的呢?原来啊,湖南省三面环山,一面临湖,省境大部分在洞庭湖以南,所以称湖南。那你们知道湖南省内最大的河流是哪条呢?游客说是浏阳河(停顿),这可能是因为那首《浏阳河》的歌太有名了吧。其实,是湘江。湘江贯穿南北,湘江流域历来是湖南政治、经济、文化较发达的地带,所以简称“湘”,又因湖南自古就有种植水芙蓉和木芙蓉的传统,唐朝诗人谭用之还曾经专门赋诗道:“秋风万里芙蓉国”,因而得“芙蓉国”的雅号。当然,毛泽东同志在《七律·答友人》的那句“我欲因之梦寥廓,芙蓉国里尽朝晖”更使得它家喻户晓、名扬天下了。此外,还有“三湘四水”的别名。“三湘”的说法有多种,其中按地名有湘乡、湘潭、湘阴之说,按水系有上湘、中湘、下湘之说。“四水”是指湘江、资江、沅江、澧水四大河流。

湖南地质构造独特、复杂,蕴藏着丰富的矿产资源,矿藏多、矿种齐、品质优,世界已知的 160 多种矿藏中,湖南有 141 种,其中锑、钨居世界首位。娄底锡矿山的锑矿一直保持“世界锑都”的地位,而郴州柿竹园矿区被誉为“世界有色金属博物馆”。

可见,湖南山水秀绝、资源丰富,值得大家慢慢去欣赏与品味。好了,关于湖南地理概况我就给大家介绍到这里了。相信经过我的讲解,大家对湖南有了一个大概的了解！谢谢大家！

例文2(湖南导游考证导游词讲解——湖南名人):

湖南名人

各位朋友,大家好！欢迎大家来到湖南观光游览,很高兴能作为大家此次游览的导游。湖南历史悠久、人才辈出,现在就让我们一起来了解一下湖南的主要名人吧。

湖南自古人才辈出,历史上有“惟楚有才,于斯为盛”的赞誉,对湖南的人才现象,可以用16个字概括:“古今中外、大江南北、海峡两岸、世界各地。”

翻开湖南历史,我们看到古代的湖南被称为蛮荒之地,从战国起就成了罪将逐臣的流放地。然而,正是这些有罪之臣的到来给湖南带来了宝贵的文化财富。屈原被贬湖南创“骚体”,开创文化史上之先河。西汉贾谊被贬长沙4年,撰《吊屈原赋》《鹏鸟赋》,开汉赋之先河。唐代柳宗元、刘禹锡被贬湖南,也在这里找到了创作的源泉。此外,105年,湖南耒阳人蔡伦制造了世界上第一张多种植物纤维纸,成为中国古代“四大发明”之一。

在中国近现代史上,湖南涌现了一大批杰出政治家,如魏源、曾国藩、左宗棠、谭嗣同、黄兴、蔡锷等。在新中国的创建过程中,湖南涌现了一大批领袖人物和开国元勋,如毛泽东、刘少奇、任弼时、彭德怀、贺龙、罗荣桓等。与此同时,湖南还涌现出一大批文学、艺术、科学、教育等方面的杰出人才,灿若星河,数不胜数,如沈从文、丁玲、田汉、齐白石、袁隆平等。

一方水土养一方人,潇湘之地,山环水绕,古往今来,人文荟萃,人才之盛,称誉天下。好了,关于湖南的名人我就给大家介绍到这里了。相信经过我的讲解,大家对湖南名人有了一个大概的了解！谢谢大家！

例文3(湖南导游考证导游词讲解——人文景观):

凤凰古城

各位朋友,大家好,我是你们这次的导游王可欣,大家可以叫我小王,在接下来的旅途中,我将尽全力为大家服务。在介绍我们今天的景点之前,我想先问大家一个问题,有谁了解凤凰这一种动物吗？嗯,这位游客说得很对,凤呢是人们心目中的瑞鸟,是天下太平的象征。古人认为时逢太平盛世,便有凤凰飞来。在我国湖南湘西,就有这么一处人杰地灵的地方,因背依的青山酷似一只展翅欲飞的凤凰而得名,这就是我国历史文化名城——凤凰古城。为什么说它人杰地灵呢？因为在这里养育了民国第一任内阁总理熊希龄,著名作家沈从文和著名画家黄永玉,并且《边城》《湘女潇潇》《湘西剿匪记》等十多部影视剧也都曾在这里拍摄。接下来,就让我们一起走进凤凰古城参观游览。

这里是我国著名作家和考古学家沈从文先生的故居。沈从文故居于清朝同治元年所建,是一所典型的南方四合院。1902年,沈先生诞生于这里,他与小伙伴在这里游水嬉戏,也常常在河滩上看到被处决的犯人的尸体,这美与野蛮的奇异组合,对沈从文后来的创作产生了强烈的影响。“我行过许多地方的桥,看过许多次数的云,喝过许多种类的酒,却只爱过一个正当年龄的人。”这是沈先生写给他的妻子张兆和的情话，以前的我不明白为什么这句话会被人评为民国最美情话。但此时此刻，身处在凤凰古城里的我突然明白了，在凤凰古城里成长的沈从文怎会缺少这种如小城般浪漫的气韵。沈从文十五岁当兵，五年行伍生涯，大部分时间都辗转于湘西沅水边缘，河水不但滋养了两岸的生命，也滋育了沈先生的性情。所以，他的小说、散文大都与水有关。沈先生一生创作了五百多万字的作品，但真正奠定沈从文在文学史上地位的是《边城》这一类“牧歌”小说，它以湘西人情、自然、风俗为背景，向我们展示了淳朴的人性和理想人生的情态，也倾诉了沈先生对湘西的眷恋。

现在展示在我们眼前的是熊希龄先生的故居，熊先生的一生是忠于慈善教育的一生，是追求光明与进步的一生。熊先生担任过民国第一任内阁总理。因熊先生反对袁世凯独裁，被迫解散内阁，不得不辞去总理职务，后因脑出血病故于香港。毛泽东同志曾这样评价熊先生：一个人为人民做好事，人民是不会忘记他的，熊希龄是做过许多好事的。该故居的四合院系南方古式的木瓦结构，比较矮小但很精致，很富于苗族情调。大家请看正屋门口的这副对联，这是蔡元培先生特意为熊先生提写的挽联“宦海倦游还山小试慈幼院；鞠躬尽瘁救世惜无老子军”，赞扬了先生一生勤政爱民、关爱民生的高尚品德。两位伟人对熊希龄这么高的评价，充分说明了熊希龄先生思想情操的伟大和爱国恤民精神的不凡。现在大家可以自行参观游览一下。

好了，参观完熊希龄故居以后，现在我们来到的是虹桥，这座桥建于明洪武初年，关于它呀，还有这样一个故事。信风水的人都说，这座桥斩断的是一条龙颈，令一条巨龙身首异处。怪只怪那位和尚出身的安徽小子朱元璋，听信一位从昆仑山追索一支龙脉，经云贵高原来到五寨司城的风水先生的谗言，说这儿屏立南郊气势非凡的南华山和与之一脉相承一头扎入沱江的奇峰，就是他要找寻的龙头。并由此推断出总有一天这地方会有人出来问鼎中原，真命天子将出。那位朱皇帝岂能允许远处的凤凰有他的对头？于是朱笔一勾，龙颈被斩，凤凰风水遭到破坏，凤凰再也出不来皇帝。我们现在看到的虹桥呢，前后经过很多次维修。重新装修的虹桥在原有基础上更为完善，清幽雅致，古色古香。

现在我们来到沈从文先生的墓地，这儿没有隆起的土堆，没有雕栏玉砌的装饰物，只有一条放牧、打柴的石板小路横贯其间，象征沈老永远与古城人民在一起。墓碑的正面，刻着沈老的座右铭“照我思索，能理解我；照我思索，可认识人。”正是这样的信念，让沈老舍弃在当时升官发财的从军道路，选择了清苦的从文生涯；也正是这样的信念使他挥动如椽巨笔，将湘西人介绍给了世界。墓碑的背面，刻的是沈从文的妻妹张允和女士所写铭文“不折不从，星斗其文，亦慈亦让，赤子其人。”这四句话正是沈老先生一生的写照。也就是这样，沈从文最终成为世界著名的乡土文学大师。

“春有百花秋有月，夏有凉风冬有雪。若无闲事挂心头，便是人间好时节。”古城是《边城》里最温柔的一隅，也是让人静到了心底深处的地方。好了，今天的行程到这儿就结束了，希望凤凰能给大家留下一个好的印象，有机会再聚凤凰，谢谢大家！

（导游词改写——旅管（3）161班　王可欣）

崀山

各位朋友，早上好！欢迎你们来到湘西崀山，我叫许鑫，是大家的导游，很高兴在美丽的崀山和大家相识，大家且放宽心，将你们的眼睛交给我，只需享受崀山带给大家的视觉盛宴，祝大家玩得开心、游得尽兴。

"崀"，山之良也，可见崀山之美，崀山以全国第一的红盆丹霞地貌而闻名天下，是一座天然的丹霞地貌博物馆。丹霞地貌学术创始人陈国达教授晚年到崀山考察，有相见恨晚的感觉，他提诗"半生长誉丹霞美，方识崀山比丹霞，胜地有缘何恨晚，并赞南北双齐花"。崀山丹霞地貌惟妙惟肖，栩栩如生，同类却异型，各具形态，一景多姿，在我们前方有紫霞洞、扶夷江、辣椒峰、天一巷、天生桥、八角寨六大景区等着我们。

现在我们来到的是八角寨景区。八角寨主峰海拔 818 米，是崀山丹霞群山的制高点，登上顶峰有徒步、乘马、坐索道三种方式。站在寨顶，极目远望，大家会不会有一种"会当凌绝顶，一览众山小"的感觉呢？八角寨因山顶有八座山峰相连，互为犄角，像一朵八角莲花而得名。它们成密集型排列，犹如万马向北齐奔，每当雨后初晴，峡谷内气温回升，雾气升腾，八角寨便像是天宫瑶池里若隐若现的莲花，大自然的变化无穷也带给八角寨不同形态的美。千百座奇峰异石，时而被云海吞没，时而露出头顶，像无数头鲸鱼在海浪里翻滚嬉戏，这就是传说中的鲸鱼闹海景观。

现在我们来到的是崀山六大景区之一的辣椒峰，辣椒峰是崀山丹霞地貌中最典型的象形景区。大家往我手指的方向看去，耸立在我们正前方的就是写满传说、布满故事、赫赫有名的辣椒峰。它像是被某位神仙顺手丢弃在这群山之中，大家会不会有一种它随时都会倾倒的感觉呢？这只天下第一的辣椒身高 180 米，上大下小，上周长有 100 米，下周长却只有 40 米。它凌空耸立，与周边山峰互不相连，通身赤红，赤红的砂砾岩在阳光下闪闪发光，站在脚下仰望，只见多棱柱巨石高耸入云，雄奇，险峻，远远望去，就像一只巨大的红辣椒，又被称为"仙椒钻地"。我们眼前这座古建筑是清朝两江总督兼通商大臣刘坤一捐资并主持修建的刘氏宗祠，宗祠占地近 500 平方米，设计精巧，是清代砖木结构建筑，也是我国省级保护文物。

有像辣椒的，就会有像其他的，不然不是显得辣椒太孤单了吗？现在我们来到了崀山另一个象形景区骆驼峰，大家看，它像不像是一只从沙漠远足来此的骆驼呢？它可是由四座山峰组成的世界上最大的骆驼了。它的头、躯、脊、尾分布错落有致，使它形象逼真。骆驼峰旁边就是直插云霄的蜡烛峰，高 217 米，尖顶，四面陡峭，因为通体鲜红，形状像蜡烛而得名。蜡烛峰西南侧从顶到路平整如刀劈斧砍，面积 1500 平方米，是一块无字天碑。

天一巷是崀山另一个核心景区，是典型的丹霞巷谷，天一巷是天下第一巷之意，"天下第一巷"几个大字是丹霞地貌命名者、著名地质学家、中科院院士陈国达教授，1992 年来崀山时亲笔题写的，这是迄今为止世界上丹霞地貌中最长的一条天然石巷，独一无二，无法复制。天一巷呈东西走向，一次仅能容一人通过，却是通往山顶的唯一通道，是名副其实的"一夫当关，万夫莫开"的险要关口，缝隙最窄处只有 0.3 米，穿行其中前不见尽头，后不见来者。唯有头顶一线青天，绝壁对峙，鬼斧神工，正午时分，阳光从上面射进缝隙，斑斑驳驳，五彩缤纷,大有“天光一线、人生如缝”的感觉,可称天下一绝啊。

早在很久就有“崀山美,美有夷江”的说法。美丽的扶夷江碧绿澄清、碧波荡漾。时而水平如镜,深不可测。时而急流险滩,水花四溅。不知不觉来到了独立天外的将军石,将军石本来是一座山体丹霞地貌发育到晚期形成了石柱。它高400米,周长40米,顶部略小,上下等粗,犹如一位俯视着前方的千山万壑、指挥着千军万马的将军。

最后我们来到的便是紫霞峒景区,紫霞峒不是洞。峒者冲也,是少数民族村、寨的意思。传说有一位高僧云游到这里,相中此地,他把袈裟铺在红瓦山上,经阳光一照,香火缭绕,所以叫“紫霞峒”。来到这里我们可感受到“疏影横斜水清浅,暗香浮动月黄昏”的意境。

今天的行程到这里就要结束了,如果大家觉得意犹未尽,欢迎大家再次来到美丽的崀山,我会带给大家不同的崀山之美！谢谢。

(导游词改写——旅管(3)171班　许鑫)

课后延伸

1. 练习讲解欢迎词或欢送词。
2. 在改写或创作导游词基础上进行有声语言讲解。

项目二　导游讲解的无声语言运用

学习目标

1. 知识目标：了解导游讲解时的态势语要求，掌握态势语运用技巧。

2. 能力目标：会恰当运用表情、肢体语言等技巧辅助导游讲解。

3. 素质目标：动作表情自然到位，具备导游仪表仪态。

学习重难点

1. 重点：能恰当运用表情、肢体语言等技巧辅助导游讲解。

2. 难点：表情自然，肢体语言使用准确、恰当。

情境设计

某高职院校拟进行导游服务技能比赛，要求选手在赛前根据选题范围准备一段 5 分钟的导游词和相应的 PPT 资料，讲解景点为国家 5A 级旅游景区，用中文进行模拟导游讲解，全方位考核导游讲解表现能力。你作为参赛选手，请按照要求做好景点讲解的参赛准备。

理论教学

一、导游讲解中无声语言特点

导游讲解时与游客面对面，一举一动、一颦一笑都会影响游客。导游好的仪容仪表、恰当的肢体语言能给讲解带来积极作用，反之则会影响讲解效果。

导游讲解中的无声语言就是态势语，主要包括仪容仪表、面部表情、肢体动作等。

1. 仪容仪表

主要表现在着装规范，穿适合导游工作的服饰（休闲装或旅行社制服）；容貌整洁，讲究个人卫生；发型、发色整洁规范；女导游化淡妆，要自然协调。

2. 面部表情

导游讲解时的面部表情及目光视线要与讲解内容相吻合。

3. 站姿

导游讲解时要挺胸立腰收腹，身体重心落于前脚掌，显端庄稳重、自信优雅。

4. 手势

讲解时的手势有很大作用，不仅能强调或解释讲解的内容，而且还能生动地表达讲解语言所无法表达的内容，使讲解生动形象。

二、导游讲解中无声语运用技巧

导游讲解中要根据具体的环境、游客对象及讲解的内容恰当使用各种态势语。

1. 面部表情的运用

面带微笑，同时目光柔和，眼睛的移动必须与讲解统一。讲解时目光视线落点放在最后边游客的头部，也可不对环顾四周游客。

2. 车内站姿的运用

车内讲解时，要面对客人站立，停止行走，把重心平均放在脚上，上身要稳，不可摇摇摆摆或把手插在裤兜里，也不要有其他怪异的动作。

3. 讲解中手势的运用

讲解手势一般有情意手势、指示手势和象形手势三种。其中，情意手势用来表达导游讲解的情感，使之形象化、具体化；指示手势用来表示具体的对象；象形手势用来模拟状物。手势的运用要视具体情况而定，在手势的运用上要求简洁、易懂，协调合拍，富有变化，节制使用，千万不能用对方忌讳的手势。

能力培养

请小组成员分别扮演导游、游客等角色，设置模拟情景，进行下列态势语训练。

1. 站姿训练

（1）手位。一只手举麦克风或导游旗、另一只手可在体侧自然下垂，或者垂在背后，也可放在体前腰腹以上，或者配合讲解做适当的手势。

（2）脚位。两脚跟贴紧，脚尖分开 60°，呈“V”字形，男女皆可；或双脚平行分开，但不能宽过双肩，男士专用；或双脚呈小丁字形摆放，重心放在后跟上，自信优雅，女士专用。

2. 手势训练

（1）手势基本动作。四指并拢，拇指张开，手与小臂成一条直线。指右边时用右手，指左边时用左手，手指并拢伸直，手心向上。

（2）体姿与表情配合。上身前倾，眼看手指方向。走动时手放下来，转弯时再打手势，面带微笑，注视方向兼顾对方。

3. 目光训练

（1）目光的连接。俗话说“眼睛是心灵的窗户”，导游目光要与顾客目光连接，这样便于无声的沟通，但忌一直停留在一个人身上，尤其是异性。

（2）目光的移动。导游讲解某一景物时，首先要用目光把游客的目光引过去，然后再及时收回目光，继续投向游客。

（3）目光的分配。要注意统摄全部听讲解的游客，可把视线落点放在最后边的游客的头部，也可环视周围的游客，切忌只用目光注视面前的游客，这样会冷落后边的游客，让他们有遗弃之感。

（4）讲解与视线的统一。当讲解内容中出现甲、乙两人对话场面时，在回答甲的话时，要把视线略微移向甲，在回答乙的提问时，要把视线略微移向乙，如此可使旅客有受重视之感。

课后延伸

1. 掌握导游人员的服务礼仪规范。

2. 将导游礼仪运用于导游讲解中。

（来源：http://www.ruiwen.com/liyichangshi/1399707.html）

参考文献

[1] 赖斌. 四川经典导游词 [M]. 北京:旅游教育出版社,2010.
[2] 原群. 导游技巧与导游词策划 [M]. 北京:旅游教育出版社,2014.
[3] 汪亚明. 导游词编撰实务 [M]. 北京:旅游教育出版社,2012.
[4] 中国旅游协会旅游教育分会. 优秀导游词集锦 [M]. 北京:旅游教育出版社,2016.
[5] 张素洁,范军. 导游讲解技巧 [M]. 北京:中国铁道出版社,2011.
[6] 熊友平. 导游讲解技巧 [M]. 杭州:浙江大学出版社,2013.
[7] 《国家地理系列》编委会. 中国 100 魅力古镇 [M]. 北京:蓝天出版社,2009.
[8] 韩荔华. 实用导游语言技巧 [M]. 北京:旅游教育出版社,2003.
[9] 湖南省全国导游人员资格考试教材编写组. 导游服务能力 [M]. 湘潭:湘潭大学出版社,2016.
[10] 周晓梅. 导游带团技能一本通 [M]. 北京:旅游教育出版社,2007.
[11] 董捷迎. 导游讲解服务实战攻略 [M]. 北京:化学工业出版社,2013.
[12] 徐青. 现代汉语 [M]. 上海:华东师范大学出版社,2006.
[13] 廖广莉. 非韵文中的语音修辞研究 [M]. 海口:海南出版社,2009.
[14] 沈祖祥. 旅游与中国文化 [M].2 版. 北京:旅游教育出版社,2002.
[15] 王连义. 怎样做好导游工作 [M]. 北京:中国旅游出版社,1997.
[16] 张爱莹. 谈导游专业教学中导游讲解能力的培养 [J]. 职业技术教育研究,2005(10):36.
[17] 王洪滨. 导游词创作论 [J]. 桂林旅游高等专科学校学报,1998,9(4):66-69.
[18] 李翠微. 导游词创作要领探微 [J]. 应用写作,2013(12):41-42.
[19] 姜松. 导游讲解语言的美学特征分析 [J]. 沧州师范专科学校学报,2011,27(2):15-17.
[20] 秦书莉. 略论面向技能大赛的导游词创作要求 [J]. 当代职业教育,2011(6):46-48.
[21] 张珉. 浅谈旅游应用文 [J]. 旅游学刊,1988,03(04):64-67.